教職実践演習ワークブック

ポートフォリオで教師力アップ

西岡加名恵／石井英真／川地亜弥子／北原琢也
［著］

ミネルヴァ書房

はじめに

　本書を手に取られた学生の皆さんは，おそらく将来の夢の一つとして，教師になることを考えておられることでしょう。教師という仕事には大変なことも少なくありませんが，子どもたちの成長や発達に寄り添えることは，何物にも代えがたい喜びです。是非，皆さんの夢がかなえられることを祈っています。

　さて，教師になる上での最初の関門は，教育職員免許状（教員免許）を取得することです。教員免許は，「教科に関する科目」や「教職に関する科目」などについて必要な単位を修得することによって取得することができます。一定の条件を満たしていると認定された大学では，教員免許の取得をめざす学生たちのために教職課程を置いています。本書の第Ⅰ部第1章では，大学における教職課程の概要や教師に求められる力量について解説しています。

　2010（平成22）年度学部入学者からは，新たに「教職実践演習」が教員免許を取得する上での必修科目として加わりました。この科目は，大学4年生の後期に履修することが求められており，「教科に関する科目及び教職に関する科目の履修状況を踏まえ，教員として必要な知識技能を修得したことを確認する」（教育職員免許法施行規則）ためのものです。つまり「教職実践演習」とは，教職課程全体を通して皆さんが一人前の教師になるための力量を身につけたかどうかを確認し，必要なら不足している知識やスキル等を補うとともに，さらなる力量向上をめざすための科目です。

　しかしながら，半期1コマの「教職実践演習」で補える知識や技能等には限度があります。したがって，教職課程を履修している学生の皆さんは，「教職実践演習」に至るまでに，教師として求められる力量をほぼ身につけ終えていることが望ましいと言えるでしょう。教職課程を履修する初めの段階から，最終的に到達が求められている水準を見通して，計画的に学習していくことが重要です。

　各大学は，そのような皆さんの力量形成を助けるために，「履修カルテ」を用意しています。「履修カルテ」は，教員免許取得に必要な科目や，教師として必要な資質能力を評価する規準・基準などについて整理したものです。教員免許取得をめざす学生の皆さんは，是非，1年生から「履修カルテ」を入手し，それと照らし合わせつつ，力量形成を図ってほしいと思います。

　さらに本書では，より効果的に教師としての力量を身につけていくために，ポートフォリオを活用することを勧めています。ポートフォリオとは，皆さん

はじめに

が様々な活動を通して身につけた力量を示すような成果資料を系統的に蓄積していくファイルやフォルダーのことです。成果資料に照らし合わせつつ,「履修カルテ」に示された評価規準・基準を達成できているかどうかを検討していくことで,自分の到達点と課題を具体的に明らかにしつつ,学習に取り組むことができます。

日本においてポートフォリオは,1998(平成10)年改訂学習指導要領において「総合的な学習の時間」が創設されたことをきっかけに,急速に普及しました。2008(平成20)年の「学習指導要領解説　総合的な学習の時間」においては,評価方法の一つとしてポートフォリオが紹介されています。さらに中央教育審議会初等中等教育分科会教育課程部会「児童生徒の学習評価の在り方について(報告)」(2010年3月24日)では,保護者の理解を促進する上でポートフォリオが有効だと指摘されています。高等教育については,中央教育審議会「学士課程教育の構築に向けて(答申)」(2008年12月24日)において,学習ポートフォリオとティーチング・ポートフォリオの導入と活用が推奨されるようになりました。

このように,ポートフォリオについては,今後ますます活用が広がっていくことが予想されます。ポートフォリオを学習者の立場で経験しておくことは,将来,子どもたちにポートフォリオ作りの指導をする上でも,有意義な体験となることでしょう。ポートフォリオについては,第2章で詳細を紹介していますので,ご覧ください。

次に第Ⅱ部では,教師として求められる力量を,「A．教職に求められる教養」「B．児童・生徒理解と人間関係構築力」「C．教科内容に関する知識・技能」「D．教科等の授業づくりの力量」「E．課題探究力」という五つの柱で捉えています。第3章から第7章では,それぞれの柱について,どのような課題に取り組み,どのような成果資料を残すことができるのかについて提案しています。

本書で紹介している課題は,教師として働く上で何度も経験するような重要なものを選りすぐっています。機会を見つけて繰り返し取り組むことを通して,力量を高めてほしいと思います。その際,参考文献や側注,コラムで紹介している文献にもあたれば,さらに学習を深める助けとなることでしょう。

本書に掲載している課題の多くは,「教職実践演習」で取り組むことのできる課題の例です。しかしながら,「教職実践演習」に至るまでの学習の過程で,是非,取り組んでもらいたい課題も含んでいます。第3章から第7章の冒頭には,5つの柱に即して,力量形成を確認するための「チェックリスト」と「ルーブリック」も提案しています。教員免許の取得をめざす皆さんには,是非,1年生のときから本書を手元に置き,これらを参照しながら着実に力量形成を図り,より高い水準をめざしてもらいたいと思います。同時に,これらの評価

基準を練り直し，自分なりの評価基準を創出してほしいとも考えています。

　本書に掲載している課題は，学部を卒業して皆さんが教師になってから取り組めるものも含んでいます。「教職実践演習」で求められる合格レベルに達している皆さんは，是非，より高い水準の課題にもチャレンジしてください。さらには皆さんが教師になってからも，本書がより良い実践づくりの助けとなることを願っています。

2013年2月

西岡　加名恵

もくじ

はじめに

第Ⅰ部　教職課程とポートフォリオ

第1章　教員免許の取得をめざす……2

1　大学の教職課程…………………2
2　「教職実践演習」の導入…………4
3　教師に求められる専門的力量とは何か…………………………………6
4　教師の力量形成とライフコース…10
コラム1　教師として働くことの魅力……………………………………12

第2章　教職課程ポートフォリオを作る……………………………………14

1　ポートフォリオとは何か………14
2　「知の構造」と評価方法・評価基準………………………………………16
3　成果資料を蓄積する……………18
4　ポートフォリオ検討会をする…20
コラム2　京都大学の教職課程ポートフォリオ…………………………22

第Ⅱ部　教師力アップをめざそう！

第3章　柱A　教職に求められる教養……………………………………26

課題A1　児童・生徒理解に基づいて観察記録を書いてみよう………28
課題A2　学級経営のさまざまな手法を学ぼう…………………………30
課題A3　学級経営案を書こう…………34
課題A4　特別支援教育についての理解を深めよう……………………36
課題A5　不登校への対応について考えよう……………………………38
コラム3　戦後の教科外教育活動や地域での教育活動にかかわる実践記録……………………………40

第4章　柱B　児童・生徒理解と人間関係構築力……………………42

課題B1　学校でボランティア活動をしてみよう………………………44
課題B2　教育実習で児童・生徒との関係を構築しよう………………46

もくじ

課題B3	いじめへの対応について考えよう	48
課題B4	教師に対する反抗的態度への対応について考えよう	52
課題B5	保護者への対応について考えよう	56

コラム4　柱A・柱Bの関連問題集 ……… 58

第5章　柱C 教科内容に関する知識・技能 …… 60

課題C1	自分の実践の教育目標を明確に記述してみよう	62
課題C2	教科書の比較研究をしてみよう	66
課題C3	児童・生徒のつまずきを研究しよう	68
課題C4	単元の教材研究をしよう	70
課題C5	小・中・高の系統性を考えよう	74
課題C6	博物館・科学館の展示物や標本を活用して学習ワークショップのプランを開発してみよう	76

コラム5　戦後の教科や総合の指導にかかわる実践記録 ……… 78

第6章　柱D 教科等の授業づくりの力量 …… 80

課題D1	知識・技能を確かめる問題や課題を作ってみよう	82
課題D2	パフォーマンス課題を作ってみよう	84
課題D3	学習指導案を書こう	86
課題D4	参加型の授業を考案しよう	92
課題D5	授業（模擬授業）をしよう	94
課題D6	「総合的な学習の時間」の単元指導計画を立てよう	96

コラム6　柱C・柱Dの関連問題集 ……… 98

第7章　柱E 課題探究力 …… 100

課題E1	自主ゼミをしよう，イベントを企画・運営してみよう	102
課題E2	実践記録を読もう	104
課題E3	現代社会における教育のあり方について考えよう	106
課題E4	授業研究をしてみよう	108
課題E5	論文を書こう	112

おわりに

巻末資料　教職課程ポートフォリオの作り方とそのための書式（京都大学の場合）

さくいん

第Ⅰ部

教職課程とポートフォリオ

第1章　教員免許の取得をめざす

1 大学の教職課程

1 大学における教員養成の意味

「教員」とは法律で定義された用語で，「教育職員」の略称です。なお，「教諭」という言葉は，「校長」「教頭」「助教諭」「講師」などの職階を示します。教育基本法は，第6条1項において，「法律に定める学校は，公の性質を有するもの」と述べ，第9条1項において，「法律に定める学校の教員は，自己の崇高な使命を深く自覚し，絶えず研究と修養に励み，その職責の遂行に努めなければならない」と規定し，「全体の奉仕者」としての教員の仕事の公共的な性格を確認しています。そして，教員として教壇に立つには，大学において学校の種類や教える教科に見合った教育職員免許状（教員免許状）を取得するとともに，公立学校教員になるには都道府県・指定都市教育委員会が実施する教育職員候補者採用選考（教員採用試験）に合格することが求められます。

師範学校に代表される，戦前の教員養成（閉鎖制の目的養成）への反省から，戦後の教員養成においては，「大学における教員養成」と「開放制免許状制度」が二大原則とされました。

戦前の教員養成は，教員になるための学校である師範学校を中心に担われており，そこでは卒業後すぐに教壇に立てるよう実践的な教育が行われていました。そしてそれは，国家が定めた政策や教育内容を無批判に受け入れ実行する，画一的な「師範タイプ」の教師を生み出したとの指摘もあります。

これに対して，「大学における教員養成」では，教員の学問的レベルを中等教育レベルから高等教育レベルに高めるとともに，戦前の教員養成の実用主義的・技術主義的傾向を克服することも意図されています。すなわち，学問や研究を行う大学で教員を養成することにより，専門的能力を持つと同時に，広い教養と自由かつ科学的な精神を持った教師の養成がめざされているのです。

また，「開放制免許状制度」は，師範学校が教員養成を独占していた戦前の教員養成制度と異なり，教員免許状を取得するのに必要な要件を満たせば，大学や学部にかかわりなく免許状が取得できる制度です。ただし，あらゆる免許をどの大学・学部・学科でも取得できるというわけではなく，文部科学省の課程認定を受けて認可された大学・学部・学科でのみ取得可能です（課程認定制度）。様々な大学・学部・学科で専門性を生かした教員を養成することにより，学校の教員組織に専門性と多様性を確保することがめざされています。

▶1　教育職員免許法第2条には，「この法律で『教育職員』とは，学校教育法（昭和22年法律第26号）第1条に定める幼稚園，小学校，中学校，高等学校，中等教育学校及び特別支援学校（以下『学校』という。）の主幹教諭，指導教諭，教諭，助教諭，養護教諭，養護助教諭，栄養教諭及び講師（以下『教員』という。）をいう」と述べられている。「法律に定める学校」（いわゆる「1条校」）には，学校設置者の区別はなく，ゆえに，私立学校の教員であっても，公立学校教員同様，教員という仕事の公共性に関する自覚を持って教育に当たらなければならない。

▶2　改正前の教育基本法第6条2項では，「法律に定める学校の教員は，全体の奉仕者であって，自己の使命を自覚し，その職責の遂行に努めなければならない」と教員の責務の公共性がより明確に規定されていた。

❷ 教員免許状の種類と取得の条件

教員免許状は，小学校教諭，中学校教諭，高等学校教諭等，学校種ごとの免許状になっており，さらに中学校・高等学校では教科ごとの免許状になっています。また，教員免許状には，普通免許状，特別免許状，臨時免許状の3種類があり，普通免許状の場合，修得単位数と基礎資格により，「専修免許状」（大学院修士課程修了），「一種免許状」（大学卒業），「二種免許状」（短期大学卒業）に分けられます。

教員免許状の取得には，教職課程のある大学等で所定の科目の単位を修得する必要があります。教員免許状の取得に必要な科目と単位数は，教育職員免許法に定められています（表1.1.1）。免許取得に必要な科目は「教科に関する科目」「教職に関する科目」「教育職員免許法施行規則第66条の6に定める科目」から成り，取得する免許により修得しなければならない単位数が異なります。

たとえば，中学校社会科の一種免許状であれば，まず，教科の専門的な知識や技能の習得にかかわる「教科に関する科目」として，「日本史及び外国史」「地理学（地誌を含む）」「法律学，政治学」「社会学，経済学」「哲学，倫理学，宗教学」といった科目を履修し，20単位を修得せねばなりません。

また，教員になるための基本的な資質や，教科指導・生徒指導等の知識や技能の習得にかかわる「教職に関する科目」として，「教職の意義等に関する科目」「教育の基礎理論に関する科目」「教育課程及び指導法に関する科目」「生徒指導，教育相談及び進路指導等に関する科目」等を，31単位修得せねばなりません。「教職に関する科目」には，実際の教育現場で実践しながら学ぶ機会である「教育実習」も含まれていて，小学校・中学校の免許の場合は4単位（4週間程度），高等学校の免許の場合は2単位（2週間程度）が必要になります。

中学校教諭の免許状取得には59単位が必要ですが，両方を合わせても51単位にしかならないため，不足する8単位を「教科に関する科目」「教職に関する科目」のいずれかから修得します。これらに加えて，第66条の6に規定されている科目である「日本国憲法」，「体育」，「外国語コミュニケーション」，「情報機器の操作に関する科目」を履修し，単位を修得します。さらに，小学校・中学校の教員免許状の取得には，「介護等体験」が義務づけられています。

こうして，大学での単位を修得することで教員免許状という資格を得，採用試験に合格することで「教員」になれたとしても，児童・生徒に真に「教師」と認められるとは限りません。「教師になる」ことが一生の課題であることを自覚しながら，大学での学びを充実させることが重要です。

（石井英真）

表1.1.1 教員免許状に求められる単位数（一種免許状の場合）

	教科に関する科目	教職に関する科目	教科又は教職に関する科目※	計
小学校教諭	8	41	10	59
中学校教諭	20	31	8	59
高等学校教諭	20	23	16	59

※ 「教科」「教職」科目の最低修得単位数を超えて修得した単位数により充足する。

参考文献

勝野正章・藤本典裕編『教育行政学（改訂版）』学文社，2008年。

小島弘道・北神正行・水本徳明・平井貴美代・安藤知子『第2版 教師の条件』学文社，2006年。

TEES研究会編『「大学における教員養成」の歴史的研究』学文社，2001年。

日本教師教育学会編『講座 教師教育学（全3巻）』学文社，2002年。

第Ⅰ部　教職課程とポートフォリオ

第1章　教員免許の取得をめざす

2 「教職実践演習」の導入

▷1　2006年の中教審答申では、「教職大学院」制度の創設、教員免許更新制の導入なども提起された。さらに、2012年8月28日に出た中央教育審議会答申「教職生活の全体を通じた教員の資質能力の総合的な向上方策について」では、実践的指導力を重視する方向で、教員免許の「修士レベル化」の案が提起されている。

▷2　「教職実践演習」の導入については、目指すべき教師像や力量の内実（教員養成スタンダード）を明確化することを通して、教員養成カリキュラムの再検討や担当者間の対話・協同を促す、ポートフォリオの作成などを通して、学生による学習経験の振り返りや総合化を促す、そして、大学側が教員養成の質に対して責任を持つことを促すといった、積極的な可能性を見出すことができる。その一方で、免許授与時に「完成品」を求める想定、および、要素的・直線的な教師の資質能力の成長イメージの是非、単位認定権を持つ教員の下で教職課程や学生生活の学びの総括を行うことがもたらす管理的側面、そして、教員養成に対する大学の自律性の縮小といった点に関して議論がある。

▷3　戦後の「大学における教員養成」に対しては、「予定調和論」（とにかく教えておけば、あとは学生た

1 実践的指導力をめざす教師教育改革の展開

1990年代以降、学校教育の課題が複雑化・高度化する中、教師の資質能力の向上が課題として認識され、教員養成・採用・研修の全体にかかわる教師教育改革が展開しています。採用後の資質能力向上策としては、初任者研修、10年経験者研修といった法定研修の整備、教員評価の強化などが、教員養成課程の改革としては、「教科に関する科目」の削減と「教職に関する科目」の強化、「教職総合演習」「介護等体験」の新設などが進められました。これらは、実践的指導力や高度専門職業人の養成を基調としています（表1.2.1）。こうした流れの中で、2006年7月に出されたのが、中央教育審議会答申「今後の教員養成・免許制度の在り方について」であり、そこで大学の教職科目として「教職実践演習」の新設が提起されました。▷1

2 「教職実践演習」の科目の趣旨

2006年の中教審答申を受けた教育職員免許法施行規則改正により、2008年度入学生対象のカリキュラムから「教職実践演習」が必修化されました。同規則は、「教職実践演習は、当該演習を履修する者の教科に関する科目及び教職に関する科目の履修状況を踏まえ、教員として必要な知識技能を修得したことを確認するもの」と科目の趣旨を規定しています。「教職実践演習」は、「教職課程の総まとめの科目」であり、大学4年次後期の必修科目として位置づけられることになりました。

また、「教職実践演習」では、各大学・学部が確認すべき教員像や到達目標等に含めることが必要な事項として、表1.2.2のような4項目を挙げています。そして、到達目標12個と、目標到達の確認指標例16個が示されています（表1.

表1.2.1　教師教育にかかわる政策と研究の歴史的経緯

	1970年代	1980年代	1990年代	2000年代
教員需要	上昇	横ばい	下降	回復から（都市部限定）急上昇
政策的要請	養成教育の量的拡大と強化	現職教師の資質能力の向上	実践的指導力の育成	教員教育の高度化・専門職化、質保証
実施政策	教員養成系大学・学部の定員増	生涯研修システムの体系化	教員養成系修士大学院の拡充	専門職（教職）大学院の設置
研究的観点	予期的・職業的社会化	キャリア発達・職能成長	ライフコース、ライフヒストリー	高度な専門的力量の解明・開発、リフレクション、コミュニティ

出所：山崎準二『教師の発達と力量形成——続・教師のライフコース研究』創風社、2012年、13頁。

4

2.3)。

さらに、文科省は、この科目の細かな留意事項を下記のように定めています。担当者については、教職に関する科目の担当教員と、教科に関する科目の担当教員が協力して行う、履修時期は、原則として大学4年次（短大は2年次）後期、授業方法については演習中心で適正な規模で行う、ロールプレーイング・事例研究・現地調査・模擬授業などの積極的導入、必要に応じて、現職教員または教員勤務経験者を講師とした授業を含める、教育委員会と連携して行う、といった諸点を示しました。また、文科省は、「教職実践演習の進め方及びカリキュラムの例」の中で、各大学に学生一人ひとりの「履修カルテ」の作成を求め、それに基づいて教員として最小限必要な資質能力を評価した上で、必要な場合は個別に補完的な指導を行うものとしました。

③ 「教職実践演習」の導入が大学の教員養成に投げかける課題

「教職実践演習」をめぐっては様々な議論がありますが、その導入の背景に、戦後の開放制教員養成は、教師の実践的な資質能力を育てる上で限界があったのではないか、教員養成に真に責任を持てる制度であったのかといった、教員養成担当者が正面から向き合うべき本質的な課題がある点を見逃してはなりません。ただし、「実践的指導力」が重要だとしても、それは「即戦力」のみと同義ではないでしょう。21世紀をよりよく生きるための学力を形成し、高度化・複雑化する教育現場の課題に対応する上で、教師としての成長の伸び代を育てる視点が、大学での教員養成においては必要であり、そういった観点から、「教職実践演習」で確認する資質能力の明確化がなされねばなりません。

また、大学が教員養成に責任を持つことについても、それが教育の客体として教師を位置づけることに陥ったり、「学び続ける教師」の育成が「研修を受け続ける教師」の育成に矮小化されたりしないよう注意が必要です。教員養成カリキュラムのデザインにおいて、「教育される客体」ではなく、自分たちで学びの場を組織し、教職のミッションや教師に求められる資質能力を定義する場にも参画しうるような「研究的・自律的に学ぶ主体」として、教師を捉える視点を忘れてはなりません。「大学における教員養成」原則の放棄ではなく、その実質化をこそ追求していくべきでしょう。

（石井英真）

表 1.2.2 文科省が提示する「含めることが必要な事項」

① 使命感や責任感、教育的愛情等に関する事項
② 社会性や対人関係能力に関する事項
③ 幼児児童生徒理解や学級経営に関する事項
④ 教科・保育内容等の指導力に関する事項

出所：中央教育審議会答申「今後の教員養成・免許制度の在り方について」2006年7月11日（別添1.「教職実践演習（仮称）について」）を参照。

ちが、自分の内部において統合し、教師としての力量を持ってくれる）や「なわばり無責任論」（他の分野でどうしているかは知らないが、わたしが教えられるのはこのところだけだ）といった批判がなされてきた（横須賀薫『教師養成教育の探究』評論社、1976年）。

参考文献

岩田康之・三石初雄編『現代の教育改革と教師——これからの教師教育研究のために』東京学芸大学出版会、2011年。

梅野圭史・海野勇三・木原成一郎・日野克博・米村耕平編著『教師として育つ——体育授業の実践的指導力を育むには』明和出版、2010年。

日本教師教育学会編『日本の教師教育改革』学事出版、2008年。

表 1.2.3 含めることが必要な事項④「教科・保育内容等の指導力に関する事項」の「到達目標及び目標到達の確認指標例」

到達目標	目標到達の確認指標例
○教科書の内容を理解しているなど、学習指導の基本的事項（教科等の知識や技能など）を身に付けている。 ○板書、話し方、表情など授業を行う上での基本的な表現力を身に付けている。 ○子どもの反応や学習の定着状況に応じて、授業計画や学習形態等を工夫することができる。	○自ら主体的に教材研究を行うとともに、それを活かした学習指導案を作成することができるか。 ○教科書の内容を十分理解し、教科書を介して分かりやすく学習を組み立てるとともに、子どもからの質問に的確に応えることができるか。 ○板書や発問、的確な話し方など基本的な授業技術を身に付けるとともに、子どもの反応を生かしながら、集中力を保った授業を行うことができるか。 ○基礎的な知識や技能について反復して教えたり、板書や資料の提示を分かりやすくするなど、基礎学力の定着を図る指導法を工夫することができるか。

出所：表1.2.2と同じ。

第Ⅰ部　教職課程とポートフォリオ

第1章　教員免許の取得をめざす

3　教師に求められる専門的力量とは何か

1　専門職としての教師

　教師は「専門職（profession）」と言われます。もともと"profess"とは「神の宣託」を意味する言葉であり、古典的には、聖職者、医師、弁護士が三大プロフェッションと呼ばれてきました。専門職として確立した「専門家（professional）」は、素人には真似のできない高度な知識やスキルを提供するという「技術的側面」、自律的に意思決定することができ、組織に縛られることなく、同僚との連携を重視するという「管理的側面」、そして、他者に奉仕することに意義を感じ、金銭的な利害を超えて自身の職業にこだわりを持つ「精神的側面」によって特徴づけられます。

　教職については、公共的使命などの精神的側面が強調される一方で、かならずしも、専門性の根拠となる専門的知識が明確にされているわけではなく、専門家としての地位も自由も自律性も十分に保障されていないのが実態です。こうした「準専門職（semi-profession）」というべき現状から、教職の専門職化（専門性や専門職性の高度化）を進めていくことが課題となっています。その際、無境界性、複線性、不確実性という教師の仕事の特性を確認しておくことが重要です（表1.3.1）。

　教師の仕事の専門性の内実が明確でないのは、その専門性の未熟さというよ

表1.3.1　教師の仕事の三つの特性

無境界性：授業にしても学級経営にしても、ここまでやれば終わりというものがない。	
・意欲次第でいくらでもよりよいもの（卓越性）を追求できる可能性。	
・児童・生徒のためにとやりすぎてしまってオーバーワークに陥る危険性。	
複線性：教科指導から生徒指導・生活指導、保護者対応に至るまで、種類の違う多様な仕事を同時に並行して担わねばならない。とくに日本では、知識・技能を教えるだけでなく、トータルな人間形成に関わることを教師に期待する傾向がある。	
・多面的に児童・生徒の人間としての成長にかかわることで、教師としてのやりがいや手応えを生み出す可能性。	
・無限責任につながる危険性。多様な仕事が予期せぬ形で一度に押し寄せてくるために、仕事の見通しのなさやせわしなさ・消耗感を生み出しがち。	
不確実性：何がよい教育なのかという安定した一義的な基準がない。	
・教師の自律性の尊重を要求する根拠でもあり、創造的な実践が生まれる基盤でもある。	
・達成感が得られずつねに不全感や不安感がつきまとい、それゆえ、確かさをもとめてマニュアルに依存したり、他と歩調を合わせたりする傾向を生み出す危険性。	

出所：秋田喜代美「教師の日常世界へ」秋田喜代美・佐藤学編『新しい時代の教職入門』有斐閣、2006年、1-18頁；佐藤学『教師というアポリア――反省的実践へ』世織書房、1997年をもとに筆者が図表化。

▶1　戦前・戦中には、教師を「教育ノ僧侶」とした初代文部大臣森有礼をはじめ、教師を公僕や奉仕者と見て、使命感や献身性や遵法の精神を要求する「聖職者」観が支配的であった。戦後、日本教職員組合（日教組）の「教員の倫理綱領」（1952年）により、労働基本権の保障要求等がなされ、「労働者」としての教師という見方も構築されていった。そして、1966年に採択されたILO・ユネスコの「教員の地位に関する勧告」では、「教育の仕事は、専門職とみなされるものとする。教育の仕事は、きびしい不断の研究を通じて獲得され、かつ維持される専門的知識および特別の技能を教員に要求する公共の役務の一形態であり、また、教員が受け持つ児童・生徒の教育および福祉に対する個人および共同の責任感を要求するものである」と、教師を「専門職」として明確に位置づけた。その上で、このような仕事から要求されるものとして、研修の意義、労働条件の改善、教育政策決定への参加、学問の自由、市民的権利の保障等が提起された。しかし、日本政府は勧告の趣旨を具体化しているとはいえない（堀尾輝久・浦野東洋一編『日本の教員評価に対する・ユネスコ勧告』つなん出版、2005年などを参照）。

▶2　松尾睦『経験からの

りは，教育という仕事の包括性や複雑性に由来するものと見るべきでしょう。たとえば，専門教科の学問的内容を熟知しているだけ，あるいは，児童・生徒の学習や発達の過程を深く理解しているだけでは，教育活動は成立しません。学問の論理と学習者の論理とはかならずしも一致せず，それらをつなぐには，学習者を想定しながら学問の知を教育内容として組み換え，学習活動を教育的意図をもって組織化する，教える方法に関する知（教授学的知見）が必要となります（図1.3.1）。こうして，多様な領域にまたがる専門的知識を実践過程において統合する見識や判断力が，教師の専門性の核となるのです。

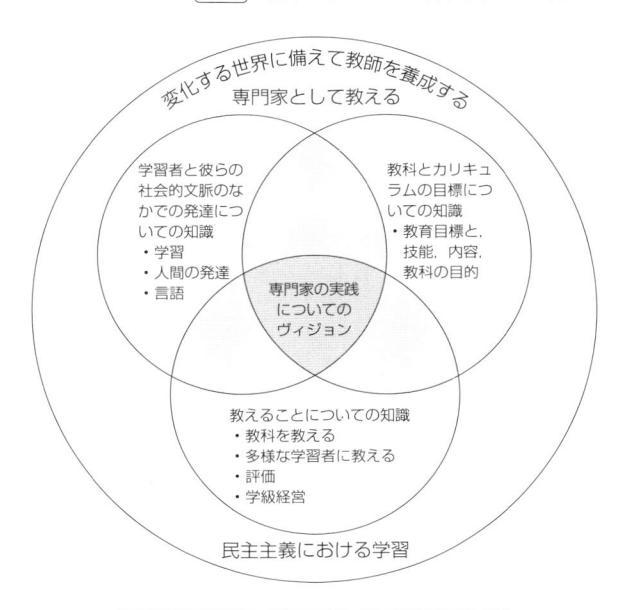

図1.3.1　教師の教育実践を支える知識

出所：ダーリング-ハモンド／バラッツ-スノーデン編，2009年，8頁。

❷ 教師に求められる力量の五つの柱

本書では，教師に求められる力量を五つの柱で捉えています（図1.3.2）。まず，教師の仕事を大きく教科教育と教科外の活動に分け，それぞれについて，知識・技能を知っている，わかるという教養・認識の側面と，実際の現場で行動できるという実践力の側面があると捉えます。これにより，A「教職に求められる教養」，B「生徒理解と人間関係構築力」，C「教科内容に関する知識・技能」，D「教科等の授業づくりの力量」が設定されます。本書では，A～Dのように教育実践に固有の専門的な力量に加えて，創造的な探究力としての「課題探究力」を柱Eとして位置づけています。

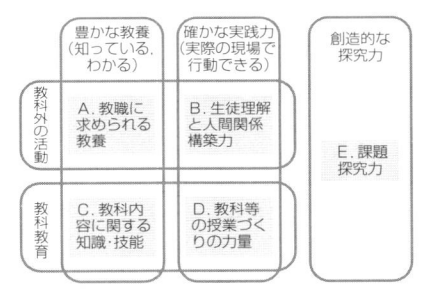

図1.3.2　教師に求められる力量の五つの柱

出所：京都大学教職課程作成。

「教職実践演習」に際して文科省が示した「含めることが必要な事項」と比較することで，本書の五つの柱の特徴を明らかにしておきましょう。まず，五つの柱では，「教科・保育内容等の指導力に関する事項」の内容を，C「教科内容に関する知識・技能」とD「教科等の授業づくりの力量」とに分けています。こうして，「教科内容に関する知識・技能」を独立した柱として設定することで，教科の本質をつかむことや，専門分野を研究する経験の重要性を表現しています。また，E「課題探究力」を独自に設定することで，研究的に学び続ける力の重要性を示唆するとともに，大学側が設定した枠を越える学びが生まれることも期待しています。

さらに，文科省が挙げる「使命感や責任感，教育的愛情等に関する事項」が，規範意識，信念，態度を直接的に目標としているのに対して，五つの柱では，そうした情意形成の基盤となる「教職に求められる教養」の理解を目標として

学習――プロフェッショナルへの成長プロセス』同文舘出版，2006年，51頁。専門職の要件としては，リーバーマン（Lieberman, M.）による下記の8項目が有名である。①比類のない，明確で，かつ不可欠の社会的サーヴィスを提供する。②サーヴィスを提供する際に，知的な技能が重視される。③長期にわたる専門的訓練を必要とする。④個々の職業人およびその職業集団全体にとって，広範囲の自律性が認められている。⑤職

います。教師としての使命感や教育に関するさまざまな信念の発達は，教師教育の重要な目的の一つです。しかし，それは評定の対象とすべきではなく，学習者自身がそれらの中身を定義し，態度を自己形成していく過程を尊重し，支援することが必要だと考えます。

なお，五つの柱のそれぞれは，学級経営案の作成（Bが対応），指導案作成と模擬授業（Cが対応）など，まとまった活動や成果物と対応しています。たとえば，「授業づくりの力量」を到達目標として明確化する際に，「板書」，「発問」，「学習形態の工夫」といった要素に細分化して，個々の部分的要素を指導と評価の対象とするのではなく，できる限り「授業づくり」という全体的活動をひとまとまりに指導し評価することが重要なのです。また，ポートフォリオ検討会の際，複数の柱の内容をつなげて学習経験を一連のストーリーとして物語るなど，分析的な視点の設定により学習経験が断片化しないように注意しましょう。

③ 教職の高度化・専門職化のヴィジョン

上記の五つの柱にまとめられた力量の形成は，どのような教師像をめざすものなのか，そして，教職の高度化・専門職化の方向性をどう構想するかといった点について述べておきましょう。専門職としての教師像については，現在，「技術的熟達者（technical expert）」と「省察的実践家（reflective practitioner）」の二つの考え方が対立関係，あるいは相互補完関係として並置され，教師教育改革の議論を枠づけています（表1.3.2）。

しかし，主に教員研修センターや教師塾での実践を基礎づけている「技術的熟達者」モデルは，教科内容や教材への理解を欠いたハウツーやスキルの習得に向かいがちであり，手続きの意味を熟考することなくただこなすだけの実践を生み出しがちです。一方，「省察的実践家」モデルを掲げた，校内研修，インフォーマルな研究会，および教職大学院での事例研究においては，児童・生徒の「学び」の解釈に終始しがちであり，教師の「教え」との関連でそれを検討する視点を欠きがちです。しかも，事実の表層的な交流を越えて，その意味の解読や理論構築（暗黙知の形式知化）に向かうとは限りません。「実践的指導

▷ 業的自律性の範囲内で行われる判断や行為について広く責任を負うことが，個々の職業人に受け入れられている。⑥職業集団に委ねられた社会的サーヴィスの組織化および遂行の原理として強調されるのは，個人が得る経済的報酬よりも，提供されるサーヴィスの内容である。⑦包括的な自治組織を結成している。⑧具体的事例によって，曖昧で疑わしい点が明確化され解釈されてきた倫理綱領をもつ（今津孝次郎『変動社会の教師教育』名古屋大学出版会，1996年，42頁を参照）。
▷ 3 「専門職性（professionalism）」とは，教職が職業としてどれだけ専門職としての地位を獲得しているかを問題とする概念である。一方，「専門性（professionality）」とは，教師が児童・生徒に対して教育行為を行うときに，どれだけの専門的知識・技能を用いるかという，教師としての実質的な役割や実践の質を問題とする概念である。
▷ 4 教師の仕事における判断の重要性は，「教育的タクト」（授業における臨機応変の対応力），「ジレンマ・マネージング」（教師の教えたいことと児童・生徒の学びたいことのどちらをこの場面で優先するか，といった無数のジレンマについて，その時々に瞬時に判断し，やり繰りしていく教師の仕事）といった具合に，さまざまな形で強調されてきた。
▷ 5 1-2 を参照。
▷ 6 2-4 を参照。
▷ 7 「技術的熟達者」と「省察的実践家」の概念については，ショーン，D. A. 著，柳沢昌一・三輪健

表1.3.2 「技術的熟達者」と「省察的実践家」の二つの可能性

技術的熟達者：専門的で科学的な理論や技術を合理的に適用する。	
・定型的熟達者	特定の課題について決められた手順を速く正確に遂行できる。
・適応的熟達者	状況に応じて適切な方法を選択したり創造したりできる。
省察的実践家：クライアントが抱える複雑な問題に，彼らとともに対峙し，実践の事中・事後の省察を通して，問題解決に取り組みつつ「実践の中の理論（theory in practice）」も豊かにする。	
・問題解決的省察	既存の枠組みを自明視したまま，出来事を解釈したり，問題発見・解決を遂行したりする（シングル・ループ学習）。
・問題探究的省察	出来事や問題を捉える枠組み自体を吟味し，再構成する（ダブル・ループ学習）。

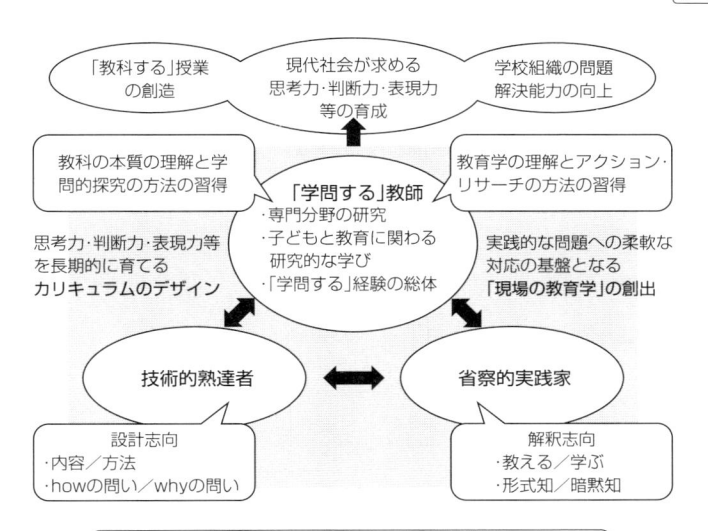

1-3 教師に求められる専門的力量とは何か

図1.3.3 「学問する」教師を軸にした教職の高度化

 力」が過度に強調される中で,「技術的熟達者」は「定型的熟達者」に,「省察」は「問題解決的省察」に矮小化されがちであり,教職の高度化・専門職化がめざされながら,実際には教職の脱専門職化が進行しているという懸念があります。

 こうした事態に対して,「大学における教員養成」の趣旨に由来する「学問する」教師という視点を意識することが重要でしょう(図1.3.3)。すなわち,専門分野や教育分野における,さらにはそれらに直接的に関係のない分野における,学問的知識や教養,および,「学問する・研究する経験」(探究やそれに伴う情動のプロセス)の意味(例:教科の本質の理解と学問的探究の方法の習得,教育学の理解とアクション・リサーチの方法の習得など)に注目するわけです。

 「学問する」教師という軸を明確にすることは,学問と教育,理論と実践などの間のずれを,あらためて顕在化させるかもしれません。しかし,そこでずれを埋めてしまうのではなく,むしろ異なる文化の狭間で思考し,異文化間を行き来する力量を育てることが重要でしょう。技術的熟達者モデルに対しては,カリキュラム・デザインや教材開発の力量の育成を通して,長期的な見通しの中で授業を構想する視点を提起し,「適応的熟達者」へと導く。他方,省察的実践家モデルに対しては,実践研究の力,すなわち,実践経験を分析・一般化して,教師が自分たちの言葉と論理(「現場の教育学」)を創ったり再構成したりする力を高めることで,問題把握の枠組み自体も問い直しつつ,より広い視野に立って問題解決に当たっていく「問題探究的省察」を促すわけです。

 高度化・複雑化する学校教育の課題に対応する個人や組織の力を高め,現代社会が求める新しい学力や学びを実現していく上で,「学問する」教師,技術的熟達者,省察的実践家という三つの教師像を関連づけ,トータルに活性化させるような教師教育のグランドデザインが求められています。 (石井英真)

二監訳『省察的実践とは何か――プロフェッショナルの行為と思考』鳳書房,2007年;佐藤学『教師というアポリア――反省的実践へ』世織書房,1997年に詳しい。また,「定型的(手際のよい)熟達者(routine expert)」と「適応的熟達者(adaptive expert)」の概念については,波多野誼余夫・稲垣佳世子「文化と認知――知識の伝達と構成をめぐって」坂元昂編『現代基礎心理学 7 思考・知能・言語』東京大学出版会,1983年,191-210頁を,ダブル・ループ学習とシングル・ループ学習については,アージリス,C.著「『ダブル・ループ学習』とは何か」DIAMONDハーバード・ビジネス・レビュー編集部編訳『組織能力の経営論』ダイヤモンド社,2007年,85-124頁を参照。

参考文献

市川昭午編『教師=専門職論の再検討』教育開発研究所,1986年。

今津孝次郎『変動社会の教師教育』名古屋大学出版会,1996年。

佐藤学『教師というアポリア――反省的実践へ』世織書房,1997年。

ダーリング-ハモンド,L.&バラッツ-スノーデン,J.編,秋田喜代美・藤田慶子訳『よい教師をすべての教室へ――専門職としての教師に必須の知識とその習得』新曜社,2009年。

石井英真「教師の専門職像をどう構想するか――技術的熟達者と省察的実践家の二項対立図式を超えて」『教育方法の探究』第16号,2013年,8-15頁。

第Ⅰ部　教職課程とポートフォリオ

第1章　教員免許の取得をめざす

4 教師の力量形成とライフコース

1　教師の力量形成のプロセス

　教師の力量は，大学の教員養成で完成するものではなく，生涯にわたる「研修」を通じて形成されていくものです。その際，制度化された研修（初任者研修と10年経験者研修は義務）のみならず，校内研修，公開研究会，研究サークルへの参加といった自主的な研修，さらには日常的な力量開発も含めて，「研修」を捉えることが重要です。

　教師の力量形成は，「技」の学習一般がそうであるように，基本的には，「なすことによって学ぶ」という形を取ります。すなわち，教室の外側で理論を学んで実践に当てはめるのではなく，実践の中で反省的に思考（省察）し，教訓（実践知）を蓄積しながら，実践をよりよいものへと自己調整していくわけです。よって，教師の技量を磨くには，授業の構想・実施・省察の全過程を，教師自身の学習の機会としてどう充実させられるかがポイントとなります。

　また，そうした教師の学びは，同年代や先輩教師たちとの間のタテ・ヨコ・ナナメの重層的な共同関係の下で遂行されていきます。たとえば，経験の浅い教師にとって，先輩教師（熟達者）たちにあこがれ，それらをモデルとして創造的に模倣するというプロセスは重要な意味を持っています。ここで言う模倣とは，たんに表面的な行動を真似るのではなく，目の前の状況に対して，「○○先生ならばどう考えるだろうか」と思考し，目指す授業像，および思考方法や感覚を共有することです。そうして実践者としての現実への向かい合い方を模倣することは，それを徹底するほどに，自分なりのスタイルを構築すること（モデルからの卒業）に行き着くがゆえに，創造的な営みと言えます。

　そうして経験を通して暗黙的に実践知を学ぶ一方で，教科内容，子どもの学習，教育方法などに関する諸理論（形式知）を学ぶことも重要です。教師たちが自らの実践を支えている論理を自覚化し，より広い視野から実践の意味を理解し，それを語り合う言葉を持つ。それは，教師の感覚的な判断を根拠や確信を伴ったものとし，実践の変革可能性や柔軟性も準備するでしょう。

2　教師としての成長を支えるために

　長い教職生活においては，授業観，子ども観，さらには教育観全体にかかわる変化や転機があるものです。それは，問題を抱えた児童・生徒との出会いと

▷1　教師は「研究」と「修養」としての「研修」を絶えず行うことが，法的にも規定されている（教育公務員特例法第4章）。一方，教師の任命権者である，都道府県・政令指定都市・中核都市教育委員会等には，研修の計画的な実施や教師に対する支援が求められている。研修は教師にとって義務であると同時に権利としても保障されているのである。

▷2　実践知の多くは，論理的に明晰には言語化されにくく，具体的なエピソードや，それに伴う感覚や意味づけの形で，暗黙知（感覚的で無意識的な知）として，実践者個人や実践者間で蓄積されている。こうした，実践共同体に蓄積されている実践知は，同僚と授業や子どものことについて対話したり，実践記録を読んだり書いたりするなど，生のエピソードや事例を介した判断過程の追体験を通して学ばれていく。

▷3　松尾睦は，「適切な『思い』と『つながり』を大切にし，『挑戦し，振り返り，楽しみながら』仕事をするとき，経験から多くのことを学ぶことができる」と，経験から上手に学ぶポイントをまとめている（松尾睦『経験からの学習――プロフェッショナルへの成長プロセス』同文舘出版，2006年，2頁）。

▷4　さまざまな分野にお

表1.4.1 教師のライフコースの平均的なステップ

初任期①（入職後約5年間）
- リアリティ・ショック（入職前に抱いていた教師と児童・生徒関係についてのイメージと現実とのギャップによるショック）を受け，そのショックをかかえながらも無我夢中で試行錯誤の実践に取り組む。
- 自分の被教育体験によって無意識的に形成されたモデルに基づいて実践しがち。
- 「教師にとってはじめての3年間がその後の教職生活を左右する」とも言われるように，教師の仕事のイメージを育む大事な時期であり，試行錯誤や困難が，子どもや教育への深い見方を育てうる。

初任期②（入職後およそ5年～10年）
- 新任時代の荒波を乗り切って，小学校では6年間，中・高なら3年間，入学から卒業までの生活をともにすごすことで，子どもたちのようすが見えてくる。教師にもいくぶん気持ちの余裕が生まれる。
- 当初は「子どもが好き」という思いだけで教職に向かった教師たちも，もう少し確かなものを得たいと思うようになってくる。より大きな社会的文脈の中で自分自身の仕事の意味を確認し，教育実践を確かなものにしたいという思いがわきあがってくる。研究会に参加するなどして，教育実践の工夫に力を注ぐようになる。
- 自分が取り組んでいきたい実践課題を自覚し，これから自分はどのような教師として教職生活を過ごしていくべきかを考えるようになる。

中堅期（20代後半～40代前半）
- 15年から20年ほど経つと，教師としての自己を育て一通りの仕事を身につける。職業的社会化（その職業で必要とされる技能やふるまいを習得すること）を終え，一人前の教師になっていく。
- 男性教師は，比較的早い段階から校務分掌などの役割を担い，先輩教師や管理職教師などとも公的な関係を築きながら教師としての発達と力量形成を遂げていく。30代中頃から学年・研修の主任職などを担うようになり，学年・学校全体や教員集団のことに目を向けざるを得なくなるなど，役割変化が教師生活上の危機を生む場合もある。
- 女性教師の多くは，20代後半から結婚・出産・育児・家事といった人生上の出来事に直面し，その経験を通して教師としての発達と力量形成を遂げていく。一方で，家庭生活上の負担が重くのしかかり，離職の危機が生じる場合もある。
- 社会の変動による児童・生徒たちをめぐる環境の変化，加齢による児童・生徒たちとの世代ギャップ，経験を重ねることによる教師としての役割の硬直化などによって，中年期に危機が生じることがある。

指導職・管理職期（40代半ばあたりから，指導主事や教頭・校長などに就くことを契機に）
- 教育という営みを捉える視野を拡大させるとともに，学校づくりという新しい教育実践を創造していく可能性をもたらす。
- 学級という自らの実践のフィールドを喪失し，教育実践家からの離脱化（それまで育んできた教職アイデンティティの切断）を余儀なくされるために，戸惑いも大きく，年齢からくる体力や健康の不安，職場内に気軽に相談できる相手がいなくなる孤独感などが生じ，離職の危機を迎えやすい。

出所：山崎準二「教師のライフコースと発達・力量形成の姿」山崎準二・榊原禎宏・辻野けんま『「考える教師」——省察，創造，実践する教師』学文社，2012年，98-117頁；高井良健一「生涯を教師として生きる」秋田喜代美・佐藤学編『新しい時代の教職入門』有斐閣，2006年，101-127頁をもとに筆者が図表化。

交流の経験，すぐれた先輩や指導者との出会いのみならず，職務上の役割の変化や個人および家庭生活における変化など，学校内外のさまざまなことがきっかけとなって生じます。そうした転機やライフコースは，基本的には個々人によって多様ですが，その平均的なステップを描くなら表1.4.1のようになるでしょう。

教師は，さまざまな困難に直面するたびに，自らの教職アイデンティティを問い直すことで成長していきます。それは，学校や同僚に支えられながら，児童・生徒から学ぶ余裕があってこそ可能になるものです。しかし，昨今の教師をめぐる状況は厳しいものです。教育に対する要望や期待は高まる一方で，教師や学校に対する信頼は崩れ，教師は一切の「失敗」が許容されず，大胆な取り組みもできにくい状態です。何より，本業以外の事務作業や保護者対応などの増加により，手応えの得られない徒労感や多忙感が，教師を精神的・肉体的に追い詰めています。児童・生徒をめぐる問題が複雑化し，教職の高度化が求められる今だからこそ，教師が教育活動に専念でき，その専門的成長が支えられる環境づくりが急務です。

（石井英真）

ける熟達化のプロセスにおいては，一人前になる壁，中堅者になる壁，熟達者になる壁があるとされる（楠見孝「実践知の獲得——熟達化のメカニズム」金井壽宏・楠見孝編『実践知——エキスパートの知性』有斐閣，2012年，33-57頁）。また，組織での熟達化においては，専門領域でプレイヤーやスペシャリストとして成長する道と，マネジメント領域でマネジャーとして成長する道といった，異なる成長のハシゴが存在しているという（松尾睦『職場が生きる人が育つ「経験学習」入門』ダイヤモンド社，2011年）。

▶5 現在の教師が置かれている困難な状況については，朝日新聞教育チーム『いま，先生は』岩波書店，2011年；久冨善之・佐藤博編『新採教師はなぜ追い詰められたか——苦悩と挫折から希望と再生を求めて』高文研，2010年；グループ・ディダクティカ編『教師になること，教師であり続けること——困難の中の希望』勁草書房，2012年などを参照。

参考文献

石井順治・牛山栄世・前島正俊『教師が壁をこえるとき——ベテラン教師からのアドバイス』岩波書店，1996年。

山崎準二『教師という仕事・生き方——若手からベテランまで教師としての悩みと喜び，そして成長（第2版）』日本標準，2009年。

山崎準二『教師のライフコース研究』創風社，2002年。

油布佐和子編『転換期の教師』放送大学教育振興会，2007年。

コラム 1

教師として働くことの魅力

　教師として働くことの最大の魅力とは何でしょうか。それは，大人になりつつある生徒たちの自分探しにかかわることができるところにあると思います。

　中学校や高等学校で生徒の人生とかかわるのは，わずか3年間です。しかし，この3年間はけっして平坦な道程ではありません。成長過程において，生徒たちは，多くの願いや思いを抱き，葛藤を経験し，大きな喜びや達成感，ときには深い悲しみや失望，落胆を味わいます。

　この時期の生徒とかかわる教師という仕事は，知的側面だけでは担いきれません。一人ひとりの生徒が繰り広げる青春物語に寄り添い，知的な指導と意意的な指導を一体化させたものとして取り組む教育的営みに，教師という職業の醍醐味があります。以下，少しほろ苦さを含んだ私の経験談をお話ししましょう。

1　古ぼけた学生服

　はじめて赴任した中学校で3年生の学級担任を任されました。「新採で3年担任！」という驚き，そして誇りと不安が交錯した思いを抱いたことを，今でも鮮明に覚えています。4月の始業式前日，先輩教師に誘われ，気になる生徒の家庭訪問をしたところ，数名の生徒がシンナー吸引をしている現場に遭遇しました。この時点から，A男とのかかわりが始まりました。残念ながら，不登校（怠学）はけっして改善されませんでした。1年間，この生徒へのかかわり方に悩み続けました。悩んだ結果，卒業式の当日まで，毎朝自宅へ迎えに行くことにしました。卒業式前夜，この生徒が突然，「先生，学生服ないし卒業式行かへんわ」と言ったのです。私は，大学の思い出として大切に残しておいた古ぼけた学生服を着させることを決心したのです。幾度となく卒業式の練習をしました。卒業式は無事終わりましたが，その学生服は私の手元には戻りませんでした。その後，「古ぼけた学生服」は，多くの後輩生徒に引き継がれていったそうです。

2　詩「放課後の黒板」

　赴任2校目の1年目も3年生の学級担任でした。この学級は，活発で成績も良い女子グループがリーダーシップをとっていました。しかし，むしろあまり目立たない4名の女子グループが，私はいつも気になっていました。なぜなら，いじめられる対象にならないかを心配していたからです。

　梅雨のある日，そのグループのうちの一人の女子生徒が，校内詩コンクールで入賞しました。自分を誰もいない「放課後の黒板」にたとえた詩でした。道徳の時間にその詩を紹介し，私なりの講評を加え，学級の生徒たちにも講評を求めました。するとどうでしょう。活発な女子グループのメンバーが，その女子生徒に対して賞賛の眼を向けつつ，友人たちの講評を静かに聴いているのです。放課後，その女子生徒の母親が，学校へ飛んで来られました。「うちのB子が，入賞した詩を先生や友だちに褒めてもらったと言って，泣きながら帰ってきました。先生，ありがとうございます。あの子が泣いて喜んだのははじめてです」と息を弾ませ，涙を流しながらの感謝の言葉をいただきました。

3　かかわりきる指導

　その後，問題行動を持った生徒とのかかわりが多い，生徒指導主任を任されました。学級担任から外れたことで，心にポッカリ穴があいたような寂しさを感じました。しかし，生徒指導主任として，あらためて生徒たちにかかわりきる指導の大切さを学びました。

　問題行動をもった生徒たちにかかわりきるには，一人ひとりの生徒の葛藤を頭（理性）と心（感性）で受けとめ，自分探しへと導いていくことが必要です。それぞれの生徒たちの心の奥底にある悲しさ，弱さ，鋭敏さ，冷たさ，温かさなどの感情が，鈴の音色となって心に響いてくるような経験を幾度となくしました。そのような経験は，私の生涯の宝物です。

　ある日，道徳の時間の担任代行に行ったときのことです。読み物資料の文章で，冬期の出稼ぎの父親に手袋を編んで送るという，母親と娘の温かい家族愛を描いた内容がありました。この文章に対して，「先生，俺，わからへん，父ちゃん知らんし…」と笑顔で発言した生徒がいました。その瞬間，この生徒のことは家庭環境も含め十分に理解している，という自負が吹っ飛びました。父親への家族愛を知らない，父親の温かさに心で触れたことがないという彼自身の本当の顔を覗かせてくれたのです。心に熱いものを感じました。今，この生徒は，兄とともに起業した会社の副社長として活躍しています。

4　涙が止まらない

　私は自分が泣き虫であることを知りました。自分が顧問をしていたサッカー部が優勝したときのことです。寒い日も暑い日も，また雨の中でも，厳しい練習で生徒とともに汗と泥にまみれてきた成果でした。褒め下手な私が，よくここまでやったと生徒たちを褒めようとすると，胸が詰まり涙が溢れてくるのです。

　また，卒業式を終え「蛍の光」の曲が流れる式場から退場していく生徒たちの晴れ姿を見たときのことです。これで自分の一つの大きな役割が終わったと思うと，張りつめたものが解れます。その瞬間，流すまいと思っていた涙が溢れ出るのです。もう，止めることができないのです。両手で顔を覆い，生徒たちに気づかれないように壁の方を向いても無駄でした。気がつけば，生徒たちが目を真っ赤にして，私のまわりに幾重も集まってきてくれていました。生徒たちとともに流す涙は，喜びとも悲しみとも言いがたい不思議な涙です。その涙が，教師としての自分を励まし，勇気づけ，前へ前へと一歩ずつ進め続けてくれた力だったと今でも思っています。

5　3年1組卒業記念文集（1979年3月10日作成）

　最後に，私が大切にしている黄色に変色したわら半紙の手書き文集から一人の女子生徒の文章を紹介しておきましょう。

　「大きい声，短い脚……。それが3年1組担任の先生の特徴だ。はじめは，おとなしかったこのクラスも，先生によってガラッと変わったような気がする。今では，学活・道徳など笑いが絶えない。やることなすこと，とても楽しい先生だ。でも楽しいだけの先生ではない。山登り，球技大会などのアドバイス，勉強のこと，そして受験。それぞれ必要なことをみんなに教えてくれた。楽しくて，それでいてきびしい先生。受験という厚い壁があったせいもあるが，とてもこの一年が短く感じられた。それだけ楽しかったということだ。これも全部，北原先生のおかげです。今度会うときも，今のままの先生でいて欲しいと思います。」（北原琢也）

第Ⅰ部　教職課程とポートフォリオ

第2章　教職課程ポートフォリオを作る

1 ポートフォリオとは何か

1 職業人のポートフォリオ

　ポートフォリオは，もともと画家や建築家，新聞記者といった職業の人々が，雇用主に自らを売り込むときに用いる「紙ばさみ」，ファイルやスクラップ帳などを指します。たとえば画家であれば，自分の代表作や個展のビラ，新聞に載った批評などを綴じ込みます。それを見れば，その画家の力量や画風，さらには社会的な評価が一目瞭然です。

　英米では，教師もポートフォリオを作って就職活動をします。学習指導案，授業の様子や教室での展示物を撮った写真，児童・生徒に与えた課題や，提出物への赤入れ，児童・生徒や同僚からの評価などを綴じ込み，面接で見せながら，自らの力量をアピールするのです。そのようなポートフォリオは，教員評価の場面で使われることもあります。

　ポートフォリオを作ることは，職業人にとって，具体的な資料に即して自らの歩みを振り返り，現在の到達点や今後の課題を考える機会を確保してくれるものです。

2 教育現場におけるポートフォリオ

　さて，教育現場におけるポートフォリオとは，学習者（児童・生徒や学生）の作品や自己評価の記録，教師の指導と評価の記録などを系統的に蓄積していくものを意味しています。ポートフォリオ評価法とは，ポートフォリオ作りを通して，学習者が自らの学習のあり方について自己評価することを促すとともに，教師も学習者の学習活動と自らの教育活動を評価するアプローチです。

　図2.1.1の①は，小学生が作ったポートフォリオです。このポートフォリオでは，教科ごとに指導要録の観点別のポケットを用意し，その観点の力をもっとも身につけることができたと子どもたちが実感できたときの資料を，学期ごとに差し替えながら収めています。一方，図2.1.1の②は，大学生が作った教職課程ポートフォリオです。冒頭に，表紙・目次，教職課程修了時に書くレポート，「履修カルテ」や「年度ごとの目標設定と振り返り」のシートを収録し，その後は，本書で提示している五つの柱に即して成果資料を整理する形になっています。

　このようにポートフォリオは，さまざまな年齢の学習者が用いることができ

▶1　藤田夏海・塚田有那・庄野祐輔・古屋蔵人・岩城知子編『ポートフォリオ・クリエイション——自分を売り込むプレゼンの成功例』パイ インターナショナル，2011年には，デザイナーやイラストレーターなどの職業人が実際に作成したポートフォリオが紹介されている。

▶2　大学教員が作るポートフォリオを扱った書籍として，土持ゲーリー法一『ティーチング・ポートフォリオ——授業改善の秘訣』東信堂，2007年；セルディン，P. 著，大学評価・学位授与機構監訳，栗田佳代子訳『大学教育を変える教育業績記録——ティーチング・ポートフォリオ作成の手引き』玉川大学出版部，2007年などがある。

▶3　西岡加名恵『教科と総合に活かすポートフォリオ評価法』図書文化，2003年。

▶4　宮本浩子「子どもの学力を評価する——国語の力の系統性と観点別長期ポートフォリオ」宮本浩子・西岡加名恵・世羅博昭『総合と教科の確かな学力を育むポートフォリオ評価法・実践編』日本標準，2004年，135-144頁。

14

ます。皆さんが教職課程ポートフォリオを作る過程で得た知見については，教壇に立ったとき，子どもたちのポートフォリオ作りの指導に生かしてほしいと思います。

③ 指導上のポイント

教育現場でポートフォリオを用いるにあたっては，まず，所有権（ownership），つまりポートフォリオに収める資料やその評価規準・基準の決定権を誰が持つのかについて考えておく必要があります。所有権に注目すると，ポートフォリオは，次の3種類に大別されます。

①小学生のポートフォリオ　②教職課程ポートフォリオ

図2.1.1　教育現場のポートフォリオ

- 基準準拠型ポートフォリオ：収める資料やその評価規準・基準について，教育者があらかじめ決定しているポートフォリオ
- 基準創出型ポートフォリオ：収める資料やその評価規準・基準について，教育者と学習者が交渉しながら決めていくポートフォリオ
- 最良作品集ポートフォリオ：収める資料やその評価規準・基準について，学習者が決定するポートフォリオ

ポートフォリオ作りの指導のポイントとしては，次の3点を指摘できます。

第一に，学習者（児童・生徒・学生）と指導者（教師）の間で，見通しを共有することが重要です。ポートフォリオをなぜ作るのか，意義は何か，何を残すのか，いつ，どのぐらいの期間をかけて作るのか，どう活用するのかといった点について，共通理解した上で取り組み始めることが必要です。

第二に，蓄積した作品を編集する機会を設けることです。たとえば，資料を整理して目次を作り，「はじめに」と「おわりに」などを書く作業が考えられます。日常的に資料をためておくワーキング・ポートフォリオから，永久保存版のパーマネント・ポートフォリオに，必要な作品だけを取捨選択して移すという方法もあります。整理する必然性を増すという点では，ポートフォリオを見せる機会を作り，そのための準備をするという形をとったほうがよいでしょう。

第三に，定期的に，ポートフォリオ検討会を行うことです。ポートフォリオ検討会とは，ポートフォリオを使って関係者が話し合う場を指します。学習者にとって学習の成果を披露する場となるだけでなく，到達点と課題，次の目標を確認し，見通しを持つ機会ともなります。ローテーションを組んで個別・グループ別に対話したり，一斉指導の中で作品批評会を行ったり各自の到達点と課題を考えたりするとよいでしょう。

（西岡加名恵）

▷5　本書では，規準を具体的・段階的に示したものを基準としている。

▷6　教科教育において「目標に準拠した評価」を行う上では，基準準拠型ポートフォリオを用いることが有効である。一方，「総合的な学習の時間」の指導にあたっては，基準創出型ポートフォリオを用いることができる。

▷7　ポートフォリオを作る立場としては，見通しが明確になっているか，いつどのように成果資料を整理するか，検討会の機会をどう確保するか，という3点に留意して取り組むとよい。

▷8　2-4 を参照。

参考文献
西岡加名恵『教科と総合に活かすポートフォリオ評価法』図書文化，2003年。
宮本浩子・西岡加名恵・世羅博昭『総合と教科の確かな学力を育むポートフォリオ評価法　実践編』日本標準，2004年。

第Ⅰ部　教職課程とポートフォリオ

第2章　教職課程ポートフォリオを作る

❷ 「知の構造」と評価方法・評価基準

① 「知の構造」

　教職課程ポートフォリオについては、各大学が「履修カルテ」に示した評価規準・基準を達成できるよう、計画的に作っていくことが必要となります。しかし、皆さんの大学では、教職課程ポートフォリオの作り方を指定していないかもしれません。そんな場合は、皆さん自身が基準準拠型の教職課程ポートフォリオを設計してみるとよいでしょう。

　基準準拠型ポートフォリオを設計する際には、残すべき資料と対応する評価規準・基準を明確にすることが求められます。その時に留意したいのが、図2.2.1に示した「知の構造」と評価方法の対応関係です。

　「知の構造」図において、もっとも低次には、事実的知識や個別的スキル（技能）が位置づいています。授業づくりに即せば、関連する実践家や理論家の名前といった固有名詞や、黒板にきれいな文字を書くスキルなどが考えられるでしょう。「事実的知識」や「個別的スキル」は、幅広く身につけておく価値があります。しかし、より重要な知識・スキルとして、「転移可能な概念」や「複雑なプロセス」が存在しています。授業づくりについては、目標・内容、教材・教具、指導過程と学習形態、評価などが「転移可能な概念」として考えられます。「複雑なプロセス」の例としては、学習活動を促進するために、発問・指示・説明などの指導言を組み合わせるといったプロセスが挙げられます。

　さらに、より高次のレベルには、「原理や一般化」についての理解が位置づいています。「知の構造」における「原理や一般化」を見極めるには、学習の過程で繰り返し問われるような「本質的な問い」を考えることが有効です。たとえば、「良い授業とは何か？　どのようにすれば良い授業を実践できるのか？」という問いには、教職課程全体で、さらには教師として仕事をする上で、繰り返し直面することになります。この問いに対応する「原理や一般化」としては、「良い授業とは、子どもたちにとって魅力的で効果的な授業である。良い授業を実践するには、目標と対応する主発問を明確にし、教材や学習活動を工夫するとよい」といった内容が考えられます。このような「原理や一般化」についての理解は、「本質的な問い」が繰り返し問われ直していく過程で、徐々に深まっていくことでしょう。文脈において知識やスキルを活用するためには、「原理や一般化」を理解することが必要です。

▷1　詳細については、ウィギンズ, G./マクタイ, J. 著、西岡加名恵訳『理解をもたらすカリキュラム設計──「逆向き設計」の理論と方法』日本標準、2012年参照。

▷2　詳しくは、6-D2 を参照。

2 評価方法と評価基準

図2.2.1が示す通り，個々の知識（概念）やスキル（プロセス）が身についているかどうかについては，筆記テストや実技テストによって評価されます。また，その際の具体的な評価基準としては，個々の知識・スキルを習得しているかどうかを点検するチェックリストを用いることができます。

一方，「原理や一般化」についての理解については，パフォーマンス課題で評価することが求められます。パフォーマンス課題は，複数の知識やスキルを総合して使いこなすことを求めるような複雑な課題です。学習指導案の執筆や，模擬授業・研究授業の実施などは，典型的なパフォーマンス課題と言えます。

パフォーマンス課題で生み出された作品については，○か×かでは採点できません。そこで，採点指針として，ルーブリックが用いられます。ルーブリックとは，成功の度合いを捉える数レベル程度の尺度と，それぞれのレベルに対応するパフォーマンスの特徴を説明する記述語から構成される評価基準表のことです。

ルーブリックは，パフォーマンスの事例を集め，それらをレベル別に分類し，その後，同じレベルに分類されたパフォーマンスの特徴を読みとることによって作成します。図2.2.2に示したような方法で，複数の評価者が共同で作成できれば理想的でしょう。

（西岡加名恵）

図2.2.1 「知の構造」と評価方法の対応

出所：McTighe, J. & Wiggins, G., *Understanding by Design: Professional Development Workbook*, ASCD, 2004, p.65 の図や，Erickson, H.L., *Stirring the Head, Heart, and Soul*, 3rd Ed., Corwin Press, 2008, p.31の図をもとに筆者が作成。

▶3 パフォーマンス課題が提唱されるようになった背景には，「真正の評価（authentic assessment）」論がある。「真正の評価」論では，現実世界で人が力を試される状況を模写した課題を与え，高次の思考力を評価することが重視される。詳しくは，ハート，D. 著，田中耕治監訳『パフォーマンス評価入門──「真正の評価」論からの提案』ミネルヴァ書房，2012年参照。

▶4 詳細は，6-D2 を参照。

▶5 実例については，本書27, 43, 61, 81, 101, 126頁を参照。

①お互いの点数がわからないように採点する。

②同じ点数がついた作品を集め，特徴について話し合う。その後，点数が分かれた作品について，検討する。

図2.2.2 ルーブリック作りの様子

参考文献

西岡加名恵『教科と総合に活かすポートフォリオ評価法』図書文化，2003年。

西岡加名恵編著『「逆向き設計」で確かな学力を保障する』明治図書，2008年。

西岡加名恵・田中耕治編著『「活用する力」を育てる授業と評価・中学校』学事出版，2009年。

第2章　教職課程ポートフォリオを作る

3　成果資料を蓄積する

① 力量の柱と，対応する成果資料（課題）を考える

　前節で述べた「知の構造」を踏まえると，教職課程ポートフォリオについては，数個程度の柱に即して，成果資料を蓄積・整理していくことが求められます。皆さんの大学の「履修カルテ」は，目標＝評価規準・基準をチェックリストの形でのみ示しているかもしれません。その場合も，多くの場合は，いくつかのカテゴリーに分けられていることでしょう。ポートフォリオに収める成果資料については，チェックリストの項目一つずつではなく，複数の項目を総合するようなカテゴリーごとに考えてみることをお勧めします。

　本書では，教師に求められる力量を，「A．教職に求められる教養」「B．児童・生徒理解と人間関係構築力」「C．教科内容に関する知識・技能」「D．教科等の授業づくりの力量」「E．課題探究力」の五つの柱で捉えています。これらの柱に即せば，教職課程ポートフォリオの成果資料も，A〜Eの五つのセクションに分けて，蓄積・整理していくことになります。それにより，「児童・生徒をどう理解し，どのように人間関係をつくればいいのか？」（B），「そのためにどのような教養が必要か？」（A），「教科等の授業をどのようにつくればいいのか？」（D），「そのためにどんな知識・技能を身につけておく必要があるのか？」（C），「どのように課題を設定し，探究していけばいいのか？」（E）という五つの「本質的な問い」を繰り返し問い直すことになります。チェックリストに示された個々の知識やスキルは，課題に取り組みながら「本質的な問い」を問う中で，「原理や一般化」として総合されていきます。

② 力量形成の機会を見つける，作る

　効果的に力量形成を図るには，例示されている成果資料のすべてを網羅的に集めるよりも，重要な課題に焦点を合わせて繰り返し取り組むことが有効です。第Ⅱ部の各章冒頭に示したルーブリックを参照しつつ，より上のレベルをめざしましょう。

　本書で示している課題に取り組む機会は，教科教育法や教育実習など正規の教職課程の中でも見つけることができます。しかしながら，教師としての力量を高めるためには，自分自身の主体的な取り組みも求められます。たとえば，教職課程以外の科目で学習したことや自分のテーマに即して研究したこと，課

▶1　 2-2 と 6-D2 を参照。

▶2　本書の第Ⅱ部では，A〜Eの柱ごとにポートフォリオに収めることのできる成果資料を例示し，また取り組めるパフォーマンス課題を提案している。所属大学で提供される「履修カルテ」の柱が本書の提案するものと異なる場合も，本書で例示している成果資料や課題について，それぞれの柱に対応して分類し直してみるとよいだろう。

▶3　たとえば，児童・生徒との関係構築（ 4-B2 ）や，授業の実践（ 6-D5 ）は，教師になるのであれば必須の課題であろう。

> 表 2.3.1　学校でのフィールドワークを行う上での注意事項

①受け入れてくださっている学校への感謝の念を忘れないこと（学校側に学生を受け入れる義務はない）。また、児童・生徒の人権を侵害する言動は厳禁である。
②様々なことについて、事前・早目・即時の連絡・相談・報告を徹底すること。
③オリエンテーション、打ち合わせなどでは、メモを取る習慣をつけること。
④時間を厳守すること。遅刻・無断欠席はもってのほかである。
⑤先生方、児童・生徒、保護者、地域の方々との信頼関係を築く上で、TPO（時間・場所・場合）をわきまえた振る舞い（服装・頭髪など）は基本である。服装は、基本的にはセミフォーマル（スーツ）である（ただし、状況に応じて指示に従うこと）。児童・生徒に許されていないこと（茶髪、ピアス、タバコ、携帯電話など）は、学生もしてはいけない。
⑥学校外での児童・生徒との接触（メールアドレスの交換など）は禁止である。
⑦個人情報の保護を厳守すること。児童・生徒の秘密をもらしたりするようなことは厳禁である。ウィルスなどによる個人情報・機密事項の漏洩なども起こらぬよう、情報機器や記録媒体の取り扱いに十分に注意すること。また、学校において許可なく調査を行ったり、学校の情報を無断で公表したりすることも厳禁である。
⑧インフルエンザ・麻疹（はしか）などの感染予防を心がけること。
⑨「学生教育研究賠償責任保険」などの保険に加入しておくこと。
⑩万一、重大な問題を起こしてしまった場合は、必ず速やかに大学の担当者に連絡し、報告すること。

外活動などで各種の技を磨いたり、リーダーシップを発揮したりする経験も、大きな意義を持つものです。教師をめざす学生同士でサークルを作り、テーマに関する研究会や模擬授業を練習する会などを行うこともお勧めしたいと思います。

さらに、学校現場の実情を知ったり、直接、生徒とかかわったりする機会としては、教育実習以外にも、学校が行う公開研究会、学生ボランティア、教育委員会が提供する各種の講習会やセミナー、インターンシップなどがあります。学校や教育委員会などのウェブページで情報を集め、自らのニーズや関心に合う活動を見つけて積極的に参加してみましょう。

3　成果資料を蓄積する上での留意事項

教職課程ポートフォリオには、様々な機会で成果資料を蓄積することができます。第Ⅱ部の各章冒頭で紹介されている「ポートフォリオに残す成果資料の例」を参照しつつ、まずは手元にある資料をどんどん入れてみましょう。

ある程度、成果資料がたまってきたら、「履修カルテ（チェックリストやルーブリック）」に照らしつつ成果資料を振り返り、自分の力量形成の到達点と課題について考えてみましょう。自分に足りない所やさらに強化したいポイントが見つかれば、次にどのような課題に取り組めばよいのかも明確になることでしょう。より力量が高まり、質の良い成果資料ができれば、成果資料を差し替えていきます。

自分のニーズや関心に合う活動を見つけ、学校現場に積極的にかかわることも有意義です。しかし、学校現場は何よりもまず、児童・生徒にとって教育を保障するための場所であることを忘れてはなりません。表2.3.1に示した注意事項を熟読し、学校に迷惑がかかることがないよう最大限の努力をしましょう。

（西岡加名恵）

▷4　免許を取得しようとしている学校段階以外の学校を訪問してみることも、子どもの成長についての理解を深める上で有意義である。

▷5　力量を示すような具体的な成果資料は何かを考え、意識的に資料を残していくことが重要である。自分自身の取り組みについて、児童・生徒や指導教員からもらったコメントなども、発揮された力量を具体的に示す良い成果資料となる。

▷6　本書125-126頁を参照。

▷7　ただし、何度も繰り返し取り組む課題については、最初の成果資料も残しておくことで、自分の変化を捉えることができる。

第2章 教職課程ポートフォリオを作る

4 ポートフォリオ検討会をする

1 検討会の進め方

　ポートフォリオ作りに取り組む中では，ポートフォリオ検討会を行うことが必要不可欠です。ポートフォリオ検討会とは，ポートフォリオに蓄積された資料について，児童・生徒・学生や教師，さらには保護者などの関係者がともに振り返りつつ話し合い，到達点と課題を明らかにするとともに，次の目標設定をする機会です。学習者（児童・生徒・学生）と教師が検討会を行う場合には，お互いの評価をすり合わせることで，学習者の自己評価力を伸ばすとともに，教師自身も自分の評価規準・基準を問い直すこととなります。

　教師一人と児童・生徒・学生一人（あるいは数名のグループ）で検討会を行う場合（図2.4.1①を参照），教師には表2.4.1のような流れで話し合いを進めることが求められます[1]。そのような小規模での検討会が難しい場合は，一斉授業の中で作品批評会を行い，どのようなパフォーマンスが良いのかについて話し合うことによって，的確・正確に自己評価ができるよう，指導することもできます。

2 教職課程ポートフォリオ検討会の進め方

　大学で教職課程ポートフォリオ作りを進める場合，なかなか小規模での検討会を行うことは難しいことでしょう。しかしながら，表2.4.2に示したような活動に取り組むことで，それぞれの学生がポートフォリオ作りの具体的なイメージをつかみ，現在の到達点と課題を確認することは可能です。大学が検討会の機会を設定していない場合は，学生同士で集まる機会を作り，表2.4.2の①～③の活動に取り組み，疑問点をまとめて担当教員に質問に行くとよいでしょう。

　なお，教職課程ポートフォリオ検討会を効果的に進めるためには，あらかじめ教職課程ポートフォリオの成果資料を整理し，自分自身の到達点と課題について書いた用紙を持参するとよいでしょう[2]。

（西岡加名恵）

▶1　検討会の詳細については，西岡加名恵『教科と総合に活かすポートフォリオ評価法』図書文化，2003年，68-85頁；宮本浩子・西岡加名恵・世羅博昭『総合と教科の確かな学力を育むポートフォリオ評価法実践編』日本標準，2004年を参照。

▶2　本書に所収の「年度ごとの目標設定と振り返り」シート（128頁）の2番・3番の欄に記入して臨むとよい。また，4番の欄には，検討会での気づきを書いておくことができる。記入例については，120頁を参照。

2-4 ポートフォリオ検討会をする

① 「総合的な学習の時間」における教師と子どもの対話　　②教職課程ポートフォリオを見せながらグループで交流

図2.4.1　ポートフォリオ検討会の様子

出所：①宮本浩子教諭提供，②京都大学教職課程

表2.4.1　ポートフォリオ検討会の基本的な進め方

① 「どのようなことに取り組みましたか？」「自信のあるのは，どのようなところですか？」「どんなことに困っていますか？」といったオープンエンドの問いかけによって，児童・生徒・学生の自己評価を引き出す。
② 児童・生徒・学生の語りに耳を傾ける（語り始めてくれるまで，辛抱強く待つ）。
③ 達成点を確認し，良いところを褒める。
④ 具体例の比較を通して，目標＝評価規準・基準を直観的につかませる。
⑤ 次の目標について話し合い，合意する。
⑥ 確認された達成点と課題，目標についてメモを残す。

表2.4.2　教職課程ポートフォリオ検討会の進め方（例）

1．教職課程ポートフォリオ検討会の目的と進め方を確認する。
　◆教職課程ポートフォリオ検討会の目的：
　　・教職課程ポートフォリオ作りの具体的なイメージをつかむ
　　・教師になるための力量形成という観点から，現在の到達点と今後の課題を確認する
　　・他の学生の取り組みから，今後の力量形成に向けた取り組みの進め方について，展望を得る
　　・不安に感じていることや疑問点について担当教員や先輩に質問し，アドバイスをもらう
2．先行して教職課程ポートフォリオ作りに取り組んでいる学生が，自分のポートフォリオを実物投影機などで映し出しつつ発表する。
3．4〜6人程度のグループに分かれて交流する。
　①各メンバーが簡単に自己紹介をする。ファシリテーター（問いを投げかけ，参加者のコメントを引き出す係），計時係（時間配分を確認する係），記録係（記録用紙に記録を取る係）を決める。
　②ファシリテーターが，「あなたのポートフォリオで一番，自信のある成果資料は何ですか？　その成果資料は，どの柱に関連しており，どんな力量を身につけたことを示していますか？」と問いかけ，メンバーが答える。
　③ 「②で成果資料が出なかった柱に関して，何か資料のある人はいますか？　現時点で，保存できている資料を紹介してみてください」とファシリテーターが問いかけ，該当する資料を持っているメンバーが答える。
　④記録用紙に記録された内容を見つつ，全体に紹介したい気づきや成果資料，担当教員や先輩への質問事項（ポートフォリオ作りで困っていること，教師としての力量を身につける上で疑問に思っていることなど）をまとめる。
4．グループから紹介された気づきや成果資料，質問事項を踏まえ，全体で話し合う。
5．検討会についての振り返りを書き，各自のポートフォリオに収める。
　◆付箋紙を複数枚用意し，グループメンバーへのメッセージを書いて渡したり，検討会についての意見や感想を書いて担当教員に提出したりすることも有意義である。

コラム 2

京都大学の教職課程ポートフォリオ

1 「履修カルテ」とポートフォリオ

「教職実践演習」の新設に伴い，京都大学では，次の4種類の「履修カルテ」を開発しました。①「履修カルテ（単位修得状況）」は，免許取得に必要な単位がもれなく修得できているかを確認するためのものです。②「履修カルテ（自己評価用チェックリスト）」（本書125頁に所収）は，「目標到達の確認指標」などを列記したものです。中央教育審議会答申「今後の教員養成・免許制度の在り方について」（2006年7月18日）の別添1「教職実践演習（仮称）について」に示された確認指標のほか，大学独自の確認指標を加えて作成しました。③「履修カルテ（自己評価用ルーブリック）」（126頁に所収）は，「学び始め」・「教育実習1年前」・「教育実習前」・「教職課程修了時」のそれぞれにおいて期待されている「レベル」を端的に示したものです。④「履修カルテ（大学への提出用）」（127頁に所収。記入例は122頁）は，各年度において達成できた確認指標と「レベル」，次年度の課題，教職課程に関する意見・感想・質問などを書きこんで，大学に提出するものです。

同時に，教職課程を履修する学生たちには，教職課程ポートフォリオの作成と活用を求めることにしました。これは，本書で提案している五つの柱に即して成果資料を整理するものです。「履修カルテ（自己評価用チェックリスト）」に示した「目標到達の確認指標」については，「対応する科目」を明確にし，それぞれの科目での到達を求めています。また「履修カルテ（自己評価用ルーブリック）」については，それぞれの柱で必須の成果資料を指定し，確実に合格レベルに到達できるような取り組みを促しています。必須の成果資料としては，A．学級経営案（課題A3などに対応），B．学校において生徒等との人間関係を構築した活動の記録（課題B2など），C．教材研究の記録（課題C4など），D．学習指導案と振り返りメモ（課題D5など），E．自由課題に関するレポートの五つを指定しています。またこの他にもさまざまな成果資料を例示することで，学生たちの主体的な取り組みを期待しています。

各「確認指標」に「対応する科目」や，それぞれの柱に対応する成果資料については，教職課程ポートフォリオの各セクションの扉（本書129-138頁。118頁の図1も参照）に明示し，教職課程オリエンテーションや関連する授業でも説明しています。年度末には，「履修カルテ（大学への提出用）」を記入して提出するよう勧めています。教職実践演習では，ポートフォリオに蓄積された資料を踏まえて到達点と課題を明確にし，個々のニーズや希望に応じた活動に主体的に取り組むこととなります。

2 学生たちにとってのポートフォリオ

このシステムを導入するのに先立ち，教員採用試験を受ける学生たちを対象として，課外学習の機会として「教師力アップ・ゼミナール」を提供し，先行的にポートフォリオ作りに取り組んでもらいました。これは，教員採用試験をめざす学生たちを支援するとともに，教職実践演習を履修する学生たちにとってモデル

となるような学習の姿を明確にしたいと考えたためです。参加した学生たちは，ポートフォリオを使った学びの足跡を，次のように振り返っています。

「1・2回生の時は，自分の数学の専門性を高めることを意識して勉強してきました。3回生になってポートフォリオ作りを始めた時，セクションAとBに入れる資料がほとんどないことに気づきました。そこで，セクションAについては，文部科学省のホームページや関連する書籍を読んで，自分なりにまとめるという作業を始めました。……セクションBについては，実習に行くまで資料を入れられずじまいでした。それで，実習に行くときに，生徒と信頼関係を築くことを大事にしようと強く思って，臨みました。……セクションCには，『理数小ネタ会』の資料を入れています。『理数小ネタ会』というのは，数学の面白さを伝えるような話を集めるために，自主的に立ち上げたサークルです。……ポートフォリオは，教職課程における私の学びのバロメーター，パートナーになっていると思います。」

「教育実習の時，一番不安に思ったことは，生徒たちが私の授業をどう感じているかということでした。それで週に一度，生徒たちからアンケートを取りました。セクションBに，その結果を入れています。アンケートに質問コーナーを設けたところ，高校3年生だったこともあり，受験に対する不安の声などが寄せられました。アンケート結果については，自分なりの言葉でコメントを書いてプリントにして配りました。また，同じような悩みを感じている生徒は他にもいるということを感じ，ホームルームでの話題に取り上げることもできました。……セクションDについて紹介したいのは，E.FORUM［京都大学大学院教育学研究科が提供している教員研修］に参加した時の記録です。

博物館の展示物を魅力的に見せる方法について現職の先生方と一緒に考えた時に，現場の先生方が非常に具体的に生徒たちの姿をイメージしながら考えておられることが，強く印象に残りました。……ポートフォリオを作る過程でルーブリックに照らして自己評価することによって，自分の身についている力を見直すことができます。ポートフォリオを使って自分の経験の意義を振り返ることで，その後の成長の糧とすることができます。」

3　検討会での交流

教職課程ポートフォリオ検討会では，このような先輩たちにポートフォリオを使って発表してもらいます。また，どのようにポートフォリオ作りに取り組んでいるかについて，グループで交流します（2-4参照）。

実際に教職課程ポートフォリオ検討会に参加した学生からは，次のようなコメントが寄せられています。
「『今，知ることができてよかった』『意識を高められた』というのが率直な感想です。私は教員志望ですが，多くの教職科目への取り組みがちょうど甘くなっていました。実際の先輩の口から聞ける言葉はとても貴重で，ありがたかったです。明日からの授業への取り組み方を見直したいです。またポートフォリオの作り方を実物のものを見せてもらいつつ教えていただけたのもよかったです。来年は資料をもって参加します！」

ポートフォリオは，個々の学生が自らの力量形成のストーリーを紡ぎだすツールとなるだけでなく，学生間の交流をも活性化するものともなるということを，指導する教員自身が教えられました。

(西岡加名恵)

▶1　各課題については本書第Ⅱ部で解説する。

郵便物認可)　日本教育新聞　平成２４年（2012年）８月６・１３日（月曜日）

1週目　教師を育てる
2・4週目　採用試験対策
3週目　教職を考える

京都大学

「自由の学風」や「自学自主」。そんなイメージの強い京都大学で教師を目指す学生のために採用試験対策が行われていると聞いて驚いた。いざ見てみると、学生の「学びの足跡」を記録する「教職課程ポートフォリオ」を使った指導・評価に面接対策―。関西の最高学府が教育大学さながらの教員養成を進めている。

教師を育てる　大学の挑戦

自己評価基に知識伸ばす

「ポートフォリオ」使い 教員採用試験対策ゼミ

「教科に関する知識はたくさん持っていたけれど、教職に関する知識の方は重要視していなかったことに気付いたので、道徳教育や発達障害、キャリア教育といった言葉を調べ、資料を自分なりにまとめました」

京都大学で7月10日、朝8時45分から始まった「教師力アップ・ゼミナール」。4回生の藤島七月さんが後輩を前に、専用のファイルを広げて見せながら、そう話し始めた。

教師を目指す3回生以上の学生を対象に、大学が正規の授業外で開いている勉強会で、20人の定員が募集を始めて早い時期に埋まるなど学生にも人気だ。実習や講義の都合で登録者全員が集まるのが難しいが、この日は11人が参加した。

ゼミを開設したのは3年前。教員採用選考に筆記試験で合格しても、自己表現が苦手で、面接で失敗しがちな学生の姿に気をもんだ同大学の西岡加名恵准教授が、学内から希望者を募って、面接対策講座を始めたのがきっかけだ。

中学校の現場出身で採用試験対策のノウハウを持つ、元京都橘大学特任教授の北原琢也氏を非常勤講師に迎えて、模擬面接や模擬授業などの指導をする。

この日は、4回生の学生が自身のポートフォリオに何を残したかを後輩に発表した後、参加者が感じている苦手分野ごとに分かれる勉強会の進行などを話し合った。ゼミは本年度、来年1月まで合計10回の開催を予定する。

■　■

授業内外での学生の「学びの足跡」を、教職で必要とされる能力に照らしてファイルに分類する「教職課程ポートフォリオ」。京都大学では、「教職課程の総まとめ」を目的に来年の4回生に開講する「教職実践演習」を柱にしたカリキュラム改革を進めるため、3年前からこの教職課程ポートフォリオを使った指導や評価を実施してきた。

中央教育審議会は平成18年に出した答申で、教員に必要な資質や能力として「使命感や責任感、教育的愛情」「社会性や対人関係能力」などを例示。教職実践演習では、そうした要素を評価するよう求めている。

これを基に独自の養成モデルを設計した京都大学では、教師に求められる力量を「教職に求められる知識」「生徒理解と人間関係構築力」「教科内容に関する知識・技能」「教科等の授業づくりの力量」「課題探究力」の五つに整理し、それぞれに独自の到達目標を設けている。

学生たちがポートフォリオに残す資料も五つの力に分類し、「履修カルテ」と呼ぶ評価基準表に自己評価を書き込む仕組みだ。

教職課程ポートフォリオに残す資料の基になるのが、授業で学んだ内容か、サークル活動で身に付けた経験か、などは学生によって自由だ。教職課程担当の石井英真准教授は「大学生活の学びを自分自身で統合するのが目的で、どこで学習したかは大きな問題ではない。学生が自分で判断する」と説明する。

ゼミで自身のポートフォリオを紹介した藤島さんは、「教科内容に関する知識・技能」のファイルに、友人と定期的に開いている数学の小ネタを集める勉強会で作った資料を加えた。「生徒理解と人間関係構築力」には、教育実習へ行って気付いたことを書いたメモや生徒とのやりとりを残した。

藤島さんとともにポートフォリオを発表した修士課程2年の長谷川博之さんは「その時点で自分にどんな力が付いていて、何が足りないのか。ファイルに残した資料を振り返り、自ら意識できるようになる」と後輩たちに語った。

■　■

京都大学から教職に就くのは毎年30人程度。教育実習に行く学生は200人を超える。伝統的に学生の自主的な活動が活発な同大学でも、近年はサークルや勉強会に参加する学生が減っているという。

「教員に必要とされている対人関係能力やチームで課題に取り組む力は従来、課外の活動で鍛えられてきたが、今は大学がそれを支援していかなければいけないのも事実。将来的には、学生が中心となってゼミを運営できるような形にできたらいい」と西岡准教授。

教員の力量を独自に規定し、大学4年間を通した成長を促す。そうした「京大モデル」のカリキュラムで鍛えた教師を、今後はさらに増やしていきたい考えだ。

■　■

教員養成の高度化を求める中教審の答申を踏まえ、養成改革が活発になりそうだ。教師を育てる大学の現場では今、どんな取り組みが進んでいるのか探る。

（毎月1週目に掲載します）

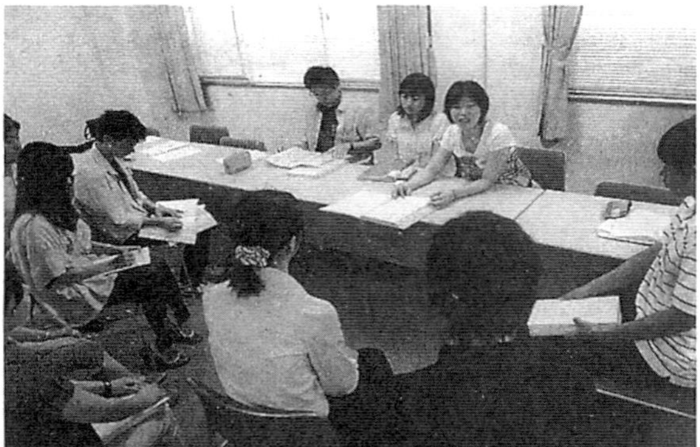

授業内外で教職に関してどんな経験をしたのか―。「教職課程ポートフォリオ」を広げて紹介する学生（７月10日、京都大学）

リーダー養成研修「E・FORUM」

京都大学が「教職課程ポートフォリオ」による教員養成とともに柱にしているのが現職教員の研修だ。スクールリーダーの養成を目的にした「E・FORUM」は、子どもの思考力や表現力などを評価するパフォーマンス課題の活用法などを学ぶ基礎講座をワークショップ形式で開催。学校現場の教員と同大教員による実践報告や交流会も開いている。

同大大学院教育学研究科に教育実践コラボレーション・センターをつくり、これまで市内の学校と共同授業研究も行っている。

今夏の全国スクールリーダー育成研修は8月18～20日の3日間、同大吉田キャンパスで開催する。参加費は2日以上が5千円、1日のみは3千円。申し込みは、E・FORUMのウエブサイトから可能。

図 C.2.1　京都大学教職課程の取り組み

第Ⅱ部
教師力アップをめざそう！

第Ⅱ部　教師力アップをめざそう！

第3章

柱A 教職に求められる教養

▷1　ユニセフ「『子どもの権利条約』──4つの柱」より（http://www.unicef.or.jp/about_unicef/about_rig.html）。

▷2　「生活指導」と「生徒指導」は，教育現場では区別なく用いられることも多い。その相違について船橋は次にようにまとめている。生活指導は①1930年代に生活綴方の実践に取り組んだ教師たちが使用し広がった語である。②民衆の生活に寄りそう教師たちが一定の近代学校批判や社会批判をこめて生み出したペダゴジー（人にものを教える技）である。③既存の体制への順応を促す修身や訓練ではなく，新しい社会や文化を創造する主体の形成を目的にしている。④集団的な活動から弱者のケア，保健衛生なども含む広領域的なものである。⑤児童・生徒以前の「生活者」としての子ども・青年を対象にしている。一方，「生徒指導」は，①1958年学習指導要領の改訂以降，官製の用語として使用されている。②個別指導の形をとることが多い。③学校の秩序や規律への順応を促す。④集団がかかわる地元の指導は規律訓練の系譜をひくものである。⑤指導の対象を「児童・生徒」という学校内の存在としている。（船橋一男「生活指導」木村元・小玉重夫・船橋一男『教育学をつかむ』有斐閣，2009年，

教師になると，授業を教えるだけでなく，学級担任などとして児童・生徒を指導する役割を担うこととなります。そこで教師には，個々の児童・生徒の発達やニーズ，児童・生徒の間の人間関係，人権，法律，他の教職員や保護者との協力といった様々な要素に配慮した人間関係の構築や，生活指導・生徒指導が求められます。

このセクションでは，対応する科目の単位修得等を通して，<u>人間として，教師として求められる教養</u>を身につけていきましょう。そのような教養は，上述したような実践の基礎となります。

柱Aで求められているのは，子どもが一人の人間として尊重され，発達や参加の権利を保障される教育について理解を深めること，そのために他の教職員や保護者，専門家とどのように連携・協力を図ることができるか，構想し，実践する力の基礎を養うことです。

1989年に国連総会で採択された子どもの権利条約（Convention on the rights of child）では，子どもの生きる権利（健康に生まれ，安全な水や栄養を得て，健やかに成長する権利），守られる権利（あらゆる種類の差別や虐待，搾取から守られる権利），育つ権利（教育を受ける権利，休み，遊び，様々な情報を得て，自分の考えや信じることが守られ，自分らしく成長する権利），参加する権利（自分に関係のある事柄について，自由に意見を表したり，仲間と集まってグループを作ったり，活動することができる権利）が示されています。子どもが保護されるべき存在としてだけではなく，適切な教育にアクセスして，自らの権利を行使し自己決定する主体であり，市民的参加を行う主体であることを示しています。教師を目指すみなさんには，子どもの権利について十分に学び，教育の専門家として子どもたちにかかわることが求められています。

教師は，教科指導と生活指導・生徒指導の両方にかかわるきわめて高度な教育実践と教育研究の専門家です。研究と修養を積み重ねて専門性を高めていく権利と義務，他の専門職との相互の支援・連携のあり方等，教師の役割や地位，専門性についても検討しましょう。教職に関する科目で深く学びますので，授業のノートやレポートなどをすぐに見直せるようにポートフォリオに入れておきましょう。

なお，学校で保障すべき権利は，育つ権利，参加する権利だけではありませ

第3章 柱A 教職に求められる教養

表3.0.1 チェックリスト：目標到達の確認指標

□A1	児童・生徒理解の重要性や，教員が担う責任の重さを理解している。
□A2	憲法，教育基本法など，学校教育に関する基本的な法律の趣旨を理解している。
□A3	人権教育，特別支援教育，民族教育などについて，基本的な知識を身につけている。
□A4	個々の児童・生徒の特性や状況に応じた対応を修得している。
□A5	歴史的かつ体系的な視点から，現代社会における教職の置かれた状況を理解している。
□A6	教職の意義や役割，職務内容，児童・生徒に対する責務等を理解している。
□A7	児童・生徒を一つの学級集団としてまとめていく手法を身につけている。児童・生徒の特性や心身の状況，人間関係，集団としての特徴を把握した上で学級経営案を作成することができる。
□A8	学級担任の役割や実務，他の教職員との協力のあり方等を理解している。
□A9	他の教職員と協力した校務運営の重要性を理解している。学校組織の一員として，独善的にならず，協調性や柔軟性を持って，校務の運営に当たる必要性を理解している。
□A10	保護者や地域との連携・協力の重要性を理解している。保護者や地域の関係者の意見・要望に耳を傾けるとともに，連携・協力しながら，課題に対処することの重要性を理解している。

表3.0.2 ルーブリック：教職課程修了時に求められるレベル

優	単位修得した科目で得た知識をもとに，学校で起こる様々な事象について的確に観察し，その知見を踏まえて，児童・生徒の発達を効果的に促すような学級経営案を書くことができる。
良	単位修得した科目で得た知識をもとに，学校で起こる様々な事象について観察し，その知見を踏まえて，児童・生徒の発達を促すような学級経営案を書くことができる。
可	単位修得した科目で得た知識をもとに，学校で起こる様々な事象について観察し，その知見を踏まえて学級経営案を書くことができる。

表3.0.3 ポートフォリオに残す成果資料の例

・児童・生徒の発達や特別なニーズなどに関するレポート
・児童・生徒に関する観察記録　※児童・生徒の個人情報は記載しないこと。
・人権保障に関する考察レポート
・教師の役割，学校組織などに関するレポート
・先行する実践事例に関するレポート
・学級経営案（児童・生徒理解や学校のあり方に関する考察に裏付けられたもの）

ん。現代の日本において，学校は生きる権利，守られる権利についても「最後の砦」になっています。一日の食事が学校の給食だけの子ども，熱があっても家では休めず，学校に来てはじめて気づいてもらえる子ども，家で虐待を受けている子どももいます。もちろん，一人の教師だけで解決できる問題ではなく，教師集団，専門家，保護者たちと連携して，子どもたちが安心して生活できるようさまざまな方策を模索し，実現に向けて努力する必要があります。また，目の前の問題解決にかかわるだけではなく，長期の見通しを持って，制度の見直しを要求することが必要な場合も多くあります。大学で学んだ内容を振り返り，問い直して考察を深めましょう。

教師になったとき，これらの教養があなたを助けてくれることでしょう。

（川地亜弥子）

147-156頁）。
　本書では以後，官製の用語である「生徒指導」の方を用いているが，内容としてはむしろ「生活指導」に近い。現代の生活指導・生徒指導について各自考察を深めてほしい。
▶3　ユネスコ国際教育会議「教員の役割と地位に関する勧告」1996年；久冨善之編『教師の専門性とアイデンティティ』勁草書房，2008年。

第Ⅱ部 教師力アップをめざそう！

第3章　柱A　教職に求められる教養

課題A1　児童・生徒理解に基づいて観察記録を書いてみよう

児童・生徒理解は，子どもたちとの温かな人間関係を築く上で重要です。その基礎となるのは，子どもたちに共感的にかかわりながら，よく見ることです。学校や施設で実習やボランティアをさせていただいたときには，その日のうちに，子どもの印象深い姿・行動について，そのときの状況や周りにいた子どもたちの反応，自分自身を含めた指導者のあり方も含めて書きだしてみましょう。▷1 その上で，なぜ子どもがそのような行動をしたのか，考察してみましょう。

（ポートフォリオに残す資料例）児童・生徒の観察記録や，それらを書いて学んだこと（※子どものプライバシーの権利の保護に十分注意し，個人情報は削除すること。記録の管理を徹底して行うこと。）

① 児童・生徒と教師の意識のずれ

PISA2009では，生徒質問紙（日本では高校1年生が調査対象）において，「日本ではOECD加盟国中最も教師との関係が弱いという結果であった」ことが指摘されています。▷2 生徒の回答結果を見ますと，日本では，教師が子どもに関心を持ってかかわっているつもりでも，生徒の期待とずれていることが推測されます。一方，日本ではOECD加盟国中もっとも規律ある雰囲気で国語の授業が行われていることも指摘されています。これらの結果からは，「まじめにしているのに先生は私を見てくれていない」という子どもたちの声が聞こえるようです。授業に集中できる雰囲気づくりと，子どもとの人間的な関係を築くことは，同時に求められていく必要があります。

② 教師の専門的力量としての「共感的知性」

子どもを共感的に理解するときには，子どもの発言や目立った行動だけに注目するのではなく，子どもが置かれた状況全体に注目し，その子どもに「なってみて」（なったつもりで），理解を深めることが重要です。このような理解を支える知性は「共感的知性」と呼ばれています。▷3 これは，結果だけに注目して，「困ったことをする子どもだ」，「○○という障害があるのだから仕方がない」と考えるのではなく，子どもの置かれた状況を深く理解し，その子どもから見た世界や，その子どもの行動の背景を理解していく知性を指しています。子ど

▷1　このとき，子どもとともに過ごしながら自然に見ることが重要である。メモを持って，子どもが何かしたら脇目もふらず書く…といった姿では，子どもたちは「何をチェックしているのだろう」と気になって，安心して過ごすことができない。その場でのメモはさりげなく，最小限にとどめ，詳しい記録は子どもたちがいないところで書こう。

▷2　経済協力開発機構（OECD）編著，渡辺良監訳『PISAから見る，できる国・頑張る国2──未来志向の教育を目指す：日本』明石書店，2012年，86頁；同書，図2.19，88頁。この中でとりわけ肯定的な回答の割合が低かった項目は，「多くの先生は，私が満足しているかどうかについて関心がある」であり，「とてもよくあてはまる」「どちらかといえばあてはまる」と回答した生徒の割合が，日本では28％（OECD平均では66％）であった。

▷3　佐伯は，「共感的知性」を「人や事物への『自己投入』によって世界を『知る』知性」と定義している。佐伯胖『共感──育ち合う保育の中で』ミネルヴァ書房，2007年，19頁。

もを一人の人間として尊重しながら理解するためにはこのような知性が重要です。

　教育実習期間中には，発展的な課題として，児童・生徒の名簿や座席表を見て，一人ひとりが今日どのように過ごしていたか思い出してみましょう。これは思いのほか難しい課題です。すぐに思い浮かぶ子どももいれば，ほとんど覚えていない子どももいるでしょう。いわゆる「普通の子」，とくに目立った行動をしないような子どもとの関係をどのように結ぶかは，子ども理解・学級経営においてきわめて重要なことです。次に子どもたちに会うときには，思い出しにくかった子どもにも目を向け，コミュニケーションを図りましょう。

③ 長期の子ども理解を支える連携を

　教師が子どもを理解し，人間的な関係を築こうとしても，ときにはひどい言葉が子どもから飛んでくることもあります。ある公立中学校の教師は，教師に対する「死ね」を「ボクのこと気にかけてくれてありがとう」，「すぐ死ね」を「今は素直じゃないけどまた声かけてね」と読み換える，ドラえもんの「翻訳コンニャク」がほしいと述べています。

　子どもが人間の心の痛みを学ぶまでに長い時間がかかると，教師が傷つきすぎてしまい，このような心の余裕が失われてしまうことがあります。教師も一人の人間として守られ理解されながら子どもを育てていけるような教師集団や，保護者との連携，専門家の支援が必要です。そうすることが，長期の子ども理解を支えていきます。たとえば，「子ども理解のカンファレンス」では，教師が子どもをとらえ，実践を構想するセンスを鍛えることと，教師が相互援助することを一体的に行える場の必要性が提起されています。

④ 子どもが意見（view）を言える関係を構築する

　もう一つ，子どもを理解する努力において重要なのは，子どもたちが自らの思い，考え（view）を教師に向かって表現できる関係を築くことです。これは，子どもの権利条約第12条「意見表明権」（the right to express his or her views）を保障することにもつながります。子どもの意見（view）を尊重するとは，大人にとってよくわかる，筋道だった意見だけを聞くことではありません。ときには自分勝手に聞こえる言葉であっても，丁寧に聞き取り，子どもが本当に訴えたいことを理解しようとする教師の姿勢と専門的な力量が必要になります。

　このような教師の粘り強い対話は，子どもの内言を育て，社会認識や自己認識，表現の力を育てることにもつながります。教師が子どもたちとの信頼関係を築くことと，子どもたちの認識と表現の力の育成は，対立するものではなく，深く結びついているのです。

（川地亜弥子）

▷4　宮下聡「教師ほど素敵な"ショーバイ"はない──中学教師はつらいよ」『作文と教育』2010年4月，75頁。

▷5　田中孝彦『子ども理解──臨床教育学の試み』岩波書店，2009年。田中氏は，「教師が子ども理解のセンス，教育実践の構想に関わるセンスを磨くには，あるときある場面で子どもと向き合ったときに自らの内部に発生した直感，『可愛いなあ』『子どもはすごいなあ』といった感じはもちろんだが，それだけでなく子どもに対する怒りや憎しみや悲しみなど『負』の感情といわれるものを含めて，自らの感情世界をあるがままに表現し，それを教師同士が相互援助的に吟味し合い，センスを鍛えあっていける場がどうしても必要である」（134頁）と述べている。

▷6　楠凡之『シリーズ現代の教育課程と集団づくり2　発達障害といじめ・暴力──自己肯定感を育む子ども集団づくり』クリエイツかもがわ，2008年，とくに182-215頁。

▷7　第12条1の全文は以下の通り。「締約国は，自己の意見を形成する能力のある児童がその児童に影響を及ぼすすべての事項について自由に自己の意見を表明する権利を確保する。この場合において，児童の意見は，その児童の年齢及び成熟度に従って相応に考慮されるものとする」。

▷8　大江洋『関係的権利論』勁草書房，2004年が参考になる。

第Ⅱ部　教師力アップをめざそう！

第3章　柱A 教職に求められる教養

課題A2 学級経営のさまざまな手法を学ぼう

> 思い出のホームルームや学級活動はありますか？　それらについて書き出し，交流してみましょう。また，自分が教育実習で行った学級経営に関する取り組みについて，実習記録を見ながら思い起こしてみましょう。
>
> その上で，学級経営の手法についての文献を調べ，自分が取り組みたいものについてレポートにまとめましょう。さらに，4月の最初や夏休み明けの学級会やLHR（ロングホームルーム）で何をするか，学習指導案を書いてみましょう（なお，学習指導案の書き方については，6-D3 も参照して下さい）。
>
> (ポートフォリオに残す資料例) 学級経営に関するレポート，学級会やLHRの学習指導案

1　学級経営とは

　学級経営とは，学級の教育目標の実現を目指して，学級教育の総合的で意図的な計画を立案し，その効果的な運営と展開を図ることです[1]。理論的には大きく分けて，①教授の効果をあげるための条件整備であり機能として考える論，②教師の活動から教授を主体とする活動を除いたすべての活動と考える論，③学級で行われる教育はすべて学級経営と考える論，の三つがあります。

　学級経営の概念は，陶冶と訓育，教科と教科外の指導の関係，機能か領域かといった教育学の基本テーマにかかわっており，さらなる研究が求められています。

2　学級経営と学級集団づくり

　学級経営と学級集団づくりは，同じもののように感じますが，違いもあります。たとえば，学級経営が学級を単位として子どもたちの学校生活を管理することを中心とした概念であるのに対し，学級集団づくりは学級を単位として子どもたちによる学校自治を築いていく社会運動とも指摘されています[2]。実際の指導では，学校経営に権利として参加できる集団を育てていくことが重要です[3]。子どもの権利条約に示された「参加する権利」を保障するためにも，学級経営では，学級集団づくりへの志向性を持つことが重要だと言えるでしょう。

▶1　児島邦宏「学級経営」奥田真丈・河野重男監修，安彦忠彦ほか編『現代学校教育大事典』ぎょうせい，1993年，413頁。

▶2　山本敏郎「今日の学級の意義と生活指導」折出健二編『生活指導』学文社，2008年，51頁。

▶3　同上書，52頁。ただし，1980年代後半からは，生徒会・児童会の自治が確立しているかどうかにかかわらず，学級に配属された子どもたちをメンバーとする自治集団を学級の中に組織化する実践として行われてきたと述べている。

3 多岐にわたる学級経営

　学級経営は子どもたちの学級生活の全般に関係し，多岐にわたります。主要なものだけでも，①学級開きや最初の1週間で取り組む活動（学級目標を立てる，クラスの基本的なルールを決める，生活集団・学習集団，当番・係活動，委員会活動の組織など），②学級の環境づくり，③特別なニーズを有する子どもを含めた子どもたち同士の人間関係をゆたかにするために取り組む活動，④学級集団の質を高める目的で取り組む活動（子どもたちが学級の中で要求を出し生活をつくりあげるための指導など），⑤学校行事（文化祭，体育祭，修学旅行など）に向けて取り組む活動，⑥子ども同士や子どもと教師の相互理解を助け学級文化を築く活動（日記，生活ノート，文集など），⑦保護者も含めて相互理解を築く活動（学級通信，保護者懇談会，授業参観，個人面談，家庭訪問など），⑧学級で起こるトラブルへの対処，⑨教育相談活動などがあります。

　この中で①だけが，時期を明確にしたものであることに気がつくでしょう。最初の1週間で取り組む内容には，当然②〜⑧も含みますが，学級経営上とくに重要な時期であるため，多くの教師がこの時期については細心の注意をはらって活動を進めています。安心・安全のある学級であることはもちろんです。子どもたちにとって，参加と共同の経験を積み重ねる活動（自治活動）と，学級文化・学校文化を生み出していく活動（文化活動）を構想した上で，学級開きを行うことが重要になります。

4 まず子どもを知ることから

　学級経営の基本は，子どもを知ることです。3-A1 に述べた児童・生徒理解を基本としながら，子どもたちがクラスで安心して過ごせるよう環境を整え，人間関係の構築を助けます。同時に，子どもたちが自らの意見を言え，クラスでの生活を創造していくことができるよう，さらには，学校の取り組みにも意見・要求を出し，参加していけるよう，計画を立て，指導します。子どもの人間関係を把握するために，図や表を書いてみることも有効です。学級開きの時期にはまだわからないこともありますので推測も必要ですが，できるだけ早く子ども理解を深めるようにしましょう。

5 学級経営と学校教育目標

　学級経営は，学校の教育目標，学年の教育目標と密接なかかわりがあります。それぞれの教師は，昨年度1年間の取り組み，学級集団の成長と課題，保護者や地域の要求などを踏まえて，自らの学級経営を振り返り，学校目標について他の教師と議論します。学級経営を構想する際に考慮すべき内容については，図3.2.1を参考にしてください。また，本来であれば，学級経営構想のプロセ

▷4　浅野誠『学校を変える　学級を変える』青木書店，1996年では，学級地図（16頁），マトリックス（160-161頁）が紹介されており，参考になる。
ただし，宮本は「単に集団内の勢力関係や，交友関係を表したものとして『集団地図』を描くと実践が操作的になり，子どもを指導する者の指導性のなかに閉じ込めることになりやすい」と指摘している。集団づくりが「自己肯定・社会変革の実践」であること，指導者は『自分と子どもの自己実現とは何か』という問いを縦軸に，『集団・社会はどういう状況にあるのか』という問いを横軸にとって，集団を分析」することをふまえて，学級地図（集団地図）を描くことが重要である。詳しくは，宮本誠貴「子どもの発達課題と集団地図」船越勝・宮本誠貴・木村勝明・藤木祥史・谷尻治・植田一夫・浅井潤一郎・全生研近畿地区全国委員連絡会『共同グループを育てる——今こそ，集団づくり』クリエイツかもがわ，2002年，とくに103-104頁。

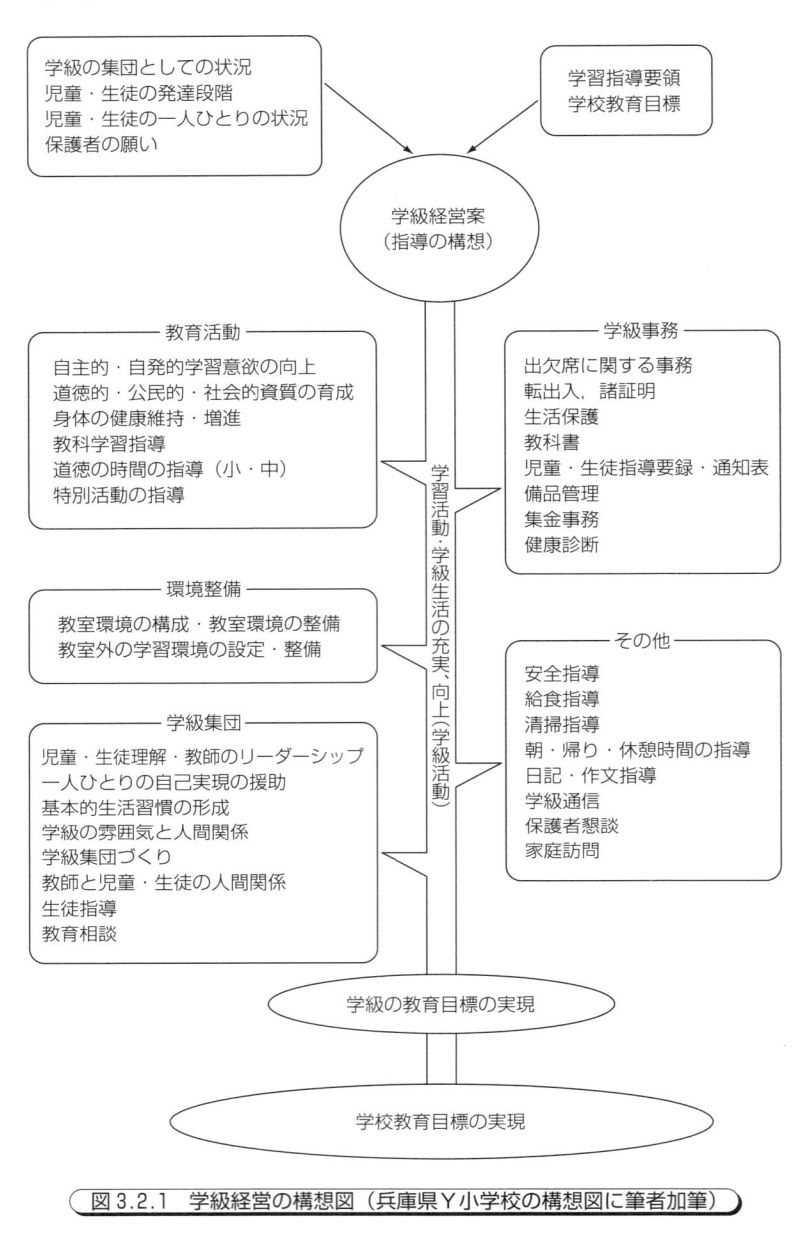

第Ⅱ部　教師力アップをめざそう！

```
┌─────────────────┐                      ┌─────────────┐
│ 学級の集団としての状況    │                      │ 学習指導要領  │
│ 児童・生徒の発達段階      │                      │ 学校教育目標  │
│ 児童・生徒の一人ひとりの状況│                      └─────────────┘
│ 保護者の願い             │                             │
└─────────────────┘                             │
              │                    ╭──────╮         │
              └──────────→│学級経営案│←────────┘
                           │(指導の構想)│
                           ╰──────╯
```

─ 教育活動 ─
　自主的・自発的学習意欲の向上
　道徳的・公民的・社会的資質の育成
　身体の健康維持・増進
　教科学習指導
　道徳の時間の指導（小・中）
　特別活動の指導

─ 学級事務 ─
　出欠席に関する事務
　転出入，諸証明
　生活保護
　教科書
　児童・生徒指導要録・通知表
　備品管理
　集金事務
　健康診断

─ 環境整備 ─
　教室環境の構成・教室環境の整備
　教室外の学習環境の設定・整備

─ その他 ─
　安全指導
　給食指導
　清掃指導
　朝・帰り・休憩時間の指導
　日記・作文指導
　学級通信
　保護者懇談
　家庭訪問

─ 学級集団 ─
　児童・生徒理解・教師のリーダーシップ
　一人ひとりの自己実現の援助
　基本的生活習慣の形成
　学級の雰囲気と人間関係
　学級集団づくり
　教師と児童・生徒の人間関係
　生徒指導
　教育相談

（中央縦軸：学習活動・学級生活の充実，向上（学級活動））

　　　　　学級の教育目標の実現
　　　　　学校教育目標の実現

図3.2.1　学級経営の構想図（兵庫県Y小学校の構想図に筆者加筆）

スで（もっと大きくは学校教育目標立案のプロセスでも），子どもたちも参加して議論すべきでしょう。

　また，学級経営においては，学校行事，学年行事，自治活動（児童会・生徒会，各種委員会等），クラブ活動，部活動など，学級を越えた取り組みとの関係も重要です。子どもたちの生活・成長の節目にふさわしい活動となるよう，見通しを持った指導が重要です。3-A3 に掲載の表3.3.1「中学校1年の学級経営の見通し例」などを参考にして考えてみましょう。

❻ 学級会，LHR 等で取り組む学級活動

　子どもの集団づくりについては，宮坂哲文によって提唱された生活綴方的な仲間づくりと，全国生活指導研究協議会（略称：全生研）を中心として研究・実践が行われた自治的な学級集団づくりの二つの立場があります。

　宮坂による生活綴方的仲間づくりの定式化では，学級になんでも言える情緒的許容の雰囲気をつくることが，学級での話し合いを行う前提となっていました。それに対し，全生研では，生活綴方的な仲間づくりの情緒性を克服すべきだと考え，子どもの行動の指導を通して自治集団を組織する「班・核・討議づくり」を提唱しました。現在では，この両者を統一した集団づくりが提唱されています[5]。

　学級づくりにおいて近年注目されているソーシャルスキルトレーニング，構成的グループエンカウンターなどでも，そのノウハウだけを導入して学級活動で実施するのではなく，子どもたちの自己実現，自治の質などとの関係を考察しつつ検討することが必要です。

　また，学級の中で自治的な活動を通じて文化を創造していくことも重要でし

▶5　詳しくは，田中耕治「教科外教育活動を構想する」田中耕治・鶴田清司・橋本美保・藤村宣之『新しい時代の教育方法』有斐閣，2012年，248-251頁。

ょう。学級文化祭，学級劇，学級内での学習発表会など，いずれも「やらされる」活動ではなく，子どもたち自身が企画し，知的な興味，創造する喜びが伴う会となるよう指導することが重要です。

7　学級通信——学級文化を創造する，保護者と共同する

　学級通信，教科通信や文集（文集とはいえ，作文だけでなく，詩，絵，版画，曲などの子どもの作品が掲載されます）は，学級文化を創造するために重要な役割を担っています。子どもたちの作品を中心にした文集は，自分の表現が他者に受けとめられる喜びを高め，子どもたちの相互の認識を深めます。文集を読みあう中で，一人ひとりの違い，持ち味を認め合う学級が形成されていきます。

　また，通信や文集は，教師と保護者がお互いを知り，信頼関係を構築するためにも有効です。保護者懇談会，家庭訪問だけでなく，日常的な信頼関係づくりをしましょう。なお，学級通信が連絡事項や注意ばかりだと，保護者も子どもも読む気がしなくなります。保護者・子どもと共同でつくるものと考え，連絡事項だけでなく，子どもの姿が見える内容，保護者からのおたより（掲載の許可を必ずもらいましょう），教師自身のことなどを載せていきましょう。金沢のある公立小学校教師は，学級通信を，親・教師・子どもが紡ぎだす「学級物語」であると述べました。学級通信を通じて学級の文化が創造されていくのです。

8　学級経営が困難な状況になったとき

　いじめ，暴力（対教師も含む），学級崩壊，授業不成立等，学級経営が困難に陥ったときには，担任教師やその教科の担当教師だけにまかせずに，学年・学校全体でサポートすることが重要になります。もし2年5組の学級担任になったとしたら，2年生のそのほかのクラスの子どもたちの顔と名前，特徴などを把握し，どのクラスで問題が起こっても学年の教師の誰もがかかわれるようにしましょう。また，自分のクラスが困難に陥ったときや，指導に困ったときにも，「他の先生の迷惑になる」，「自分がもう少し頑張ればなんとかなる」と抱え込まずに，相談し，助けを求めることが重要です。地域の教育研究サークルで相談することも有効でしょう。

　また，荒れた学校・学年・学級で，子どもたちと関係を結び直すときには，教科外の取り組みだけではなく，教科学習の目標，教材・教具，教授行為・学習形態，評価の見直しを行うことも重要です。子どもたちは学校での大半の時間，授業を受けて過ごします。そこで，子どもにとって意味がある，考えさせられる，わかる喜びがある授業は，教師と子どもの信頼関係を回復するために大きな力を発揮します。

（川地亜弥子）

▶6　学級通信ではなく教科通信を出す方法もある。教科通信は，教科内容の理解を深めるだけでなく，学級担任をしていないクラスでも子どもたちとの人間関係をより深く構築することができる利点がある。仲本正夫『新・学力への挑戦——数学で新しい世界と自分が見えてくる』かもがわ出版，2005年が参考になる。

▶7　大日方真史「教師・保護者間対話の成立と公共性の再構築——学級通信の事例研究を通じて」日本教育学会編『教育学研究』第75巻第4号，2008年12月，381-392頁。

▶8　金森俊朗「ことばが生まれ，ひと・世界がつながり合う教室（連載）」『作文と教育』第752〜763号，2009年4月〜2010年3月。

▶9　阿原成光『お祭り英語楽習入門——いじめは授業でなくす』三友社出版，2007年などが参考になる。

参考文献

折出健二編『生活指導』学文社，2008年。

田中耕治「教科外教育活動を構想する」田中耕治・鶴田清司・橋本美保・藤村宣之『新しい時代の教育方法』有斐閣，2012年，241-258頁。

全生研常任委員会編著『子ども集団づくり入門——学級・学校が変わる』明治図書，2005年。

第Ⅱ部　教師力アップをめざそう！

第3章　柱A　教職に求められる教養

課題A3　学級経営案を書こう

> これまでに学んだ内容と教育実習や介護等体験，ボランティア等での経験を総合し，学級経営案を書いてみましょう。
>
> 教育実習でかかわったクラスを一つ思い浮かべましょう。自分がもし学級担任だったら，年度当初にどのような学級経営計画を立てるか考え，学級経営案にまとめましょう。新年度当初の1週間はとくに重要です。この1週間の間に取り組みたいことについてはとくに詳しく書きましょう。
>
> （ポートフォリオに残す資料例）学級経営案（児童・生徒理解や学校のあり方に関する考察に裏付けられたもの）

① 学級経営案を立てるには

学級経営案を立てるには，子どもたちの実態を踏まえた上で，この1年間で学級をどのような集団に育てていくのかという見通しが重要です。表3.3.1を参考に，どの時期にどんな活動を行うのかを確認し，個々の生徒や集団の成長を想像しましょう。その上で，表3.3.2を参考に年度当初の学級経営案を作成しましょう。▷1

② クラスの基本的なスタイルやルールを提案し，話し合う

多くの学級は，子どもたちの希望に基づいて編成されているわけではありません。ばらばらの子どもたちが共同生活を始めるにあたって，教師がある程度

▷1　当たり前のことだが，学級経営案のこれらの項目を埋めれば学級経営がうまくいくわけではない。しかし，何の見通しもないまま学級経営を始めると，行き当たりばったりの指導に陥ってしまう。案を立てた上で，子どもたちの実態に合わせて柔軟に変更していくことが重要になる。

表3.3.1　中学校1年の学級経営の見通し例

4月：中学生としての心構えの月（生徒，保護者の心構えを促す） ・学級開きの準備（学級の組織づくり，学級目標の設定，学級通信の作成，等） **5月：生徒の動向分析と指導方針の立案の月** ・委員会活動始動，家庭訪問，課題のある生徒の指導・支援，部活動の適合，授業のつまずきへの対応，連休に向けての指導，はじめてのテストの受け方，等 **6月：中だるみ月**（目標が持ちにくい月） ・学習，生活確立月間の取り組み（学習会運動，挨拶運動，遅刻ゼロ運動） ・二者面談（生活，学習，部活動，等）で生徒把握 **7月：1学期のまとめ月** ・期末テスト，三者面談，夏休みのすごし方，等	**8月：生徒動向の把握月** ・ハガキや電話作戦，部活動参観，個別家庭訪問，登校日，学習会，等で生徒把握の取り組み，等 ・夏休みリーダー講習会（学級委員） **9月：新たな始まり月**（1学期の継続ではない） ・生活リズムの確立，体育祭等の行事で学級の団結 **10月：ピンチにもチャンスにもなる月**（生徒の荒れに注目すべき月） ・文化祭等の行事が多く，学校全体が落ち着かない時期 ・進路の不安定な3年生の荒れが目立ち，下級生への影響が懸念されることもある **11月：10月の反省と課題を踏まえる月**（生徒指導の充実月） ・生徒会役員の改選が続く，マラソン大会の取り組み，期末テスト ・二者面談（生活，学習，部活動，等）で生徒把握	**12月：2学期のまとめ月** ・期末テスト，三者面談，冬休みに向けて，等 ・冬休み新リーダー講習会（生徒会役員，学級委員） **1月：短い3学期のポイントづくり月** ・生活リズムの確立 ・百人一首大会 **2月：学年末準備月** ・学年末テスト，三者面談 **3月：学年の締め括り月** ・卒業式の取り組み ・学級史，学年史，自分史の作成 ・学級じまい（効果的な学年納めと2年生への出発式の取り組み） ・次年度に向けて気になる生徒，問題行動をもつ生徒の動向把握と指導

出所：北原琢也作成。

34

表 3.3.2　学級経営案の形式例

1. 学校教育目標（本年度の重点目標）	
2. 学年教育目標（本年度の学年経営の重点）	
3. 学級教育目標 ・学校および学年教育目標との整合，児童・生徒や保護者の要望・意見を活かす。	
4. 学級の実態 ・在籍児童・生徒数，小学校区（地域）別児童・生徒数，リーダー，配慮を要する児童・生徒，学級の特徴（学習，生活，運動），通塾児童・生徒の状況，等	
5. 学級経営の重点 ・学級生活の中で，児童・生徒の主体的な参加を促し，協調性などを育み，良好な人間関係を構築し，個々の児童・生徒の所属感（居場所）づくりなどを考える（成果と課題およびその対策を記入する）。	

1学期	2学期	3学期

・学級集団指導，個々の児童・生徒の適応指導，健康・安全指導，問題行動への指導，教育相談の取り組み，等

6. 学級開きのねらいと内容
・ねらいを明確にする。（例．児童・生徒の安心感，安堵感，連帯感をもたせる，等）
・担任からの言葉，児童・生徒の自己紹介，当面の予定，配布物，プログラムの作成，等

7. 学級の係活動

係活動名	目標	活動時間	班名	指導内容と評価
日直当番				
清掃など				

・係活動欄には入る活動名を入れる。（例．各種委員会，掲示係，給食当番，等）

8. 教室内の環境づくり
・児童・生徒の発達段階に適した望ましい環境づくりが大切。
・掲示物や教具の配置，季節感，照明，カーテン，前後黒板，床，壁，窓ガラス，廊下側面壁，生徒用ロッカー，椅子・机の配置，読書・学習コーナー，等

9. 保護者との連携
・学級通信の発行，PTAの学級組織，日曜参観・毎日参観，諸懇談会運営，学校ボランティア活動の依頼，等

10. 学年経営との調整等
・定例学年会議，児童・生徒の情報交換，学校・学年行事，少人数指導，等

11. 学級事務関係
・児童・生徒要録の記入と保管，健康診断票，出席簿の整理・管理，生活保護関係，教科書・副教材関係，学級会計，児童・生徒の諸調査票，等

出所：北原琢也作成。

の生活スタイルやルールを用意する必要があります。教師の提案内容に疑問が出された場合，理由の説明や話し合いをきちんと行い，納得して学級生活をスタートできるようにしましょう。また，出された疑問や要望をもとにして，新しいスタイル，ルールを考えていくことは，クラスのことを自分たちで決めるという重要な経験になります。ただし，学級開き当初は，子どもたちで異なる意見を出し合い，要求をまとめていくことが難しい状況にあることが多いものです。学級集団を育てつつ，クラスの生活に対する要望を出す機会を設け，実現できるものから取り組みましょう。

　なお，合意された活動について，係が準備不足でうまく運営できなかったときには中止させ，失敗した原因を考えさせ，準備しなおしてきてから再度活動させるといったことも必要です。自治的な取り組みに慣れていないときには，こうした失敗はつきものです。子どもたちがやりたいと言ってきた活動を中心にして，みんなで話し合い，決めて実行する経験を積んでいくことが重要です。

（川地亜弥子）

第Ⅱ部　教師力アップをめざそう！

第3章　柱A 教職に求められる教養

課題A4　特別支援教育についての理解を深めよう

> 2007年4月から特別支援教育がスタートし，通常の学級にも特別な支援が必要な子どもたちが複数在籍していることが多くなりました。特別支援学校や特別支援学級の教師をめざしていなくとも，特別支援教育についての理解を深めることが必要です。ここでは，特別支援教育に関する実践記録をもとにした考察等にチャレンジしてみましょう。
>
> （ポートフォリオに残す資料例）特別支援教育に関する実践記録をもとにした考察

1　特殊教育・障害児教育・特別支援教育

日本では，1947年に学校教育法が制定されて以来，障害児に対する教育を意味する公式用語は「特殊教育」でした。しかし，障害児教育の関係者は，障害児に対する教育について，通常の子どもたちの教育と切り離された特殊なものではなく，普遍的な原則に基づいて行われるべきだと主張し，「障害児教育」の名称をよく使いました。特殊学級は，地域によって「養護学級」「育成学級」とも呼ばれました。2006年の学校教育法改訂により，「特別支援教育」が公式用語になりました[1]。この特別支援教育は，世界的な特別ニーズ教育（Special Needs Education）の展開を理解した上で捉えていくことが重要です。

2　サラマンカ声明と特別なニーズ教育

1994年，スペインのサラマンカにおいて特別ニーズ教育に関する世界大会が開かれ，「特別なニーズ教育に関する原則，政策，実践に関するサラマンカ声明」[2]が採択されました。声明は，万人のための教育（Education for All）を目指し，障害のある子どもだけでなく，ストリート・チルドレン，児童労働をせざるを得ない子ども，マイノリティの子どもなど，幅広い「特別な教育的ニーズ（Special Educational Needs）」[3]を持つ子どもたちが適切な教育へアクセスできるよう，各国政府および国際社会に政策と実践を求めたものです。

日本では，従来の「特殊教育」では対象としていなかった，LD（学習障害），ADHD（注意欠陥多動性障害），高機能自閉症等の発達障害児（6.3%）[4]を特別支援教育の対象に入れ，通常学級においても特別支援教育を行うことを明示しました。しかし，特別支援教育の対象を障害の有無によって判断することになると，障害判定を受けることが特別支援教育を受ける前提になったり，判定を受

▷1　それまでの「盲学校・聾学校・養護学校」は「特別支援学校」に，「特殊学級」は「特別支援学級」に，「特殊教育」は「特別支援教育」に名称変更された。

▷2　"The Salamanca Statement on Principles, Policy and Practice in Special Needs Education."

▷3　「特別な教育的ニーズ」という概念は，イギリスの障害児教育調査委員会の報告書，通称「ウォーノック報告」で提起されたもので，イギリスの1981年教育法に大きな影響を与えた。ウォーノック報告では，心理・医学的障害に代わる概念として「特別な教育的ニーズ」を提起した上で，総数で推定20%の「特別な教育的ニーズを有する子ども」がいることを指摘し，特別な教育的支援の対象とすることを勧告した。
清水貞夫「ウォーノック報告」清水貞夫・藤本文朗編集代表『キーワードブック　障害児教育　増補改訂版』クリエイツかもがわ，2009年，20-21頁。

▷4　「特別支援教育の概念図（義務教育段階）」，文部科学省特別支援教育のウェブページより。この図は，2002年に同省が行った調査に基づき作成されている。
(http://www.mext.go.jp/a_menu/shotou/tokubetu/main/001.pdf)

けた障害名によって子どもたちへの特別支援の内容が決まったりすることが起こりかねません。特別ニーズ教育の理念を生かすのであれば，たとえ障害判定を受けていなくても，その子の教育的ニーズに対する支援が模索され，展開されなくてはなりません。

③ 個別支援計画と子どもの集団づくり

個別支援計画の作成にあたっては，たとえば広汎性発達障害の子どもたちのように，人とのコミュニケーションや集団行動が苦手な子どもであっても，人とつながりたい思いを持っていることを忘れてはならないでしょう。ともに学ぶことの喜びを感じることができるような経験を積むことができるよう，工夫した実践を計画していくことが重要です。

④ 特別支援教育における特別支援学校，特別支援学級の役割

サラマンカ声明では，特別ニーズ教育を行うにあたって「インクルーシブ志向を持つ通常の学校こそ，差別的態度と闘い，すべての人を喜んで受け入れる地域社会をつくり上げ，インクルーシブ社会を築き上げ，万人のための教育を達成するもっとも効果的な手段」であると述べています。

ただし，通常の学校や学級においてすべての子どもたちに適切な教育ができることを志向することは，障害児のための学級や学校を解消することを意味しません。ウォーノック報告についても，障害児のための学校や学級における対応の存在を前提として認めた上での統合教育を，原則として認めたものと理解すべきであることが指摘されています。特別支援学校や特別支援学級は，専門的な教育的指導・医療的支援等を受けられる学校として，また，通常の学級における特別支援教育に対して助言・指導を行う専門機関として，これまで以上に重要な役割が求められています。

⑤ 特別支援教育と学校，学級づくり，授業づくり

特別支援教育は，一人の教師の取り組みで完結するものではなく，学校づくりと密接にかかわっています。その子個人の問題を解決するという捉え方では，学校全体での問題の共有や実践の創造が難しくなります。「○○ちゃんの指導について考えることは，学校全体での課題に向き合うことであり，喫緊の課題である」と捉えることのできる課題提起が必要になります。

また，一見大人やクラスメートを拒否しているように見える子どもでも，安心して自分を出すことのできる場所，仲間を求めています。これは，授業においても同様です。障害のあるなしにかかわらず，学級・学校の生活に願いを持って参加し，遊びや学習，自治的活動を創造していける実践が求められています。

（川地亜弥子）

▷5 その際には，3-A1に示したように，「共感的知性」を働かせて子どものview（意見，思い，考え）を理解し，実践を構想することが重要である。参考になる実践記録については，コラム3を参照のこと。

▷6 白石正久『自閉症児の世界をひろげる発達的理解』かもがわ出版，2007年，とくに28-29頁。

▷7 窪田知子「イギリスのホール・スクール・アプローチに関する一考察——1980年代のインテグレーションをめぐる議論に焦点を当てて」『京都大学大学院教育学研究科紀要』第52号，2006年3月，321-333頁。その根拠として，ウォーノック報告の中で，「統合（integration）」について，特殊学校や特殊学級が通常学校と空間的な場を共にする「位置的統合（local integration）」，遊びや日常生活をともにする「社会的統合（social integration）」，通常学校の教育活動に意図的，計画的に参加する（カリキュラムが共有される）「機能的統合（functional integration）」という段階的な理解をしていることを挙げている。

（参考文献）
湯浅恭正編著『よくわかる特別支援教育』ミネルヴァ書房，2008年。
清水貞夫・藤本文朗編集代表『キーワードブック障害児教育 増補改訂版』クリエイツかもがわ，2009年。

第Ⅱ部　教師力アップをめざそう！

第3章　柱A　教職に求められる教養

課題A5　不登校への対応について考えよう

▷1　「平成23年度『児童生徒の問題行動等生徒指導上の諸問題に関する調査』について」（2012年9月11日，文部科学省）によれば，小・中学校における不登校児童生徒数は約11万7500人で，前年度（約11万9900人）より約2,400人減少し，不登校児童生徒の割合は1.12%（前年度1.13%）で，ここ10年はほぼ横ばいである。高等学校における，不登校生徒数は約5万6300人で，前年度（約5万5700人）より約600人増加し，不登校生徒の割合は1.68%（前年度1.66%）である。また，高等学校においては，中途退学者数が約5万3900人で，前年度の約5万5400人より約1,500人減少して，割合は1.6%（前年度1.6%）である。
▷2　伊藤美奈子『不登校──その心もようと支援の実際』金子書房，2009年，4-8頁。
▷3　同上書。
▷4　高垣忠一郎・春日井敏之編『不登校支援ネットワーク』かもがわ出版，2004年。
▷5　「平成23年度『児童生徒の問題行動等生徒指導上の諸問題に関する調査』について」（2012年9月11日，文部科学省）では，小・中学校の不登校になったきっかけと考えられる状況を，学校に係る状況，家庭に係る状況，本人に係る状況に分けて記している。きっかけの上位5項目を挙げると，「不安など情緒的混乱（本人に係る状況）26.5%」，「無気力（本人に係る状況）24.4%」，「いじめを除く友人関係をめぐる問題（学校に係る状況）14.7%」，「親子関係をめぐる問題（家庭

あなたの学級や学年に，不登校もしくは登校渋りの児童生徒がいた場合，どのようにその児童・生徒や保護者にかかわり，指導・支援するべきか，不登校に関する文献や，不登校の児童・生徒についての実践記録をもとに考察しましょう。

（ポートフォリオに残す資料例）不登校の児童生徒へのかかわりに関するレポート

1　不登校とは

　文部科学省の定義によれば，不登校とは，年間30日以上欠席した児童・生徒のうち，病気や経済的な理由を除き，何らかの心理的，情緒的，身体的，あるいは社会的要因・背景により，児童・生徒が登校しない，あるいはしたくともできない状況にあることをいいます。
　不登校研究については，(1)精神医学の領域で治療対象として不登校研究が進んだ「学校恐怖症（school phobia）」研究の時代（1941～1960年代），(2)学校での不適応行動として注目を集め，個人や家族の精神病理の問題という捉え方だけでなく，学校での病理や教育の問題に注目した「登校拒否」研究の時代（1970年代～1990年代初め），(3)現代社会の経済成長，技術化，情報化，核家族化などとの関連で説明する見解が出された「不登校」の時代（1980年代以降）と，おおよそ3期に分けることができます。とくに1992年には，文部省（現文部科学省）が「登校拒否（不登校）はどの子どもにも起こりうる」（学校不適応調査研究協力者会議，1992年）との見解を示してからは，現代社会全体の問題ととらえ，さまざまな支援が学校や不登校の児童・生徒に行われ，教育支援センター（適応指導教室）の設置も広がりました。また，公的な支援が広がる前から，フリースクールなどの子どもの居場所づくりや，教師や保護者が中心になって悩みを話し合ったり情報を共有したりする「親の会」「連絡会」などが立ち上げられ，現在でも大きな役割を果たしています。

2　不登校の原因

　不登校の原因は複合的です。感覚過敏があるために，学校の中のさまざまな刺激が苦痛と感じられ，それから逃れるために不登校になる子どももいます。一見怠学のように見える子どもも，家庭でのネグレクト（養育放棄）によって，学校に来る気力と体力が失われている場合もあります。生活保護の受給が認め

38

られないために，家族の面倒を子どもが見なくてはならず，学校に来られない場合もあります。不登校の原因を本人や家庭の問題のみに帰するのではなく，さまざまな可能性を考えて支援していくことが重要になります。

③ 不登校への取り組み

不登校の子どもへの援助の基本は「待つ」こととよく言われます。しかし，「待つ」ことと放置することとは違います。虐待が疑われるケースなどでは，待つことが子どもをより困難な状況に追い込むことすらあります。不登校の子どもへの援助の基本は，「子どもときちんと向き合いながらかかわり続けていく」ことであり，子どもの状況によって，「待ち方」や「働きかけ方」は変わります。子どもの変化をつかみながら待つ，働きかけることが重要です。このとき，教師がいわゆる「学校的な価値観」で子どもに語るのではなく，一人の人間として子どもや保護者と向き合うことが重要になります。なお，不登校児童生徒へのかかわりを考える際に，「学校に来られるようにすること」にこだわらない方がよいこともあります。むしろ，友達と安心していられる居場所，活動を得られるよう支援することが重要です。

④ 子どもや保護者とかかわりながら

不登校については，多くの事例を通じて原因や背景，対応のあり方を学んでいくことが重要です。しかし，実際に指導・支援を行う際には，過去に学んだ事例からの判断だけで方針を決めず，子どもや保護者の願いを聞くことが必要です。一人として同じ子どもはいないため，個別の事情に即して考える必要がありますし，教師が保護者の話を聞き，対応を考える姿勢が，保護者を支えることにもつながります。

支援については，教師が一人で抱え込むことなく，他の教師，養護教諭，学校カウンセラー，学校外の専門家と協力することが重要です。また，学校や公的機関だけでなく，親の会などの支援ネットワークを紹介し（なければ立ち上げを検討しましょう），保護者自身の関係づくりも支援していきましょう。

（川地亜弥子）

に係る状況）10.9％」，「あそび・非行（本人に係る状況）9.6％」である。
▶6 春日井敏之『思春期のゆらぎと不登校支援──子ども・親・教師のつながり方』ミネルヴァ書房，2008年，98頁。
▶7 思春期から青年期の場合には，日常的な居場所づくりに加えて，ボランティアや農業体験，ホームステイなどの非日常的体験を通じて，自分の生き方・価値観を探求・発見できる機会を保障することも重要になる。楠凡之「不登校問題と指導・支援」春日井敏之・伊藤美奈子編『よくわかる教育相談』ミネルヴァ書房，2011年，46-47頁。

(参考文献)
奥地圭子『不登校という生き方──教育の多様化と子どもの権利』NHKブックス，2005年。
春日井敏之『思春期のゆらぎと不登校支援──子ども・親・教師のつながり方』ミネルヴァ書房，2008年。
伊藤美奈子『不登校──その心もようと支援の実際』金子書房，2009年。
加藤美帆『不登校のポリティクス──社会統制と国家・学校・家族』勁草書房，2012年。
楠凡之『いじめと児童虐待の臨床教育学』ミネルヴァ書房，2003年。
小松伸二「不登校の子どもとかかわって」『作文と教育』2012年1～3月，第785～787号。
高垣忠一郎『共に待つ心たち──登校拒否・ひきこもりを語る』かもがわ出版，2002年。

表3.5.1 頑張り続けてきた子どもが不登校になった場合の回復段階に即した継続的支援の例

「息切れ」をして登校できなくなったとき	親や教師は，子どもの様子を見ながらゆっくり休むことを認めていく。 教師は動揺している親の話を聞きながら，不安を受け止めていく。
家庭でゆっくり休めて，甘えを出してきたとき	親は子どもの甘えを受け止めて，できる範囲で応える姿勢を見せていく。
少し元気になったとき	親や教師は，子どもの遊びや趣味を無理なく共有できて，それをきっかけに心をつなぐことができるようなかかわりを行う。 可能であれば友人や青年など，親や教師以外の第三者とつないでいくことを試みる。
進路選択の時期	子どもが中学3年であれば，親は様子を見ながら他の生徒と同じ時期に教師と連携して，必要な情報だけは子どもに提供してみる。何もしないことも含めて進路選択をどうするのか，親はアドバイスをしながら最後は本人が出した結論を尊重していく。 中学卒業後であれば，アルバイトなどで働くことを促したり，フリースクールなどの居場所を紹介したりして押し出してみる。

※ 子どもの反応を見ながら，押しすぎたと感じたら引いて様子を見ていく。
出所：春日井敏之『思春期のゆらぎと不登校支援──子ども・親・教師のつながり方』ミネルヴァ書房，2008年，98頁の記述をもとに筆者作成。

コラム3

戦後の教科外教育活動や地域での教育活動にかかわる実践記録

1　生活綴方——子どもの表現を丁寧に読む

　戦後初期に，子どもたちの現実生活に根ざした指導を求めて生活綴方運動が復興しました。その嚆矢が，新制中学の実践から生まれた生徒の作品集，無着成恭編『山びこ学校』（青銅社，1951年。岩波文庫，1997年で復刊）です。その後，子どもが人間関係を変革する過程を描いた小西健二郎『学級革命——子どもに学ぶ教師の記録』（牧書店，1955年。国土社，1992年で復刊）が出版され，日本の生活指導論に影響を与えました。研究者宮坂哲文はこれらの実践に学び，生活綴方的な「仲間づくり」を定式化しました。この時期の優れた実践が宮原誠一・国分一太郎監修『教育実践記録選集1～5』（新評論，1965年）に所収されており，なかでも野名龍二『かえるの学級』（新評論，1956年）などは今読んでも楽しい記録です。

　また，地域全体で取り組んだ記録として，『生活綴方・恵那の子』シリーズ（全5巻，別巻4巻，草土社，1981-82年）があります。現代も多数の実践記録があり，土佐いく子『子どもたちに表現のよろこびと生きる希望を——父母に子育てのエールを　教師に教育のロマンを』（日本機関紙出版センター，2005年），西條昭男『心ってこんなに動くんだ——子どもの詩のゆたかさ』（新日本出版，2006年），中俣勝義『風のらーふる——しなやかな感性とやさしさと綴方と』（青風舎，2010年），増田修治『「ホンネ」が響き合う教室——どんぐり先生のユーモア詩を通した学級づくり』（ミネルヴァ書房，2013年）などは，子どもの表現を丁寧に読み解き，困難を抱えた子どもたちも含めて安心できる生活をつくる様子が描かれています。

2　自治をめざして——集団性から共同性へ

　さて，1960年代になると，綴方指導を通して仲間意識を確立させる「仲間づくり」の情緒性を批判し，集団の行動の指導を通して自治的な学級集団づくりを目指す動きが活発になりました。中学校教師の大西忠治は『核のいる学級』（明治図書，1963年），『班のある学級』（明治図書，1964年）を著し，全国生活指導研究協議会（略称「全生研」，1959年発足）の理論的・実践的研究の中心となって，学級集団づくりを追求しました。

　しかし，子どもたちの新しい「荒れ」の中で，「仲間づくり」の意義の再確認が行われ，現在では集団性よりも共同性を重視した実践が展開されています。全生研近畿地区全国委員連絡会ほか編『共同グループを育てる』，『共同グループを育てる　実践シリーズ1～3』（クリエイツかもがわ，2002-2005年），全国生活指導研究協議会常任委員会編『"競争と抑圧"の教室を変える』（明治図書，2007年），その他多数の実践記録があります。

　また，竹内常一・佐藤洋作編著『教育と福祉の出会うところ——子ども・若者としあわせをひらく』（山吹書店，2012年）では，生きづらさや困難を抱えた子どもや若者と，彼らを支援する人たちが学校，地域，フリースクール，若者自立塾，若者サポートステーションなどでともに学び歩む姿が描かれています。

　地域の人も巻き込んだ，生徒の自治的活動による学

校改革の記録としては，宮下与兵衛『学校を変える生徒たち――三者協議会が根づく長野県辰野高校』（かもがわ出版，2004年）が参考になります。

3　文化を創造する

教室・学校は文化創造の場でもあります。青年劇場・高文研編著『学校はどちらって聞かないで――「翼をください」の舞台を見た高校生たち』（高文研，1994年）は，劇を演じることと見ることの両方で，高校生に価値観を揺さぶるインパクトを与えた実践です。日本演劇教育連盟編『演劇教育実践シリーズ』（全20巻，晩成書房，1988年）には興味深い実践・知見がまとめられています。

また，子どもたちとともにわくわくする活動を創造するとはどういうことかを考える上では，加用文男『忍者に出会った子どもたち――遊びの中間形態論』（ミネルヴァ書房，1994年）が参考になります。

4　荒れる子，不登校の子と向きあう

学校は社会の矛盾が集まってくるところでもあります。能重真作『ブリキの勲章――非行をのりこえた45人の中学生と教師の記録』（民衆社，1979年）は，荒れた子どもと正面から向き合う教師の姿とその中で変わる子どもが描かれています。1990年代後半には，「新しい荒れ」，「学級崩壊」が報告されました。『学級崩壊――かわる教師，かえる教室』（全5巻，フォーラムA，2000-2001年）では，その実態が生活指導研究を重ねてきた教師の目を通してリアルに描かれています。

子どもの変化，社会の変化の中で，学校は子どもにとって安心でき，全身で学ぶことのできる場になっているかという問いは，ますます重要な意味を持ってきました。子ども，教師，保護者の身体と言葉を取り戻す取り組みとしては，鳥山敏子『生きる力をからだでまなぶ』（トランスビュー，2001年）があります。オルタナティブな教育の場を創造する試みとしては，奥地圭子『東京シューレ　子どもとつくる20年の物語』（東京シューレ出版，2005年）があります。横湯園子『アーベル指輪のおまじない――登校拒否児とともに生きて』（岩波書店，1992年）は，不登校の子どもとかかわったカウンセリングの記録です。子どもたちと対話し，居場所，学びを創造する取り組みは，学校のあり方を鋭く問うています。

5　特別な支援が必要な子とともに

障害児教育，特別支援教育では，学習・生活・文化創造を総合的に捉え，学校づくりや集団づくりを行ってきました。糸賀一雄『この子らを世の光に』（柏樹社，1965年），青木嗣夫『僕，学校へ行くんやで――与謝の海養護学校の実践』（鳩の森書房，1972年），近年の実践としては，竹沢清『子どもの真実に出会うとき』（全障研出版部，1992年），湯浅恭正編著『困っている子と集団づくり――発達障害と特別支援教育』（クリエイツかもがわ，2008年）などが参考になります。また，高城寛志・星川美雪『高機能自閉症の子育てと療育・教育』（クリエイツかもがわ，2005年）は，保護者自身による記録・考察が含まれており，貴重です。

なお，稲垣忠彦・中野光・寺崎昌男監修『日本の教師』（全24巻，ぎょうせい，1993～95年）には，1990年頃までの優れた実践記録が多数収められており，多様な実践を知ることができます。最新の実践を知りたい人は，雑誌『作文と教育』，『生活指導』，『高校生活指導』，『生活教育』，『演劇と教育』，『日本の学童ほいく』，『みんなのねがい』などを読んでみて下さい。

（川地亜弥子）

第4章

柱B 児童・生徒理解と人間関係構築力

　教師になると，授業を教えるだけでなく，学級担任などとして児童・生徒を指導する役割を担うこととなります。そこで教師には，個々の児童・生徒の発達やニーズ，児童・生徒の間の人間関係，人権，法律，他の教職員や保護者との協力といった様々な要素に配慮した人間関係構築力，児童・生徒指導力が求められます。

　このセクションでは，実際に人間関係構築力や児童・生徒指導力が求められる場面で，的確に行動できる力を身につけていきましょう。

　柱Bで求められているのは，教師に必要不可欠な児童・生徒，家庭・地域，同僚教師などとの適切なコミュニケーション能力です。学校の教育活動がより効果的なものとなるための基盤として，教師と児童・生徒，教師と家庭・地域等が信頼関係に基づき，豊かな人間関係の構築を図ることが何より重要です。教育は，人間関係の営みから始まるといってもよいでしょう。

　昨今，児童・生徒へのかかわりに困難さを感じることが多く，とくに，授業や児童・生徒指導の場面での対応に戸惑ったり，悩んだりする教師が増えてきています。これらの要因の一つとして，児童・生徒に対する認識不足のため，かかわりが不十分になりがちになり，信頼関係を築きにくく，コミュニケーションが深まっていないことが指摘されています。また，家庭・地域等と連携するコミュニケーションの希薄化も指摘されています。学校で児童・生徒の教育を営む上で，家庭・地域等との連携，同僚教師との協働は，これからより重要になってきます。

　多様化・複雑化した児童・生徒の問題，家庭・地域等からの多種多様な要望・苦情等は，学校組織として対応し，解決していかなければなりません。これらの問題を解決するには，関係者同士の話し合いが重要になってきますので，教師のコミュニケーション能力なくしては，教育自体が成り立たなくなります。教師をめざすみなさんは，こうした状況を理解し，日常の生活から，コミュニケーション能力をみがき，とくに人間関係構築力を身につけるようにしましょう。

　柱Bにかかわる授業は，教育実習や介護等体験です。教育実習の場合，実習期間は2週間〜4週間という限られたものですが，生きた学校での実践の場を与えられます。たんなる体験だけで終わるのではなく，大学で修得した理論

表4.0.1 チェックリスト：目標到達の確認指標

- □B1　教員の使命や職務についての基本的な理解に基づき，自発的・積極的に自己の職務を果たそうとする姿勢を持っている。
- □B2　気軽に児童・生徒と顔を合わせたり，相談に乗ったりするなど，親しみを持った態度で接することができる。
- □B3　児童・生徒の声を真摯に受け止め，児童・生徒の健康状態や性格，生育歴等を理解し，公平かつ受容的な態度で接することができる。
- □B4　他者（他の教職員）の意見やアドバイスに耳を傾けるとともに，理解や協力を得ながら，自らの職務を遂行することができる。
- □B5　挨拶や服装，言葉遣い，他の教職員への対応，保護者に対する接し方など，社会人としての基本が身についている。

表4.0.2 ルーブリック：教職課程修了時に求められるレベル

優	多様な児童・生徒の様々なニーズに配慮し，公平かつ受容的な態度で接するとともに，一人ひとりの児童・生徒を伸ばすような関わりができる。様々な関係者の理解や協力を得ながら，自分の職務を効果的に果たすことができる。
良	様々な児童・生徒に対し，積極的に関わることができる。指導教員からのアドバイスを取り入れつつ，児童・生徒への関わりを改善することができる。
可	児童・生徒に対し，自分から関わろうとする姿勢を示している。求められている職務を自主的に，期限を守って行うことができる。

表4.0.3 ポートフォリオに残す成果資料の例

- 学校での活動の記録（教育実習ノートの日誌部分から，児童・生徒とどのように接したのか，指導教員からのアドバイスをどのように生かしたのかが分かるようなページを選んで，コピーを収録するのでも可）
- 教育実習などにおいて指導教員からいただいたコメント
- 教育実習などにおいて児童・生徒からもらったコメント
  ※児童・生徒の個人情報は削除すること。
- 学生ボランティア等で児童・生徒と接した活動の記録
  ※児童・生徒の個人情報を記載しないこと。
- 課外活動などで，リーダーシップを発揮したことを示す成果資料

を学校現場で活かす実践的力量の基礎を身につける場としてとらえ，児童・生徒との人間関係構築力を身につけられるように創意工夫しましょう。また，人間関係構築力をより一層身につけたいと思っているみなさんは，学生ボランティア活動や地域の青少年育成活動等に参加し，さらに多くの経験を積み重ねましょう。

　ポートフォリオには，学校現場の先生方の指導・助言，児童・生徒の言動や感想を書いてもらったアンケート等の記録，そして，自分自身が五感で感じ得た気づきや，感動等，たとえ些細な事柄や内容であっても，記録を残しておきましょう。ただし，児童・生徒へのアンケートなどは，事前に学校の許可を得ることが必要です。また，児童・生徒の個人情報の漏えいがないように，最大限の注意を払ってください。

（北原琢也）

第Ⅱ部　教師力アップをめざそう！

第4章　柱B　児童・生徒理解と人間関係構築力

課題B1　学校でボランティア活動をしてみよう

> 学校でのボランティア活動を意義深いものにするためには，事前に目標やテーマを考えておくことが大切です。現在の教職実践に関する，あなたの課題をできるだけ明確にし，自分にとって適切な目標やテーマを数個考え，その中から1個〜2個に絞りましょう。学生ボランティア活動に参加する際には，積極的に活動して，児童・生徒との人間関係構築力を身につけましょう。
>
> （ポートフォリオに残す資料例）目標やテーマに基づくボランティア活動のレポート

① 学校でのボランティア活動とは何か

　中央教育審議会（第1次答申）「21世紀を展望した我が国の教育の在り方について」（1996年）で，「学校ボランティア」という言葉がはじめて用いられました。その後，文部省（当時）の「教育改革プログラム」(1998年) で「学校支援ボランティア」という名称になり，「学校の教育活動について地域の教育力を生かすため，保護者，地域人材や団体，企業等がボランティアとして学校をサポートする活動」と定義されました。その状況下，学校支援ボランティアとして期待されてきたのが学生です。学生によるボランティア活動は，一般的に学校支援ボランティアとは呼ばれず，地域や大学によって様々な名前がつけられています。[1]

② 自分の日常生活に組み込める学生ボランティア活動

　教育実習では，教員生活そのものを2週間〜4週間続けて体験できる利点があります。一方，学生ボランティア活動は部分的な教育実践ですが，曜日・時間等を自分の日常生活の日程と調整しながら参加でき，また前期・後期，年間を通じた長期間の実践ができるという利点があります。そして，何よりも教師をめざすみなさんにとっては，自分の日常生活の中に教師としての認識を持続させながら，指導する感覚を身につけられるという大きな利点があります。

③ 有意義な活動にするために，目標やテーマをもって参加しよう

　学生ボランティア活動は，地方の教育委員会等によって，それぞれ独自の活動が多岐にわたって行われています。学生が参加するボランティア活動は，保

▷1　たとえば，教育ボランティア，スクールサポーター，学生ボランティア，授業支援学生ボランティア，ボランティア指導補助員，学生サポーターなど，様々な名称で呼ばれている。

表4.1.1　学生ボランティア活動の例示

登下校指導等において児童・生徒とかかわる力を身につける	
・児童・生徒の登下校の指導（登下校ボランティア，スクール・ガード，学校安全ボランティア，巡回ボランティア等，さまざまな呼称があるが，内容はほぼ同じ）	
「個に応じた指導」のあり方を学ぶ	
・情報教育（コンピュータ）や理科実験・野外観察などの実技の補助員	
・補充的・発展的な学習指導	
・ティームティーチングや少人数指導の補助員	
・土曜日の学習指導（補充学習，課題学習）	
・長期休業中の児童・生徒への学習指導（補充学習，課題学習，総合的な学習の時間）	
・不登校児童・生徒への学習指導	
学校行事における人間関係構築力	
・体育的行事（運動会・体育大会，球技大会，水泳大会，等）の補助員	
・遠足・集団宿泊的行事（遠足，野外活動，集団宿泊活動，等）の補助員	
・勤労生産・奉仕的行事（地域社会の清掃活動，公共施設等の清掃活動，等）	
障害のある児童・生徒の指導を学ぶ	
・特別な支援が必要な児童・生徒（視覚障害，聴覚障害，知的障害，肢体不自由，病弱・身体虚弱，言語障害，自閉症，LD（学習障害），ADHD（注意欠陥多動性障害），等）	
学校生活への適応の取り組み	
・外国人児童・生徒の支援活動	
・帰国児童・生徒の支援活動	
部活動指導における人間関係構築力	
・部活動補助員，外部コーチ，等	

出所：佐藤晴雄編『学校支援ボランティア——特色づくりの秘けつと課題』教育出版，2005年を参考に筆者作成。

護者や地域住民のボランティア活動とは違って，実際に教室に入って行う活動が一般的です。たとえば，一斉指導の授業で理解の遅い児童・生徒に対して，学生ボランティアが個別に対応して支援を行います。

ここで大切にしてほしいことは，ただ漠然とした気持ちで参加をするのではなく，かならず，ボランティア活動の内容と教職実践に関する自分の課題をよく吟味・検討し，目標やテーマをもって参加することです。そうでないと，結果的に有意義な教育活動ができないばかりか，学校に対して多大な迷惑をかける状況が生まれかねません。表4.1.1は，目標やテーマに対応する学生ボランティア活動の例です。参考にして有意義なボランティア活動をしましょう。

4 学生ボランティア活動参加の注意点

まず，学生ボランティア活動において求められる内容を事前にしっかりと理解して臨みましょう。学生のみなさんは，最初は必要な知識・技能を十分に持っていないかもしれませんが，できるだけ早く身につけるようにしましょう。

実際に集団的な指導や個々の児童・生徒を指導する場合，どこまで踏み込んで指導すればよいのかについて，事前に管理職や担当の先生方と綿密な打ち合わせや相談をしておくことが大切です。とくに活動中，自分の判断に迷ったときや困ったときは，かならず，先生方と連絡・相談をしましょう。

また，学校で知り得た情報や児童・生徒の個人情報の漏えいがないように，最大限の注意を払いましょう。

（北原琢也）

第4章　柱B　児童・生徒理解と人間関係構築力

課題B2　教育実習で児童・生徒との関係を構築しよう

　最近，児童・生徒，保護者，同僚教員等の人間関係が原因で，教職から離れる教師が増えています。その中でも，新規採用教員の離職が顕著だと言われています。教師の誰もが，知識では人間関係を当然のごとく大切なことだと理解していても，教師生活での自分に余裕がないときほど，それが難しく感じられます。とくに，児童・生徒との人間関係の構築は，教師にとって必要不可欠なことです。教育実習で児童・生徒と積極的にかかわり，コミュニケーション能力を発揮しましょう。

（ポートフォリオに残す資料例）どのような「場面づくり」をして，どのような「かかわり方」を工夫したか，その事実と結果に関する考察レポート

1　人間関係を構築する基本姿勢

　人間関係を構築するために，児童・生徒とのかかわりにおいて実習生が注意を払わなくてはならないことがあります。それは，かかわりを求めてくる児童・生徒だけでなく，学級の児童・生徒全員とかかわれるように工夫することです。児童・生徒は，つねに，実習生の態度や言動に関心をもって観察していますので注意しましょう。

　しかし，児童・生徒とかかわる機会を平等にすることが大切だと理解していても，知らず知らずのうちに，特定の児童・生徒に偏りがちなことがよくあります。とくに，実習生の好き嫌いや得手不得手で，児童・生徒にかかわる機会の偏りが生じた場合，人間関係の構築どころか信頼関係が失われますので，十分な配慮が必要です。

　このような事態を招かないために，自分の好き嫌いや得手不得手などの性格等をよく自覚し，主観的に児童・生徒とかかわるのではなく，客観的，計画的にかかわることを心がけましょう。

2　人間関係を構築する「場面づくり」と「かかわり方」を工夫しよう

　教育実習では，学校の教育活動のほぼすべての校務に参加しますが，どうしても教科内容の指導が中心となってしまいがちです。しかし，ぜひ，学んでもらいたいのが，児童・生徒との人間関係を構築する「場面づくり」と「かかわ

り方」の工夫です。児童・生徒との人間関係を構築する「場面」は，主に教科等の授業ですが，それ以外に，始業前の登校指導，休み時間，昼食（給食）指導，清掃指導，放課後活動，部活動指導等の「場面」があります。また，児童・生徒は，それぞれ興味・関心，能力・適性，性格等が異なるとともに，「場面」ごとに様々な顔を覗かせます。児童・生徒の心をつかむには時間がかかりますが，一人ひとりの児童・生徒の特性等を十分に理解し，「かかわり方」を工夫して人間関係を構築していきましょう。

以下は，実習生が日々実践する「教師の一日」の指導場面から，「始業前の登校指導」「昼食（給食）指導」の「場面づくり」と「かかわり方」の工夫例です[1]。これらを参考にして，児童・生徒と積極的にかかわり，コミュニケーション能力を発揮しましょう。

○ 始業前の登校指導

「おはよう！」の挨拶は，児童・生徒と教師の豊かな人間関係を構築する第一歩です。学校生活の一日のスタートで，「おはよう！」という言葉を積み重ねていくと，実習生と児童・生徒の間に，豊かな人間関係を構築する機会を与えてくれます。実習期間中は大変忙しいですが，校門等の立ち番に積極的に参加し，児童・生徒に「おはよう！」と，一言，元気よく声をかけて出迎えましょう。そうすれば，登校時の友だち関係やその日の表情などの観察ができるとともに，多くの児童・生徒との人間関係を構築するはじまりとなります。

最初は「おはよう」と言えない児童・生徒から，小声で「おはよう」と挨拶が返ってくるようになります。やがて，自分のまわりで起こった様々な日常の出来事や，自分自身の不安や悩みなどを，自ら進んで話すことができる人間関係へと発展していきます。

○ 昼食（給食）指導

一日の学校生活の中で，児童・生徒がもっともくつろいだ一時を過ごすのが昼食（給食）の時間です。児童・生徒が，伸び伸びと自分らしさを表現する場面でもあります。くつろいだ雰囲気の中での食事を通して，学級の仲間を大切にする和やかな情操を育み，児童・生徒同士や教師と児童・生徒の心のふれあいを深める場面なのです。この場面では，教科等の授業でみられない異なる人間関係が観察でき，会話をはじめ，食べ物の好みや家庭での行動様式などを垣間見ることができます。

また，昼食後の時間は，できる限り教室や運動場へ足を運び，児童・生徒の会話や遊び等の活動に参加しましょう。児童・生徒は，きっとあなたのプライベートのことなどを質問したり，自分のこと，友だちのことなど，いろいろなことを話してくれるでしょう。これらの話題をしっかりと受けとめ，積極的に児童・生徒の心をつかむよう努めましょう。

（北原琢也）

▷1　放課後の部活動等の指導

放課後も，人間関係を深めるチャンスである。できる限り児童・生徒と一緒に活動しよう。

授業中，あまりかかわることができなかった，気になる児童・生徒，問題行動等をもった児童・生徒と人間関係をつくる貴重な機会ともなる。

とくに部活動の指導は，学年や学級を離れ，児童・生徒と密接に交流できる重要な場面である。児童・生徒と一緒に汗を流し，話し合い，励まし合い，高め合っていく活動を通して，学級担任とは違う面での心の触れ合いができる。また，教科等の授業とは異なる人間関係や生徒理解を深めることができる。さらに，児童・生徒とともに学び，汗を流す姿勢は，児童・生徒の心を動かすだけでなく，保護者等の心までも動かすことができるので，積極的に参加しよう。

参考文献

柴田義松・木内剛編著『教育実習ハンドブック』学文社，2004年。

高野和子・岩田康之編『教育実習』学文社，2010年。

第Ⅱ部　教師力アップをめざそう！

第4章　柱B　児童・生徒理解と人間関係構築力

課題B3　いじめへの対応について考えよう

> あなたは中学校2年生の担任です。○○子の母親から，以下のような手紙が届きました。「昨日，娘が学校から帰ってきたとき，何となくいつもと様子が違った感じがしたので，『何かあったの？』と聞くと，『いじめ』と一言つぶやきました。そこで問いただしてみると，じつは以前から，似たようなことが続いていたことがわかりました。娘に『先生には，絶対に言わないで！』と言われたのですが，今後学級で，二度とこのようなことがないようにしてほしいと思い，娘に内緒で手紙を書きました。今日は休むと言っていますので，休ませます。」
>
> あなたが担任教師なら，どのように対応をすればよいか，ロールプレイによる場面指導の形で演じてみましょう。
>
> （ポートフォリオに残す資料例）ロールプレイによる場面指導の記録

1　いじめの問題に対応する基本認識

いじめの問題は，「人格の形成」という教育の本質にかかわる，重大かつ深刻な問題という認識で対応することが重要です。いじめを受けたことにより，不登校や転退学など，将来の生き方にまで重大な影響を及ぼすこともあり，自らの命を絶つといった痛ましい事件もあります。いじめの問題は人権問題としてとらえ，人間としてけっして許される行為ではないとの深い認識をもって取り組む必要があります。いじめは，どの児童・生徒にも，どこの学校でも起こりえるとの認識をしておくことが重要です。

○いじめの理解とその構造

いじめはその行為がいじめなのか，それともいじめではないのかの判断が難しいといわれています。文部科学省は1985（昭和60）年以来，「自分より弱い者に対して一方的に，身体的・心理的な攻撃を継続的に加え，相手が深刻な苦痛を感じているもの。なお，起こった場所は学校の内外を問わない」[1]としてきました。しかし，2006（平成18）年に「当該児童・生徒が一定の人間関係のある者から，心理的・物理的な攻撃を受けたことにより，精神的な苦痛を感じているものとする。なお，起こった場合は学校の内外を問わない」[2]と変更されました。

次に，いじめにかかわる児童・生徒集団の構造を理解することが大切です。いじめは，一般的に「いじめている側（加害者）」「いじめられている側（被害

▷1　文部省「児童生徒の問題行動等生徒指導上の諸問題に関する調査」1985年。

▷2　文部科学省「児童生徒の問題行動等生徒指導上の諸問題に関する調査」2006年。

者）」との関係だけではありません。い
じめの構造をしっかり確認する必要があ
ります。いじめの関係は、「いじめてい
る側（加害者）」「いじめられている側
（被害者）」だけの関係で捉えると、いじ
めの根本的な解決にはつながりません。
いじめの構造は、図4.3.1のように、直
接いじめていなくても、「まわりではや

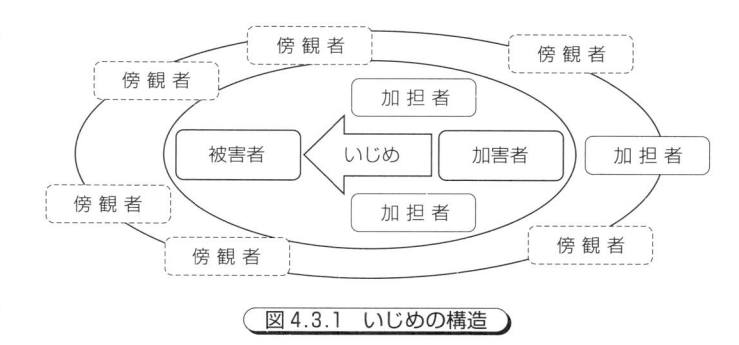

図4.3.1 いじめの構造

し立てる者（加担者）」や「見てない振りをする者（傍観者）」などによって、
いじめは助長される場合が一般的です。いじめの構造をしっかりと把握しましょ
う。そうでないと、望ましい学級などの集団づくりに積極的に取り組むこと
に支障をきたします。

② 学校・学年体制づくりの重要性（報告・連絡・相談・確認）

課題B3の事例は、まず、母親が娘に内緒で手紙という手段で、学級のいじ
めの存在を担任教師に訴えているということに注視しなくてはなりません。い
じめられている生徒（本人）の担任教師への信頼度が低いことを察知し、母親
はいじめに対する不安や恐怖を学校や担任教師に、どのように伝えるべきか思
い悩んだ結果、手紙で訴えていると読み取ることが大切です。つまり、担任教
師の指導力や資質の問題を問われていることが推測されます。

担任教師が即座にすべきことは、管理職や学年主任等に母親からの手紙を見
せ、助言や指示を受けることです。とくにいじめの問題の対応は、管理職をは
じめ、学年主任、生徒指導主任等と報告・連絡・相談および確認など、緊密な
連携を図りながら早期対応、継続指導、予防対策などを学校全体で組織的、計
画的に取り組むことが大切です。この事例の解決の第一歩は、いじめられてい
る生徒（本人）と信頼関係のある教師、または管理職と同伴で家庭を訪問し、
いじめの問題に対する学校と担任教師の基本姿勢を示し、まず安心感をもたせ、
信頼関係を取り戻すことです。

このような事例では、ややもすると担任教師が悩み、迷い、苦しみ、誰にも
相談できず、結局、一人で抱え込み、問題の処理をしてしまいがちです。早期
解決の要件は、担任教師が一人で「抱え込まない」「判断しない」「問題の処理
をしない」ことです。このようなことに陥らないためには、日頃から、管理職
や同僚教師などから適切な助言や協力を得るなど、良好な人間関係を構築して
おくことが大切です。

③ 「いじめられる子ども」「いじめる子ども」からの事実確認の大切さ

いじめられているとの情報があれば、いじめが存在するとの認識をもち、対

▶3 森田洋司『いじめと
は何か』中公新書、2010年、
131-135頁。鈴木翔／本田
由紀解説『教室内（スクー
ル）カースト』光文社、
2012年も参照。

▶4 生徒（本人）は学級
でいじめの徴候があるにも
かかわらず、担任教師がい
じめを含め差別や偏見など
の問題行動に気づかないこ
とに不信感をつのらせてい
たのかもしれない。また、
学級集団の中で発せられて
いるいじめのサインに対し
て、担任教師が即座に対処
できていないため、学級の
生徒との信頼関係が希薄に
なっていることも推測でき
る。問題意識が欠如してい
る教師は、知らず知らずに
いじめを助長する言動をと
っている場合すらあるので、
注意が必要である。

▷5　5W1H（いつ，誰に，どこで，何を，なぜ，どのようにされたのか）をできるだけ詳しく正確に事実確認することが大切である。

▷6　いじめが起きた場合の教師の基本姿勢は，以下の４点である。①教師は毅然たる態度で指導すること（いじめることを許さない！）。②いじめられている児童・生徒に対して共感的指導で臨むこと（いじめられることを責めない！）。③加担者，傍観者（無関心者）の責任を理解させること（いじめに第三者なし！）。④いじめは学級だけでなく学校体制で対応すること（全教職員が取り組むこと！）。

応することが重要です。課題Ｂ３の事例の場合，まず，担任教師は母親の気持ちを配慮し，生徒（本人）に知られないように母親と連絡をとります。必ず管理職または学年主任などが同伴の上，母親が希望する場所で，手紙の内容を詳細に聴き取ります。その上で，母親の不安と動揺を十分に受け止め，学校として生徒（本人）を守る意思を十分に伝え，直接，生徒（本人）から事実確認することの承諾を得ます。

次にいじめられている生徒（本人）から事実確認をします。生徒（本人）は，情緒が不安定になりやすく，極度の不安や恐怖心があり，ときには自己嫌悪に陥ります。配慮すべきことは，生徒（本人）の気持ちをじっくりと共感的に受け止め，精神的な安定を図り，生徒（本人）や保護者の不安と動揺を十分に受け止めることです。また，担任教師はもちろんのこと，学校として，生徒（本人）をかならず守り通すという強い姿勢を示し，安心感をもたせることが大切です。

一方，いじめる生徒たちは，いじめている認識があまりないのが一般的です。たんなる遊びでふざけていただけなどと，自分たちのいじめの行為を釈明し，いじめの事実を受け入れようとしない場合もあります。その場合，いじめられた本人の気持ちに立って，精神的な痛みや悲しみなどを理解できるように，いじめが人間として許されない行為であることを厳しく諭すことが，もっとも大切な指導です。

そして，いじめられている生徒（本人）からの事実確認と違っているところは，かならず整合性が図られるまで，正確な事実確認をします。そうでないと，いじめた生徒の保護者への事実経過の説明で事実が違っていれば，いじめた生徒の指導に対して保護者の理解や協力が得られなくなります。また，学校教育の不信にもつながりかねませんので，正確な事実確認を心がけることが大切です。

いじめる生徒たちの保護者に対しては，いじめをなくさないと，生徒の誰もが，「いじめる側（加害者）」「いじめられる側（被害者）」のどちらにもなる可能性があることを伝えます。いじめの問題の指導では，いじめた生徒たちの心理的背景を共有し，ただ厳しくするだけではなく，人間として成長するための過程として受けとめた指導が重要であることへの理解を求めます。学校としていじめを解決するため，いじめられた生徒の保護者と理解し合い，保護者同士が協力していくことを強く要望します。

❹ 継続指導

いじめられている生徒（本人）には，担任教師と保護者がともに協力して，本人のよいところを認め，自ら進んで取り組めるような活動を通して，やる気を起こさせ，自信をもたせるような取り組みが大切です。またそのつど，学校での様子を家庭に連絡するとともに，必要に応じて個別の指導や家庭訪問など

を継続し，生徒（本人）や保護者の安心を得るようにします。

いじめた生徒たちには，厳しい指導をするだけでなく，他の教師の協力を得ながら担任教師が中心になり，生徒たちの不安や葛藤，劣等感，欲求不満等といった心理的背景を十分に理解することに努めます。人間としての成長を願った，寛容で温かい包容力のこもった姿勢で継続的な指導をしていくことも大切です。

5 予防対策

担任教師は，いじめの現象面だけの問題解決だけで終わらせるのではなく，いじめを生む原因は，学級集団の構造的な体質にあると捉えることが大切です。豊かな心をはぐくみ，いじめのない学級づくりをするという決意を学級の生徒たちに熱く語り，学級生徒の自主的，実践的な態度を促すことも大切です。

学校や学級では，日常，様々な問題が生じます。生徒間での考えや意見の食い違い，感情的な言動や軋轢など，集団活動に支障をきたすようなことが多々生じます。このような問題が生じたとき，学級活動や生徒会活動等で学級の生徒全員が知恵を出し合い，仲間と協力し合いながら，乗り越えるといった問題解決的な資質・能力を育て上げることが大切です。いじめは，人間として絶対してはならない人権侵害です。いじめられた生徒（本人）の身体的・精神的苦痛等について理解を促し，人権意識や他者を思いやる心，自分自身を見つめる心を育成することが大切です。

教師側は，つねに感度の優れたアンテナを張り巡らすことが大切です。いじめは，教師側が気づかないうちに，エスカレートしているケースが多く見られます。そうならないように，表4.3.1を参考にして，日常から生徒の言動や行動を観察することが大切です。

いじめに関する情報は，教師側の観察だけでなく，生徒，保護者やまわりの大人などさまざまな人から情報収集することができるので，つねに周囲の情報に耳を傾けておくことが重要です。

（北原琢也）

表4.3.1 いじめ発見の一般的なチェックポイント

観察場面	いじめられている児童・生徒の徴候	
朝の会	・遅刻や欠席が急に増える。 ・表情がうつむきかげんで暗い。	・始業時刻間際の登校が多い。 ・出席点検の返事の声が小さい。
始業時	・忘れ物が急に多くなる。 ・持ち物等が荒らされている。 ・一人で遅れて来る。	・涙を流した形跡がある。 ・衣服がつねに汚れている。 ・椅子や机等に落書きがある。
授業中	・頭痛，腹痛などを頻繁に訴える。 ・保健室に頻繁に通う。 ・筆圧が極端に弱くなる。	・班分けでいつも一人になる。 ・正答を言えば冷やかされる。 ・頻繁に罵声を浴びる。
休み時間	・ボール遊びで集中的に狙われる。 ・用事もないのに職員室を覗く。	・遊びの中でも一人でいる。 ・校舎の隅から一人で出てくる。
昼食時	・おかずをいつも盗られる。 ・一人で食べている（食欲なし）。	・嫌いな食べ物を強要される。 ・好物をいつもあげる。
清掃時	・目の前でゴミを捨てられる。 ・掃除用具を一人で仕舞う。	・嫌がる仕事を押しつけられる。 ・掃除用具でイタズラをされる。
放課後	・用事がなくても学校に残っている。 ・部活動をさぼりがちになる。	・急いで帰宅するようになる。 ・友だちの荷物を持っている。
その他言動の様子	・いつもおどおどしている。 ・いつも暗く表情がさえない。 ・不安な表情で話す。	・視線を合わせずしゃべる。 ・部活動や学級委員を辞める。 ・独り言や大声を出すことがある。
持ち物，等	・教科書にいたずら書きをされる。 ・靴，傘などの所持品を隠される。	・刃物などの危険な物を持っている。 ・高額な金銭を持ってくる。
家庭内，等	・生き物に残虐な行為をする。 ・頻繁に外出する。	・いつも元気がなく無口になる。 ・携帯電話に出たがらない。

▷7 たとえば，「いじめない！ いじめを見逃さない！ いじめさせない！」という理念を共有するために，児童・生徒自身に考えさせることが重要である。

▷8 「心の教育」においては，学校，家庭，地域の協力体制を構築することが大切である。

参考文献

森田洋司『いじめとは何か』中公新書，2010年。

麻生信子『君にいじめは似合わない』二期出版，1995年。

麻生信子『いじめの解決』日本標準，2007年。

楠凡之『いじめと児童虐待の臨床教育学』ミネルヴァ書房，2002年。

第Ⅱ部　教師力アップをめざそう！

第4章　柱B　児童・生徒理解と人間関係構築力

課題B4　教師に対する反抗的態度への対応について考えよう

> ○○男は，中学1年生時，とくに問題行動もなく，あまり目立たない生徒でした。2年生に入り，クラス替えとともに学級担任が△△教諭（20歳代の新規採用教員）になりました。1学期中頃になると，△△教諭に反抗的な態度を見せるようになりました。担任教師が担当する理科の授業だけでなく，学級活動や道徳の時間等でも，反抗的，挑発的な暴言を吐くようなことがたびたびありました。
> 　担任教師は○○男の母親にたびたび電話をして，一連の暴言をはじめとする問題点を連絡し，家庭での指導を依頼しました。しかし，その後も○○男の態度は変わりませんでした。ある日，6限目の学級活動の授業中に暴言を吐いたので注意したところ，突然窓ガラスを故意に割り，そのまま教室を出てしまいました。
> 　あなたが担任教師なら，どのように対応をすればよいか，ロールプレイによる場面指導の形で演じてみましょう。
>
> （ポートフォリオに残す資料例）　ロールプレイによる場面指導の記録

① 児童・生徒の問題行動に対応する基本認識

　小学校高学年から中学校，高等学校段階の児童・生徒は，心身の変動の激しい，思春期と言われる期間にいます。とくにこの時期，現代の児童・生徒は，良いことも，悪いことも，社会的な影響を受けやすい発達段階にあります。大人から見れば，それまで問題行動や非行歴のない，いわゆる「ごく普通の子ども」として見られていた児童・生徒が，突然，重大な問題行動を起こすことがあります。児童・生徒の誰もが，反社会的問題行動を起こす可能性を持っているのです。

　反社会的問題行動とは，法律や社会習慣などの社会規範から逸脱した行動（社会的な逸脱行為）を意味し，社会が迷惑を感じ，非とする行為です。一般的に非行と呼ばれています。

　学校外における問題行動は，かつて学校の児童・生徒指導上の問題から除外されて取り扱われる傾向がありました。しかし現在，学校外における非行も，けっして学校における問題行動と無関係ではありません。たとえば，学習態度の変化，髪型・服装などの乱れ，乱暴な言葉遣いや振る舞い，友人関係の変化，遅刻・早退・無断欠席，持ち物の変化，夜間外出などの徴候が見られることが

▷1　問題行動には，反社会的問題行動と非社会的行動がある。後者は，逃避的な行動で，積極的な適応ができなかったりする「引きこもり」などがこれにあたる。

▷2　暴力行為（対教師暴力行為，対生徒暴力行為，対人暴力行為，器物損壊），けんか，弱い者いじめ，家出，深夜徘徊，傷害，飲酒，喫煙，薬物乱用，不純異性交遊などがある。

▷3　文部科学省『生徒指導提要』2011年，154-155頁。

よくあります。これら児童・生徒から発せられるサインに対して，見て見ぬ振りをしたり，安易に考えて放置しておかないで，学校を含め，家庭や地域の教育力を高め，注意や指導をして，問題行動の予防に努めることが大切です。

今，学校や教師は，突発的，衝動的に問題行動を起こす児童・生徒や，自分の欲求を抑えることができず，教師に不適切な言動で反抗する児童・生徒に対して，どのように向き合っていくかが問われています。課題B4の事例でもわかるように，問題行動そのものを解決するといった対症療法的な指導だけでなく，児童・生徒一人ひとりの内面に寄り添い，かかわりきる指導が大切です。間違った行為をしたときは，忍耐強く児童・生徒の心に響くように指導することが大切です。そうでないと，問題行動をもった児童・生徒の心の扉はかたく閉ざされ，取り返しのつかない事態に陥ることになりかねません。

今後，教師が，児童・生徒一人ひとりとの人間関係の構築をどのように捉えていくかが問題行動の解決の鍵になるでしょう。教師は児童・生徒とともに額に汗をかき，ともに歓び涙し，ともに感じ合う共感的理解を高め，深め合う，人間関係を構築していきたいものです。

▷4 ただし，一人で抱え込まないようにすることが大切である。

▷5 生徒（本人）が持っている感性の中でもっとも良いところを褒め揺さぶる。たとえば，「生き物を育てるやさしい心」「サッカーの試合で仲間を大切にする姿」等。

② 問題の解決へのアプローチ

課題B4の事例は，典型的な教師に対する反抗的態度として捉えることが大切です。生徒（本人）がとった行為は，教師に対する反抗的態度を発端に，暴力行為である器物損壊という問題行動を起こしたことになります。また結果的に，授業を妨害したことにもなり，学級全体の仲間に多大な迷惑をかけたことになります。

この事例のような教師に対する反抗的態度，器物損壊といった問題行動の場面に遭遇したとき，担任教師は，早急に管理職，学年主任，生徒指導主任等に連絡し，緊密な連携をとりながら，初期対応，継続指導，予防対策などを学校・学年全体で組織的，計画的に取り組むことが大切です。

○初期対応

この事例は，初期対応がもっとも大切になります。担任教師は，学級活動を一時中断し，即座に生徒（本人）を引き止め，他の教師（隣の学級の担任教師等）の協力を得ながら，別室等に連れて行きます。しばらくして，気持ちが落ち着いてきたら，その生徒自身の怪我の有無を確認しながら，担任教師が事情を聴きます。もし，担任教師が無理なら，生徒（本人）と人間関係のある別の教師が事情を聴くこともよいでしょう。まず，その行為にいたった気持ちや心情に耳を傾け，冷静に受けとめることが大切です。

次に，生徒（本人）が起こした問題行動が，なぜいけないことなのかを適切に指導します。教室の窓ガラスを故意に割るという行為は，学級の仲間に怪我を負わすことになりかねない暴力行為（器物損壊）であり，けっして許される

▷6 問題行動の内容や児童・生徒の周囲の環境等を考え，臨機応変に対応することも必要である。

▷7 もし，生徒（本人）が怪我をしていたら，治療を優先的に行う。

> 8　教師が感情的になり、罵声を浴びせたりしてはいけない。また、本人の友だち、保護者、兄弟姉妹等の悪口に相当する言動をしてはいけない。

> 9　もし、怪我をしている生徒がいれば、即座に治療への体制づくりをする。

> 10　本人と保護者の関係や保護者の精神的・身体的状況を配慮しながら伝えることが大切である。

ことではないことを十分に理解させ、反省を求めることが大切です。しかし、生徒（本人）の人格を否定するような言動による指導は、けっしてしてはいけません。担任教師は、対症療法的な問題解決で終始するのではなく、生徒（本人）が起こした行為を冷静に受けとめ、内面的な動きを探る必要があります。複合している諸要因を一つひとつ探り、関連性を明らかにしながら、根気よく対応することが大切です。

　一方、忘れてはならないことは、学級の生徒全員に目を配ることです。この場合は、副担任が適任でしょう。副担任の教師は、割られたガラス窓の近くに座っている生徒の怪我の有無を確認し、早急にガラスの破片などの後片付けをします。その後、学級の生徒全員の心理的な不安や不満を取り除くため、一連の問題行動の経緯を聴き取りながら、この問題を解決し、よりよい学級にするためには、学級の生徒全員がどのようにすればよいかを考えさせる指導が大切です。この事実経過や指導経過の記録が、今後の生徒（本人）の指導はもちろんのこと、学級経営の立て直しの基盤になりますので、副担任は必ず整理し、記録しておきましょう。

　生徒（本人）の保護者への対応は、電話で済ませるのではなく、かならず家庭へ訪問し、問題行動の内容と指導内容を知らせます。そこでけっして忘れてはいけないことは、生徒（本人）と保護者に対する教育的配慮です。もし必要があれば、保護者の来校を促し、保護者と担任教師、または学年主任等が同伴して、今後の生活のあり方等について話し合う機会をもつことが大切です。

◯継続指導

　担任教師は、生徒（本人）との人間関係の修復を第一に心がけ、共感的理解を図ることです。学級の生徒は、担任教師の言動をよく観察しています。担任教師のあきらめや突き放しは、学級内での生徒（本人）の浮遊につながるだけでなく、学級担任としての信頼を失うことにもなりかねません。しかし反対に、生徒（本人）を特別扱いすることは、学級の生徒の失望感を増幅させ、不信感を募らせることになります。学級の生徒は、反抗的な生徒（本人）と担任教師との力関係を敏感に判断しますので、けっして生徒（本人）を特別な存在として扱わないことが肝要です。

　次に、保護者との人間関係の構築です。今まで、担任教師は反抗的な態度や暴言があるたびに問題点だけを母親に電話し、母親の協力依頼を求めたことについて反省する必要があります。このような場合、保護者の都合を確かめ、担任教師自らが家庭に赴き、たとえ問題となる行為であっても、状況を丁寧に説明します。同時に、保護者の受け止め方や家庭環境に配慮し、今後の生徒（本人）の大人への成長のために、学校と家庭との協力関係が一層強くなるよう努めることが大切です。

4-B4　教師に対する反抗的態度への対応について考えよう

③ 予防対策

　再び生徒（本人）が暴言を発したときは、けっしてうろたえることなく、沈着冷静に対応することが大切です。その場で生徒（本人）の態度の非を叱責するのではなく、「何か気に入らないことがあるの」「言いたいことがあれば話してごらん」などの温かみのある言葉で語り、じっくりと耳を傾ける姿勢でもって接するようにすることが大切です。その場で話がすぐに聴ける場合もありますが、もし黙っているようであれば「授業が終わってから聴かせて」と、冷静にじっくりと会話のできる機会を作ることが大切です。

　一方、日常から生徒全員が本音で語り合える「場」と「雰囲気」づくりを演出することが大切です。担任教師は、学級の生徒全員の主張に耳を傾けながら、自分の気持ちを語るとよいでしょう。生徒（本人）は自己主張しながらも自らの非に気づき、さらに、担任教師の生き方に触れ考え方を知ることによって、注意を受け入れるようになるでしょう。課題B4の事例のような教師に対する反抗的態度、不平や不満といった反発する生徒ほど、担任教師や学級の仲間に自分の存在を認めてほしいと望んでいます。日常から担任教師は、学級の生徒全員が安心して話し合いのできる「機会」や「場」をつくるように努めましょう。

④ 課題B4の事例から学びとるもの

　課題B4の事例は、担任教師に対する学級の生徒全体の不平・不満からきた反発の徴候なのか、それとも特定の生徒（本人）だけの担任教師に対する反抗的態度なのかを見極めることが大切です。そうでないと、学級崩壊につながりかねません。もし学級の生徒全体からのものであれば、担任教師の学級経営のあり方を謙虚に見直し、工夫改善する必要があります。

　中学生にもなると、生徒への接し方次第で反発を招くことが多々あります。担任教師が自分の考え方や進め方等を一方的に押しつけたり、また反対に、生徒の意見を真正面から受けとめようとせず、曖昧かつ優柔不断な態度で接すると、不信感を募らせ、反発・反抗を招くことになります。学級生徒一人ひとりと誠実に向き合い、共感的な人間関係を構築することが何よりも大切です。

　一方、特定の生徒（本人）だけであるのなら、反抗的な態度の背景としては、一般的に、生徒（本人）と担任教師の価値観や考え方の相違による感情的なこじれがあるととらえることができます。たとえば、日常の話し方や発言の受け止め方、授業中の発問や指示・指名の偏り、質疑応答でのかかわり方などへの反感であったり、注意のされ方の不公平による反発・反抗などが考えられます。これらは、感情のこじれや誤解等に基づいているので、担任教師と生徒（本人）の気持ちが通じ合う、よき人間関係の構築によって解決していくことが大切だと考えられます。

　　　　　　　　　　　　　　　　　　　　　　　　（北原琢也）

▷11　新規採用教員である担任教師に対する学校（学年）・教師からの支援体制の重要性を指摘しておこう。新規採用教員は、ほぼ毎日、授業で生徒の指導に時間を費やし、休憩時間や放課後は実務仕事に追われ、心身を休めることすらできないほどの張りつめた日々を送る。突然、これまではほとんど経験のない教師に対する反抗的態度、器物損壊という問題行動に遭遇すれば、学級の雰囲気はたちまち暗くなりがちになり、担任教師は、心を痛め、不安になり、自信を失いがちになる。脳裏には学級担任であることの誇りと強い責任が交錯し、焦燥感や孤立感などの様々な葛藤が生じてくる。このときこそ、管理職をはじめ学年主任等の先輩教師、同僚教師等の温かい眼差しを含んだ助言や協力・支援の言動が救いとなる。とくに、自分の悩みや苦しみなどを気軽に相談できる、身近な同僚教師等の存在が重要である。まずは勇気をもって、学級担任としての悩みや苦しみを打ち明けよう。また、生徒との人間関係の実態、その指導のあり方などについて、同僚教師等の客観的な視点の意見を受け入れる謙虚な姿勢も大切にしよう。

（参考文献）
　文部科学省『生徒指導提要』2011年。
　全国生活指導研究協議会常任委員会『暴力をこえる――教室の無秩序とどう向き合うか』大月書店，2001年。

第Ⅱ部　教師力アップをめざそう！

第4章　柱B　児童・生徒理解と人間関係構築力

課題B5　保護者への対応について考えよう

> 　新年度を迎え，新しいクラスと学級担任の発表がありました。その日の夕方，中学校3年生男子生徒の保護者から，突然，学級担任に次のような電話が入ってきました。「うちの子どもが，担任の先生が嫌いなので学校に行きたくないと言っている。親として他の理由が思い当たらないので，不登校になる前に担任を交代させるか，それとも子どものクラスを変えて欲しい。もし，うちの子どもが不登校になったら，担任のあなたに責任をとってもらいます。」
> 　このような電話を受けたら，あなたは，担任教師としてどのように対応すればよいでしょうか。ロールプレイによる場面指導を演じてみましょう。
>
> （ポートフォリオに残す資料例）ロールプレイによる場面指導の記録

① 保護者等からの苦情や要望に対応する基本認識

　学校には，さまざまな人々からの来校や電話，Eメールなどで情報が寄せられます。その内容は一般的な情報だけでなく，学校，教師，児童・生徒に対する不平・不満や不安をはじめ，苦情から要望まで様々な情報が入り乱れています。

　しかし実際には，多忙極まる毎日を過ごしている教師には，十分に対応できないことがあります。保護者等から学校に寄せられる要望や苦情等への対応で，不用意な発言をしたり，個人的な判断で回答したりして，その後の対応を難しくしたり，長期化させたりすることが散見されます。

　本来，児童・生徒の大人への成長のために，ともに協力しなければならない保護者や地域住民等と結果的に不要な対立が生じ，お互いが不本意な状況に置かれるような事態は避けなければなりません。学校は，保護者や地域住民等と協力し，連携していくため，望ましい人間関係を構築することが大切です。

② 問題の解決へのアプローチ

　課題B5の事例は，担任教師が主観的判断で不用意な回答や約束などを避けるべき典型的な内容です。とくに，電話で込み入った話に長時間にわたって対応すると，お互いが感情的になりやすいので，まず，用件を丁寧に聴き取ることが適切な初期対応といえます。

　なお，この事例は緊急性や重要度が高いので，管理職等へ報告・連絡した上，

即座に学年・学校体制で組織的，計画的に対応することが大切です。

この事例は，自分の子どものことしか考えない理不尽な保護者の要求のように思えますが，中学校1年生・2年生時に，担任教師と生徒（本人）の人間関係の構築やコミュニケーションができていなかったことが主な原因だと捉えることが大切です。

問題解決の第一歩は，生徒（本人）が学校に行きたくない理由を明らかにすることです。次に，担任教師は，学年の教師の支援・協力を得て，人間関係を改善していくことが大切です。明らかに保護者が間違っていると思われる場合であっても，そのことをあえて指摘しないようにします。生徒（本人）や保護者の話に耳を傾け寛容に受け止め，けっして感情的にならず，冷静で真摯な態度で納得の得られる説明に努めます。

3 具体的な対応策

課題B5の事例の場合，保護者の都合を確かめ，担任教師と管理職または学年主任が自ら家庭を訪問し，直接，生徒（本人）から，学校に行きたくない理由を保護者とともに傾聴します。他の理由があるかもしれないことを想定しながら，時間を十分にかけて，担任教師についてどう思っているのかを温かく耳を傾けます。本人の思いこみや勘違いが原因の場合は，そのことについては叱責せず，丁寧にわかるように説明します。もし，担任の言動に原因があった場合は，生徒（本人）と保護者に誠意を持って謝罪することが大切です。

一方，友人との人間関係などに原因があった場合，担任教師は，学年の教師の協力・支援を得ながら，良好な人間関係づくりを基本にした学級経営方針の見直し策を検討することが大切です。

保護者に対しては，今後の取り組みを説明し，理解を得るとともに，家庭でできることへの協力を求めます。また，保護者の要望にも耳を傾けるといった柔軟な姿勢も大切です。そして，具体的な支援や改善方法を実行しても，即座に成果が出るとは限りません。時間的な猶予が必要であることを理解してもらうことも大切です。

4 課題B5の事例から学びとるもの

学級の生徒と良好な人間関係を構築するのは，基本的には担任教師です。しかし，生徒の中には，部活動顧問や養護教諭，学級担任以外の教職員と良好な人間関係を構築している場合も大いにあります。生徒と良好な人間関係を構築することは，全教職員の大切な役割であることも共通理解しておくことが大切です。生徒が学級担任だけでなく部活動顧問など，多くの教職員のことを喜んで話す姿が家庭や地域社会で見られれば，学校へ寄せられる苦情や要求等は減少するでしょう。

（北原琢也）

▷1 ケースバイケースによる判断が大切である。

▷2 生徒（本人）の様子や学級の改善努力などについて定期的に誠意ある報告をし，信頼関係の構築に努めることが大切である。

▷3 一方，担任教師は，生徒（本人）だけでなく，理不尽と思われるような要求をする保護者との人間関係の構築にも配慮し，適切に対応することが求められている。担任教師は，日常の保護者との会話から，生徒にどんな期待や不安を抱いているのかを把握しておきたい。相談があれば，親身になって話を聴き，学校と家庭とが協力して生徒の成長を見守っていくことを保護者に伝えることが大切である。こうした日頃の保護者とのかかわり合いが，学校と家庭との良好な人間関係づくりにつながっていく。

参考文献

楠凡之『気になる子ども 気になる保護者――理解と援助のために』かもがわ出版，2005年。

小野田正利『親はモンスターじゃない！――イチャモンはつながるチャンスだ』学事出版，2008年。

小野田正利『悲鳴をあげる学校――親の"イチャモン"から"結びあい"へ』旬報社，2006年。

コラム 4

柱A・柱B の関連問題集

柱A・柱B のテーマに関連して，さらに深く学びたい人は，次のような問題について考えてみましょう。このページでは，教員採用試験でもよく扱われる問題を多く紹介しています。（※【論作文】は，800字以内・60分・横書き）

1 「児童・生徒理解」についての問題

◎面接（個人・集団）

「どのような生徒指導を心がけたいと考えますか。」「児童・生徒と信頼関係を築くためにはどのようなことをしますか。」「高校生と良好な人間関係をもつためにどうしますか。」「あなたと合わない児童・生徒には，どのような対応をしますか。」「児童・生徒の心に寄り添うとは，どのようなことですか。」

◎集団討論

「学校生活の中で学級にとけ込めずにいる児童・生徒がいる場合，あなたはどのように対応しますか。」「児童・生徒から『相談したいことがあるから，メールアドレスを教えてほしい』と言われたとき，あなたはどのような対応をしますか。」「『教室内カースト（スクールカースト）』について，討論してください。」

◎論作文

「学級経営や学習指導の充実には，児童・生徒の理解が不可欠です。あなたは学級担任として，児童・生徒をよりよく理解するために，どのように取り組みますか。あなたの考えを具体的に述べなさい。」

◎ロールプレイによる場面指導

「あなたの学校では，生徒の挨拶ができていないことから，全校一斉に挨拶の指導に取り組むことになりました。このことについて，中学（高校）2年生の担任として，学級活動（ホームルーム）の冒頭において，生徒に対して話してください。」

2 「児童・生徒の問題行動の指導」についての問題

◎面接（個人・集団）

「教科指導に生きる生徒指導とはどのようなことですか。」「校則違反の児童・生徒への指導は，どうしますか。」「児童・生徒が授業に15分遅れてきたら，どのような対応をしますか。」「生徒指導の面で問題のある児童・生徒について，何を一番大切にしますか。」「他の児童・生徒から，『○○君が万引きをした』と言われたとき，どのように対処しますか。」「ケンカをしている生徒に対して，どのように対処しますか。」

◎集団討論

「コンビニで万引きをした生徒が店の事務所に連れて行かれたとの情報が入った。生徒を引き取りに行く際，生徒や保護者へ，どのような対応をしますか。」「学級内で孤立している児童・生徒に対して，どのようなことに配慮しますか。」「担任する学級の児童・生徒が不登校になった場合，児童・生徒（本人）や保護者に対して，一番注意することは何かを話し合ってください。」「本県（府・市）が取り組んでいる不登校対策について，有効だと思うことを討論してください。」

◎論作文

「最近，いじめや暴力行為といった問題行動などの

教育課題を未然に防止することが求められています。教師として，未然防止に向けての取り組みについて，あなたの考えを述べなさい。」

◎ロールプレイによる場面指導

「普段から反抗的な態度をとっていた生徒が，今日になって急に茶髪にしてきました。担任教師としてあなたはどう対応しますか。」「ある日，A男が些細なことからB男とケンカになり，B男にけがをさせてしまいました。謝罪についてA男の保護者に連絡すると『授業中に起こったことは学校に責任をとってもらいたい。私からB男の保護者に謝るつもりはない！』と言ってきました。あなたは担任としてどう対応しますか。（試験官がA男の保護者役です。）」

3　「コミュニケーション能力と対人関係力」についての問題

◎面接（個人・集団）

「児童・生徒の信頼関係を構築するためにはどうしますか。」「職場での人間関係を築くためにはどのようなことをしますか。」「保護者との人間関係を築くには，どうすればよいですか。」

◎集団討論

「児童・生徒の指導方法や実態把握について，先輩教師や管理職と意見が食い違ったときはどうしますか。」「『モンスターペアレント』が増えていると言われていますが，その原因と対策についてどのように考えますか。」「生徒から『校則などについて，先生の指導の仕方や対応に差がある。また，生徒によっても言い方や叱り方が違うので，みんな不満を持っている。』との情報を得ました。あなたは学級担任として，どのように対応するか，討論してください。」「不登校の児童・生徒が1年ぶりに，登校することになった。あなたは学級担任として，どのような対応をするか，討論してください。」

◎論作文

「いじめはなぜ起きるのか，どうしたらなくせるのかを述べてください。また，いじめのない学級にするには，あなたは担任として，どのような取り組みをするかも述べてください。」

◎ロールプレイによる場面指導

「修学旅行の班分けで『嫌いな人と一緒の班になったので変えてほしい』とクレームの電話がありました。あなたはどのような対応をしますか。」「『コンビニの前にゴミを捨てていく児童・生徒がいるが，どのような指導をしているのか！』と地域の方からクレームの電話が入りました。あなたはどのような対応をしますか。」「地域住民の方から『登下校時の道路の歩き方がよくないので注意してほしい！』という連絡が入りました。このことについて，学級で指導してください。」「家出をして保護願いが出されている生徒から『まだ帰らないが，心配しないで欲しい』と，あなたに電話がありました。学級担任としてどのように対応しますか。」

（北原琢也）

> **参考文献**
> 「学習指導要領総則解説編」「生徒指導提要」「生徒指導に関する通知文」（文部科学省HP（http://www.mext.go.jp/）参照）
> 「初任者教員向け生徒指導資料」（国立教育政策研究所　HP（http://www.nier.go.jp/shido/centerhp/3.htm#seito）参照）
> 教育基本法〔第10条〕（家庭教育）・〔第13条〕（家庭及び地域住民等の相互の連携協力）

第5章

柱C 教科内容に関する知識・技能

> 教師には，指導する教科内容に関して，幅広く深い知識と技能を身につけていることが求められます。教科書の内容を把握しているのは当然のこと，その内容が持っている学問的な意味や，その内容を学ぶ意義を理解していなくてはなりません。
>
> このセクションでは，教科に関する科目の単位修得を通して，<u>教科内容に関して求められている知識・技能</u>を身につけましょう。また，教科教育法での学習を通して，<u>教科内容を魅力的・効果的に教えるために教材を作る力</u>を身につけましょう。

柱Cで求められているのは，指導する教科内容に関して，幅広く深い知識と技能を身につけていることです。授業とは，教師と児童・生徒の一般的なコミュニケーション過程ではなく，教材を介したコミュニケーション過程であり，それを通して教科内容への理解を深めていく営みです。それは，児童・生徒に教科内容を，その再創造を含んで伝達していく過程と言い換えてもよいでしょう。よって，教師には，指導する教科内容に関する正確で深い理解が求められます。

児童・生徒の興味・関心を引き出しつつ，技術的にうまい授業や楽しい授業を展開できたとしても，そもそもの教える内容に大きな誤りがあったり，ポイントを外していたりしたのでは意味がありません。また，教科内容（学問や研究の成果）の深い理解，および，その教科の専門分野で教師自身が学問する・研究する経験は，児童・生徒の追究心に火をつける教材を開発したり，焦点化された課題を深く追究する授業を展開したり，あるいは，児童・生徒のつまずきを学びのチャンスに変える臨機応変の対応を行ったりする前提条件となります。

実践的指導力が強調される中，授業づくりや教員研修において，発問，指示，板書，机間指導といった授業スキルを磨くことに熱心な一方で，教える内容に関する検討がおろそかにされている傾向も見られます。教科書は見ても指導書は読まない，あるいは，学校単位で数学科の研究をしていても，数学に関する専門書をまったく読まないといった状況も見られます。「何を教えるか」と「いかに教えるか」を切り離さずに考えていくことが肝要です。

ただし，その道のすぐれた研究者や専門家がよき教育者であるとは限らない

第5章 柱C 教科内容に関する知識・技能

表5.0.1 チェックリスト：目標到達の確認指標

□C1 学習指導の基本的事項（教科等の知識や技能）を身につけている。
□C2 自ら主体的に教材研究を行うとともに，それを活かした学習指導案を作成することができる。
□C3 教科書の内容を十分理解し，教科書を介して分かりやすく学習を組み立てるとともに，児童・生徒からの質問に的確に答えることができる。

表5.0.2 ルーブリック：教職課程修了時に求められるレベル

優	教科内容を幅広く深く理解し，魅力的・効果的な指導を展開できる知識・技能を身につけている。二つ以上の単元について，児童・生徒の発想やつまずきを予め想定し，児童・生徒を引きつけつつ力をつける授業づくりに役立つような教材研究を行っている。
良	教科書の基本的な内容を，的確に理解している。二つ以上の単元について，魅力的・効果的な指導に役立つような教材研究を行っている。
可	教科書の内容を，一通り理解している。少なくとも一つの単元について，指導に役立つような教材研究を行っている。

表5.0.3 ポートフォリオに残す成果資料の例

・教科に関する科目で提出したレポートや答案
・教材研究の記録（形式は自由。学習指導案でも可）
・教育実習などにおいて，児童・生徒から受けた質問と自分の回答

ことが示すように，教科の専門性を高めるとともに，それを自覚的に教育とつなげて考えていくことが求められます（「授業を想定した教科内容の知識（pedagogical content knowledge: PCK）」の発達）[1]。自分の専門分野の内容のみを狭く追究するだけでなく，自分の専門教科の目標・内容の全体像を理解する，児童・生徒の実態（発達段階，つまずくポイント，興味・関心等）をふまえて指導のポイントとなる部分を考える，さらに，その教科を教えることの社会的・教育的意味（「なぜその教科を学ぶのか」）を問うてみる。こうして「学問の系統」を「教育の系統」へと再構成する視点をもって，専門分野の研究的な学びを深めていくことが重要です。

大学の授業では，教科に関する科目や教科教育法が柱Cにかかわります。教科教育法で学習指導案を作成する際には，単元・授業の目標を明確にし，評価の方法を考えたり，教科書教材を検討したり，新たに独創的な教材を開発したりすることが求められるでしょう。教育実習や各種の教育現場でのインターンに取り組む中で気づいた，児童・生徒のつまずきや学習上の特徴も記録しておくとよいでしょう。さらに授業外で，専門分野を趣味として楽しんだり，科学館や博物館の催しに参加したり，学習会や研究会に参加したりすることも重要です。

ポートフォリオには，教科に関する科目で提出したレポートや答案，教材研究の記録（形式は自由，学習指導案でも可），教育実習などにおいて，児童・生徒から受けた質問と自分の回答などを残しましょう。

（石井英真）

[1] PCKについては，Shulman, L., "Knowledge and Teaching: Foundation of the New Reforn", *Harvard Educational Review*, **57**(1), 1987；八田幸恵「カリキュラム研究と教師教育——アメリカにおけるPCK研究の展開」岩田康之・三石初雄編『現代の教育改革と教師』東京学芸大学出版会，2011年などを参照。

第Ⅱ部　教師力アップをめざそう！

第5章　柱C　教科内容に関する知識・技能

課題C1　自分の実践の教育目標を明確に記述してみよう

教育という目的意識的な営みにおいて、「教育目的」（ねがい）や「教育目標」（ねらい）▷1は、教材や学習活動を選択したり、実践された授業の成果を評価したりする規準となるものです。教育目的・目標を検討することは、教育的価値と授業の基本的な方向性を吟味することです。そして、実践上の仮説としての教育目標の性格を意識しながら、授業で最低限押さえるべき本質的な目標を具体的に絞り込むことは、ドラマ的な授業展開の条件である追究過程の焦点化・簡略化にもつながり、創造的な授業を見通しをもって進める基盤となります。

そこで、自分の専門教科に即して、めざすべき児童・生徒像を自分なりの言葉で具体化するとともに、教科目標・学年目標、模擬授業の学習指導案の単元・授業目標を明確化してみましょう。

（ポートフォリオに残す資料例）めざすべき児童・生徒像や教科目標・学年目標についてまとめたレポート、単元や授業の目標を明確に叙述した学習指導案

▷1　「教育目的」は、学校教育全体を通じて実現したい全体的・究極的な教育理念（目指すべき児童・生徒像）を表現するものである。これに対して、「教育目標」は、教科・学年レベルや単元・授業レベルで児童・生徒に習得させたい内容、および、育てたい能力を表現するものである。

▷2　タイラー（Tyler, R. W.）は、各学校が教育目的・目標を選択する際の源泉として、学習者についての研究、学校外の現代生活の研究、教科専門家からの示唆の三つを挙げている。三つの源泉から選択された目的・目標は、一貫性に欠け相互に矛盾している場合がある。そこで、選択された目的・目標は、各学校のコミットする教育哲学と学習心理学の知見に照らしてふるいにかけられる必要がある（タイラー、R. W. 著、金子孫市監訳『現代カリキュラム研究の基礎』日本教育経営協会、1978年）。

▷3　市民の教養という観点から、「数と計算」の領域ではなく、「確率・統計」や「関数」の領域を軸に数学教育の系統性を考えることもできる（小寺隆幸・清水美憲編『未来への学力と日本の教育⑦ 世界をひらく数学的リテラシー』明石書店、2007年参照）。

① 大学で学んだ学問的知識を教育目標として組織化する

大学で学んだ教科の学問的知識は、そのままでは教育目標とはなりません。学問的知識は、現代社会をよりよく生きる上で、目の前の児童・生徒たちに何が必要か、児童・生徒が何を求めているのかという観点から、選択され組織化されねばなりません。たとえば、歴史の諸事実も、市民を育てるという観点から再検討されねば、社会科の目標とはなりません。また、「指数関数」という数学科の内容も、必ずしも全員が数学者になるわけではないことを考えると、式計算やグラフ化の技能よりも、細菌や金利の増え方等、倍々で増えていく変化を捉える眼鏡として教えることが、中核的な教育目標となるでしょう。

このように、学問の系統を教育の系統に再構成していく前提として、各教科を学ぶ意味、教科の本質を自分なりの言葉で具体化しておくことは重要です。新年度の最初の授業（授業開き）のときに、その教科を学ぶ意味を児童・生徒にどう語るかを考えてみるとよいでしょう。学習指導要領にも各教科の目標（例：中学校家庭科「生活に必要な基礎的・基本的な知識及び技術の習得を通して、生活と技術とのかかわりについて理解を深め、進んで生活を工夫し創造する能力と実践的な態度を育てる。」）が示されていますが、それらも参考にしながら、児

児童・生徒が具体的にイメージできるようなフレーズを考えてみましょう（例：「何気なく暮らしている生活をどうしたらよりよいものにできるかを考えて，自分の手で変えていくために家庭科を学ぶのです」）。

❷ 教育目標を明確化するとはどういうことか

　教育目標の設定について，多くの学習指導案では，学習指導要領や指導書の引き写しに陥りがちで，観点別の単元目標と，その一部を取り出し特殊化した本時の目標が記されます。そこでは，目標を明確化することが，教科内容に，「理解する」「適用することができる」などの指導要録の観点に沿った行動動詞をくっつけて，目標を観点別に整理することに矮小化されています（表5.1.1）。

　しかし，「江戸幕府の政治の特色を理解する」といった形で目標を記述しても，それだけでは指導のポイントは明確になりません。「江戸幕府の政治の特色を理解できた児童・生徒の姿（認識の状態）とはどのようなものか」「そこに至るつまずきのポイントはどこか」と問い，それへの回答を考えることが必要です。その際，「どの場面でどう評価するのか」「児童・生徒が何をどの程度できるようになればその授業は成功と言えるのか」と，事前に評価者のように思考することが有効です。

　こうして，評価を意識し，具体的な児童・生徒の姿において目標を明確化しようとすることで，「幕府が大名を統制するとともに，領内の政治の責任を大名に負わせた」といった学習指導要領レベルの記述を越えて，指導の核となる本質部分（例：江戸時代は中央集権でなく地方分権の時代であった）へと目標が焦点化され，実質的な指導の見通しにつながる目標把握が促されます。

　「目標の明確化」というと，「二桁の引き算ができる」ためには，「一桁の引き算ができること」と「繰り下がりの計算ができること」が必要だといった具合に，下位目標に分解し，断片的な技能のリストを作成すること（目標の細分化・要素化），あるいは，表5.1.1のような内容と行動・認知過程の二次元マトリックスに整理し，目標内容を分析的に理解すること（目標の概念化・図表化）が想起されがちです。しかし，「目標の明確化」は，授業後に生じさせたい児童・生徒の具体的かつ全体的な変化（児童・生徒の活動の姿，言葉，作品など）

▷4　たとえば，広島大学附属東雲中学校の神原一之教諭は，年度初めの授業開きの際に，「四角形の内角の和」の求め方を素材にしながら，「数学は自由である」「数学はだれでも創ることができる」「数学は真理を語る言語である」「数学は役に立つ学問である」「数学は思考する遊びである」「数学は時に簡単，でも困難なことが多い」という教師の数学観，および，「答えにたどり着く道筋は一つか？」（よりエレガントな解法を追究しよう，より簡潔な解法を追究しよう）など，数学の学習において折に触れて問う七つの問いを伝える授業を行っている。

▷5　教育目標は，「三平方の定理（内容）を応用することができる（行動・認知過程）」といった具合に，内容と行動・認知過程の二つの側面によって明確化される。

▷6　江戸時代に関しては，中央集権国家のイメージを抱きがちであり，児童・生徒は，警察権が藩を越えて及んだと考えていたり，各藩の農民からの年貢が幕府にも納められていたと考えていたりする。こうした誤ったイメージを転換させ，江戸時代が地方分権の時代であることを認識させることが指導のポイントとなる（麻柄啓一・進藤聡彦『社会科領域における学習者の不十分な認識とその修正――教育心理学からのアプローチ』東北大学出版会，2008年を参照）。

表5.1.1　学習指導要領の内容項目と指導要録の4観点による二次元マトリックス（中学校歴史「近世の日本」）

	社会的事象への関心・意欲・態度	社会的な思考・判断・表現	資料活用の技能	社会的事象についての知識・理解
戦国の動乱				
江戸幕府の成立		//////		
⋮				

「江戸幕府の成立と大名統制，鎖国政策，身分制度の確立…［中略］…について多面的・多角的に考察し，公正に判断して，その過程や結果を適切に表現している。」

表5.1.2 「小数の乗法」の習得状況の評価課題

【問1】 35×0.8＝（　　　）, 35×0.8＝（ア：28, イ：2.8, ウ：280）
【問2】 「計算が35×0.8で表わせるような問題（文章題）を作りましょう。」
【問3】 「あなたは部屋のリフォームを考えています。あなたの部屋は, 縦4.2m, 横3.4m, 高さ2.5mの部屋です。今回あなたは床をタイルで敷き詰めようと考えています。お店へいったところ気に入ったタイルが見つかりました。そのタイルは, 一辺が40cmの正方形で, 一枚550円です。お金はいくら必要でしょうか。途中の計算も書いて下さい。」

で目標を語る「目標の具体化」として捉えられねばならないのです。

❸ より質の高い学力をめざして

　表5.1.2に挙げた三つの評価課題は, ともに「小数の乗法」という内容の習得状況を評価するものです。しかし, それぞれの評価課題が測っている学力の質には違いがあることがわかるでしょう。問1は, 小数の乗法の演算技能が身についているかどうかを問う課題（「知っている・できる」レベル）であり, 問2は, 小数の乗法の意味を理解しているかどうかを問う課題（「わかる」レベル）です。そして, 問3は, 数学的に定式化されていない現実世界の問題を解く総合的な活用力を問う課題（「使える」レベル）といえます[7]。

　図5.1.1の左端の図は, 学力の質の三つのレベルの相互関係を示したものです。すなわち,「知っている・できる」レベルの課題が解けるからといって,「わかる」レベルの課題が解けるとは限らないし,「わかる」レベルの課題が解けるからといって,「使える」レベルの課題が解けるとは限りません。また,「使える」レベルの円の中に「わかる」レベルや「知っている・できる」レベルの円も包摂されているという図の位置関係は, 知識を使う活動を通して, 知識の意味の学び直しや定着も促されることを示唆しています。

　従来の日本の教科指導で考える力の育成という場合, 基本的な概念を発見的に豊かに学ばせ, そのプロセスで, 内容習得に向かう「わかる」レベルの思考力も育てるというものでした（問題解決型授業）。しかし,「折れ線グラフ」や「棒グラフ」といった個別の内容を積み上げていくだけでは, 目的や場面に応じて使用するグラフを選ぶ経験などが欠落しがちとなります。よって, 現実世界の文脈に対応して個別の知識・技能を総合する,「使える」レベルの思考力を発揮する機会が独自に保障されねばなりません[8]。

　図5.1.1のように, めざす学力の質に応じて, それに適した評価の方法やタイミング, そして, 指導方法も異なってきます。実際の学習活動においてはこれらの学力の質に対応する思考は相互に密接に関連しています。その一方で, 単元設計において, 主にどのレベルの学力の質を教師の意図として重視するかによって, 表5.1.3のような三つの単元設計のアプローチを想定することができます。

　自らの目標がどのレベルの学力の質に主に対応するかを自覚し, より高次の,

▶7　観点別学習状況欄の「知識・理解」「技能」の観点は,「知っている・できる」「わかる」レベルに主に対応する。他方,「思考・判断・表現」の観点については,「わかる」レベルと「使える」レベルのどちらに重点を置くかによって, その中身が変わってくる。

▶8　現代の学校教育が追求すべき学力観と授業づくりの課題については, 石井英真「学力論議の現在――ポスト近代社会における学力の論じ方」松下佳代編『〈新しい能力〉は教育を変えるか――学力・リテラシー・コンピテンシー』ミネルヴァ書房, 2010年, 141-178頁を参照。

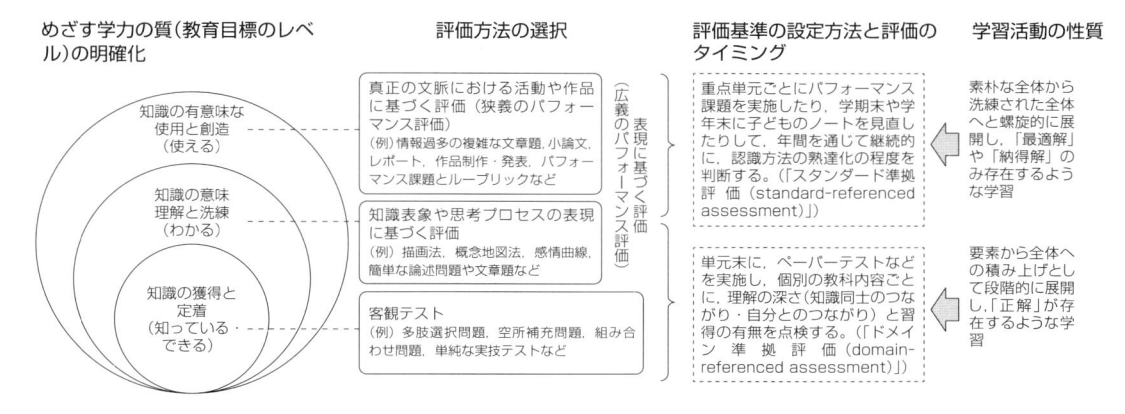

5-C1 自分の実践の教育目標を明確に記述してみよう

図5.1.1 学力の質と評価方法との対応関係

めざす学力の質(教育目標のレベル)の明確化	評価方法の選択	評価基準の設定方法と評価のタイミング	学習活動の性質
知識の有意味な使用と創造（使える）	真正の文脈における活動や作品に基づく評価（狭義のパフォーマンス評価） （例）情報過多の複雑な文章題、小論文、レポート、作品制作・発表、パフォーマンス課題とルーブリックなど	重点単元ごとにパフォーマンス課題を実施したり、学期末や学年末に子どものノートを見直したりして、年間を通じて継続的に、認識方法の熟達化の程度を判断する。（「スタンダード準拠評価（standard-referenced assessment）」）	素朴な全体から洗練された全体へと螺旋的に展開し、「最適解」や「納得解」のみ存在するような学習
知識の意味理解と洗練（わかる）	知識表象や思考プロセスの表現に基づく評価 （例）描画法、概念地図法、感情曲線、簡単な論述問題や文章題など（広義のパフォーマンス評価）		
知識の獲得と定着（知っている・できる）	客観テスト （例）多肢選択問題、空所補充問題、組み合わせ問題、単純な実技テストなど	単元末に、ペーパーテストなどを実施し、個別の教科内容ごとに、理解の深さ（知識同士のつながり・自分とのつながり）と習得の有無を点検する。（「ドメイン準拠評価（domain-referenced assessment）」）	要素から全体への積み上げとして段階的に展開し、「正解」が存在するような学習

出所：筆者作成。学力の質の明確化の図は、マルザーノ（Marzano, R.J.）らの「学習の次元（Dimensions of Learning）」の枠組みに若干の修正を加えたものである（Marzano, R.J., *A Different Kind of Classroom: Teaching with Dimensions of Learning*, ASCD, 1992, p.16. (石井, 2012年, 140頁より転載)）

表5.1.3 高次の学力を育む単元設計の三つのアプローチ

	理解（習得）志向	実践（活用）志向	追究（探究）志向
ねらい	生活的概念から科学的概念への飛躍を実現する（「教科について学ぶ（learn about a subject）」）。	教師が提示した研究課題や現代社会の問題の解決に各教科固有のアプローチで挑戦する（「教科する（do a subject）」）。	児童・生徒が自分たちで問題やテーマを設定し、教科の枠をはみ出して、総合的・論争的な課題について探究を進める。
中心的に追求される思考過程	知識の獲得と定着、知識の意味理解と洗練（例：比較、分類、帰納的推理、誤りの分析など）	知識の有意味な使用と創造（例：意思決定、問題解決、発明、実験にもとづく探究、システム分析など）	メタ認知的自己調整
教育内容との関係	個別の知識・技能や重要概念に関係	単元や領域をまたぎ教科全般に関係	教科をまたぎ生き方や思想に関係
指導のポイント	わかりやすく内容を学ばせる典型性の高い教材の開発や説明の工夫、生活と科学との間を上り下りする思考過程の工夫（主に科学を学ぶ手段として生活を位置づける）。	教室に各教科の真正の活動を生み出す課題づくりと文化づくり。教師は先行研究者として認識内容と認識方法の両面の指導を行う（生活において科学を総合する）。	児童・生徒たちの問題発見とテーマ設定、問いの展開に関する指導、学校外のプロの仕事との架橋。

（注）右に行くほど児童・生徒の授業づくりへの参加の程度が高い（「それは誰がなやむことか？」を問い、教師がやっていたことを児童・生徒自身に経験させていく）。
これら三つのアプローチは、学校カリキュラム全体の中でそのバランスが考えられなければならない。

より見えにくい学力へと自らの目標を拡張し、見えにくい高次の学力についても、児童・生徒の姿で具体的にイメージすること（目標の具体化）を試みていくことが求められます。

（石井英真）

▶9 パフォーマンス課題を設計し、それに対する児童・生徒の反応の予想や、実際の作品の分析を通して、ルーブリックを作成する作業は、見えにくい高次の学力を具体的にイメージすることにつながるだろう。

参考文献
石井英真『現代アメリカにおける学力形成論の展開──スタンダードに基づくカリキュラムの設計』東信堂、2011年。
石井英真「学力向上」篠原清昭編著『学校改善マネジメント』ミネルヴァ書房、2012年、136-150頁。
田中耕治『教育評価』岩波書店、2008年。
ウィギンズ, G.／マクタイ, J. 著、西岡加名恵訳『理解をもたらすカリキュラム設計──「逆向き設計」の理論と方法』日本標準、2012年。

第Ⅱ部　教師力アップをめざそう！

第5章　柱C　教科内容に関する知識・技能

課題C2　教科書の比較研究をしてみよう

▷1　英米などの諸外国では，民間が自由に教科書を作成し，各教師が一般図書も含めて教科書を選ぶという自由発行・自由採択の制度も多く見られる。
▷2　小川太郎『教育と陶冶の理論』明治図書，1963年。
▷3　「家永教科書裁判」では，教科書検定制度の是非について争われた。当時，高校日本史教科書（三省堂）を執筆していた歴史学者家永三郎（当時東京教育大学教授）が，教科書検定の不当性を訴えた。1997年8月の最高裁判所は，日本の侵略戦争の事実を教科書から消そうとした検定の違法性を認め裁判は終わった。検定制度そのものが違憲とはならなかったものの，検定の裁量権濫用の事実は認定された（家永教科書訴訟弁護団編『家永教科書裁判』日本評論社，1998年などを参照）。
▷4　自由採択制度をとっているアメリカでは，社会科教科書に黒人，インディアン，多様なマイノリティー，女性が登場するのは，1960年代後半になってからだった（岡本智周『歴史教科書にみるアメリカ──共生社会への道程』学文社，2008年を参照）。
▷5　日本では，民間教育研究団体が開発した，数学教育協議会の『わかるさんすう』，教育科学研究会国語部会の『にっぽんご』，

　教科書は，知識をすべての子どもにわかりやすく楽しく習得させる教授の技法を体現する道具として発展し，学校教育にとってはなくてはならぬものとなっています。それは，教師の教える内容や素材，さらには授業の進め方の大枠を規定するものであり，ゆえに教科書をうまく使いこなせるかどうかが教育実践の質を左右すると言っても過言ではありません。とくに，既存の教科書の絶対視に陥らないために，複数の教科書会社の教科書を比較検討してみることは有効です。
　そこで，模擬授業や研究授業の単元に絞って，あるいは，教科書全体について，複数の教科書会社の教科書の比較検討をしてみましょう。
　（ポートフォリオに残す資料例）複数の教科書会社の教科書のコピー，それぞれの教科書の特徴や教科書同士の違いなどをまとめたメモ

❶　教科書とは何か

　学校で使用される教科書（「教科用図書」）について，「教科書の発行に関する臨時措置法」第2条は次のように規定しています。「小学校，中学校，高等学校，中等教育学校及びこれらに準ずる学校において，教科課程の構成に応じて組織排列された教科の主たる教材として，教授の用に供せられる児童又は生徒用図書であつて，文部科学大臣の検定を経たもの又は文部科学省が著作の名義を有するものをいう」。また，学校教育法の第34条には，「小学校においては，文部科学大臣の検定を経た教科用図書又は文部科学省が著作の名義を有する教科用図書を使用しなければならない」と規定されています。この教科書の使用義務に関する規定は，中学校・高等学校，中等教育学校等にも準用されます。

❷　「教科書で教える」という発想

　このように教科の主たる教材であり，しかも使用義務も伴う教科書は，日本の学校教育のカリキュラムや授業のあり方を大きく規定するものといえます。しかし，教師にとっては，教科書は他人が開発した教材集であり，選択の自由もなく外から与えられるものであるので，ややもすると教科書があるから教えるという受動的な姿勢になりがちです。
　「教科書を教えるのではなく，教科書でも教えるというのでもなく，教科書で教える」，この一文には，教科書研究の三つの立場が端的に表現されていま

す。「教科書を教える」立場とは，教科書に書いてあることを無批判に受容し，教科書べったりで授業を進めるやり方です。逆に，「教科書でも教える」立場とは，教科書はときどき参照する程度で，事実上は教科書を無視して授業を進めるやり方です。これに対して，「教科書で教える」立場では，教科書の内容や記述方法について批判的に分析を加え，不十分な部分は補助教材を活用したりしながら，教科書を最大限に生かしていくことがめざされます。検定制度自体に議論があるにしても，次のような検定教科書の制約を自覚しつつ，それとうまく付き合っていくことが重要でしょう。

　まず，使用義務があり公教育の場で全国的に用いられる検定教科書は，特定の地域や立場に偏らないよう構成されています。よって，目の前の児童・生徒にとって切実な課題や地域の文脈に即して教材を再構成することが求められます。また，教科書では紙面の制約ゆえに，たとえば，国語科において原作からの削除・圧縮が行われたり，理科や社会科において事象や因果関係の説明が不十分だったり，数学科において問題と問題の間に飛躍があったりします。それらのポイントを見極め，内容を補足したり行間を埋めたりすることが必要です。そのためには，教師用指導書や各教科の学習指導要領解説，とくに教科内容の中身に関する解説を読むなどして，教科書作成者の教材の選択や配列の論理をつかむことが最低限必要でしょう。

3　教科書研究のポイント

　教科書の絶対視に陥らないためにも，同じ教科の複数の会社の教科書を，表5.2.1のような視点で比較検討してみることは有効です。たとえば，歴史科に関しては，近現代史を中心に，資料の選択や歴史記述において，教科書による歴史観の違いを見て取ることができます（視点①）。複数の教科書を読み比べ，それぞれにおいて何が書かれていて，何が書かれていないのかを比較検討してみるとよいでしょう。社会科などで，事実認識と価値判断とが密接に結びついた論争的な内容について，教科書比較を学習者自身にやらせてみることは，認識を深め判断力を育てていく有効な手立てとなります。

　動かせぬ系統があるように思われる算数・数学科でも，内容の導入場面の素材のみならず，「小数」と「分数」のどちらを先に指導するかといった内容配列のレベルで，教科書会社による違いがみられます（視点②）。他社の教科書は，年間の指導計画を再検討する手掛かりとして，日々の授業に生かす教材集として用いることができるのです。

　以上のような，教科書の徹底した分析を通して，教科書に埋め込まれた作成者の工夫を自覚的に生かすとともに，教科書の教材の選択や配列の不十分な点を，さらには教科書を規定している学習指導要領の内容の妥当性をも問い直すことで，教科書を作り変えていく道も開けるのです。

（石井英真）

仮説実験授業の授業書をはじめ，独自のカリキュラムに基づいたすぐれた図書（検定外教科書や教材集）も多数出版されており，補助教材として使用されている。これらを参照することも教材研究において有効である。

参考文献

天野正輝『教育方法の探究』晃洋書房，1995年。

柴田義松編『教科書』有斐閣，1983年。

柴田義松『教育課程——カリキュラム入門』有斐閣，2000年。

表5.2.1　教科書研究の視点

①教科内容の本質性・真実性・公正性：
本質的で，学習者にとって学ぶ価値のある，真実の内容を選択しているか？　誰の立場から記述されているか？　人種，ジェンダー，宗教，民族などの点で，内容選択に偏りはないか？

②教科内容の系統性：
単元間，単元内の内容や素材の配列の論理は？　それは学習者の知識の構造化・体系化を促すものになっているか？

③教材の適切性：
内容を楽しくわかりやすく学べる素材か？　目の前の児童・生徒の生活経験や問題意識とマッチしているか？　学力や学習スタイルの個人差に対応できるものか？

④学び方を教える機能：
学び方・考え方を伝える工夫がどうもりこまれているか？　学習者が自主的に復習し内容に習熟したり，発展的に探究していけるような構成になっているか？　学習者の問いを育てるような工夫がなされているか？

第Ⅱ部　教師力アップをめざそう！

第5章　柱C　教科内容に関する知識・技能

課題C3　児童・生徒のつまずきを研究しよう

　教師がある内容を重要だと思って伝えようとしても，相手である児童・生徒の学習の論理を踏まえないとうまく伝わりません。また，教師の側が伝わったと思っても，児童・生徒なりの解釈が施されて，多かれ少なかれ教師の意図との間にズレは生じているはずです。こうした教師と児童・生徒の間に生じるズレの中に学習のチャンスを見出す上で，児童・生徒のつまずきについて日々研究することが有効です。

　そこで，自分の専門教科，あるいは，その中の特定の単元について，児童・生徒がつまずくポイントを調べてみましょう。

（ポートフォリオに残す資料例）文献調査などを通して明らかになったつまずきのパターンをまとめたメモ，実際のつまずきの事例

1　構成主義の学習観

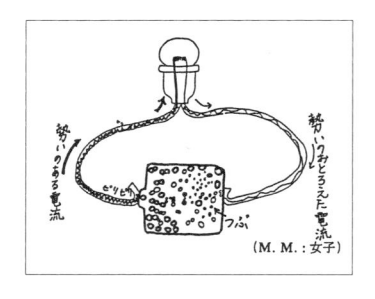

図5.3.1　「電流」に関する子どもの素朴概念

出所：堀，1998年，18頁。

　学習者は身の回りの事象について，学校で教わる前から生活経験などをもとに自然発生的に知識（生活的概念，あるいは素朴概念）を構成しています。そして，生活的概念と，科学的知識の体系の習得により形成される科学的概念との間には大きなギャップがあります。

　たとえば，「電磁石」の授業の前に，豆電球が光っているときの電流の流れについて，イメージや説明を自由に記述させてみると，次のような素朴概念が出てきます。①両極から流れた電流が豆電球でぶつかって光るという説。＋極から流れ出た電流が－極に戻ることで光ると正しく認識しているようだが，豆電球通過後の電流について，②勢いが衰えたり使えなくなったりしていると考える説（図5.3.1）や，③違うものに変化していると考える説も出てきます。

　このように，新たに提示された知識に対して，学習者は，既有知識と結びつけてそれを解釈し意味を構成しようとします（構成主義の学習観）。「知識は詰め込みたくても詰め込めない」のであって，教師の意図どおりに学習者が学ぶとは限らないのです。また，そうしたつまずきを発見するためには，学習者の反応に対して，「知っているか／知らないか」「できるか／できないか」と二値的に見るのではなく，どのような知り方をしているのか，どのような方法で解いているのかといった具合に，学習者の論理を質的に解釈していくことが求め

▷1　西林克彦『間違いだらけの学習論——なぜ勉強が身につかないか』新曜社，1994年。
▷2　本書17頁参照。
▷3　斎藤喜博『未来につながる学力』麦書房，1958年の「××ちゃん式まちがい」，東井義雄『村を育てる学力』明治図書，1957年の「教科の論理」と「生活

68

られます。

　なお，学習者のつまずきは，授業観察の際にノートの記述や児童・生徒の発言から明らかになることもありますし，テスト結果や学習者の作った作品の分析，ルーブリック（評価指標）づくり▽2のプロセスの中で明らかになることもあります。また，典型的なつまずきを知る上で，教師の実践記録▽3，教育心理学の知見▽4が参考になるでしょう。

② 学習者の「つまずき」を踏まえた目標と評価の焦点化

　こうして，事前に児童・生徒のつまずきが明らかになることで，たとえば，「回路ができると明かりがつく」といった学習指導要領レベルの記述を越えて，指導の核となる本質部分（例：電流の一方向性と保存性の認識）へと目標が焦点化され，実質的な指導の見通しにつながる目標把握が促されます。また，たとえば英語学習に関して，日本語と英語の語順の違いというつまずきのポイントに即して指導の系統性を考えていくこともできるでしょう。こうして，つまずきに注目することで，教科内容の系統性が学習者の認識発達の道筋に即して再構成されていくのです。

　さらに，つまずきが明らかになることで，評価のポイントも明確になります。たとえば，学習者が分数の意味を理解しているかどうかを評価するために，分数を小さなものから大きなものの順に並べさせる場合，表5.3.2の三つの分数の組み合わせのうちどれを選ぶべきでしょうか。分数の意味に関するつまずきのポイントを踏まえるなら，③を使うのが適切と判断されます▽5。

③ つまずきを生かす授業

　授業過程においては，つまずきをあらかじめなくすように，あるいは，顕在化しないように指導しようと考えるよりも，つまずきを生かしながら授業を展開しようと考える方がよいでしょう。児童・生徒の素朴概念は，日常生活の実感から構成されているため，科学的概念よりも説得力があるように映るときさえあります。たとえば，先述の「電流」の例で言えば，「電池がなくなる」という日常生活の経験について，両極から電流が出ていったり，電流の量や質が途中で変わったりすると考える方が納得できます。

　たしかに，素朴概念と科学的概念との間のギャップは，教師による意識的・系統的な指導なくしては乗り越えられません。しかし，学習者の論理を踏まえずに，科学的と言われる正解を押しつけるだけでは，仮に一時的に詰め込めたとしても，しばらく経つと知識は剥落してしまいます。そこで，素朴概念をめぐっての対話を組織することによって，つまずいている児童・生徒だけでなく，正解とされる考え方を持っている児童・生徒も，その根拠が問われ，より深い理解に至らせるような指導が求められます。

（石井英真）

表5.3.1　三つの分数の組み合わせ

①5/8, 1/4, 11/16
②5/8, 3/4, 1/16
③5/8, 3/4, 11/16

の論理」の議論をはじめ，日本の教師たちが綴ってきた実践記録には，学習者のつまずきを生かした豊かな授業展開が記述されている。
▷4　鈴木宏昭・鈴木高士・村山功・杉本卓『教科理解の認知心理学』新曜社，1989年，伏見陽児・麻柄啓一『授業づくりの心理学』国土社，1993年などを参照。
▷5　①では，分子の数の大きさで分数の大小を判断するというつまずきを，そして，②では，1ピースが小さいものの方が小さいという具合に，分母の数の大きさだけで判断するつまずきを見落としてしまう。これに対して③では，誤答のパターンによって，上記の二つのどちらのつまずきなのかを識別することができる。

参考文献

市川伸一『勉強法が変わる本』岩波書店，2000年。
数学教育協議会編『算数・数学つまずき事典』日本評論社，2012年。
鈴木宏昭・鈴木高士・村山功・杉本卓『教科理解の認知心理学』新曜社，1989年。
伏見陽児・麻柄啓一『授業づくりの心理学』国土社，1993年。
細谷純『教科学習の心理学』中央法規，1996年。
堀哲夫編著『問題解決能力を育てる理科授業のストラテジー——素朴概念をふまえて』明治図書，1998年。

第Ⅱ部　教師力アップをめざそう！

第5章　柱C　教科内容に関する知識・技能

課題C4　単元の教材研究をしよう

▷1　教科指導においては、一定の目標や主題を中心に複数の授業が組織される。そのような授業の一まとまりを、「単元」と呼ぶ。

◁1　単元や授業を構想する段階において、関連する専門書や一次資料を収集・検討したり、教科書を分析したりして、単元や授業で扱う内容について教師自身が理解を深めたり、教科書で取り上げられている作品や課題や活動を再検討したりすることは中心的な作業です。また、教師は日常生活の中でアンテナを張って、授業で扱えそうな素材（ネタ）を収集しています。こうした教材研究は、単元や授業の焦点を絞ることにつながり、さらに、その深さに応じて、授業過程での学習者の反応を受け止め、それに対応することも可能になります。

そこで、単元を一つ選び、教材研究を行ってみてください。

（ポートフォリオに残す資料例）教材研究で収集した一次資料、教科書への書き込み、開発した教材

1　教材研究とは何か

教材研究とは、「教材の発掘、選択からはじまり、その教材の本質を究め、さらに子どもの実態に即して授業の構想を練り、それを授業案に結実させるまでの、教材にかかわる一連の研究活動」のことです。

▷2　佐久間勝彦「教材研究」横須賀薫編『授業研究用語辞典』教育出版，1990年，73頁。

教材研究を行う上では、教科内容、教材、教具の三つの概念を区別することが重要です。まず教科内容とは、最終的に児童・生徒に身につけさせたい知識・技能です。次に教材とは、児童・生徒が直接に学習する対象となる具体的・特殊的な事実・事物・事件・現象です。最後に教具とは、その教材の物的手段または物化された部分です。この教科内容、教材、教具という三つの概念を用いると、次のような分析が可能となります。

たとえば、「分数」を教える場合、教科内容のレベルでは、割合分数（「2mの3分の1」）と量分数（「1/3m」）のどちらを主軸に据えるのかが争点となります。そして、量分数を教えるとして、教材としては、ジュースの液量を測る場面で導入することもできるし、テープの長さを測る場面で導入することもできます。さらに、ジュースの液量を測る場面で導入するにしても、それを黒板に図示するに止まるのか、実際にジュースで操作してみせるのかという具合に、教具のレベルで複数の選択肢を考えることができます。

教材研究においては、教科書などで教材として開発されているものの内容や趣旨を理解し、その価値を教科の本質との関係で捉えなおしてみること（教材

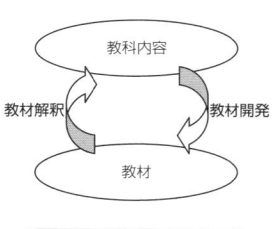

図5.4.1　教材解釈と教材開発

解釈）と，教科内容のポイントを踏まえた上で，教科書に挙げられている教材を微調整したり，差し替えたりして，新たな教材を生み出すこと（教材開発），そうした教科内容と教材との間を往復する思考が重要となります（図5.4.1）。

こうした教科内容と教材の間を往復しながらの教材研究において，次のような二段階の過程を意識しておくことが有効です。一つ目の段階は，教師が自分自身のために自分で納得がいくまで教材をかみ砕く段階です。教師が一人の学習者として，その単元や授業の内容について，文献調査やフィールドワークも行いながら，児童・生徒の学習に先立って学び研究することで，教師の内面に「教えたいもの」が明確になってくる段階と言えます。

二つ目の段階は，授業を創ることを念頭に置いて，教えたいものを焦点化したり構造化・組織化したりしていく段階です。自分の教える教室の風景や具体的な児童・生徒の顔を思い浮かべながら，学習者の追究過程をイメージし授業の展開との関係で教材の中身や提示の仕方を詰めていく段階と言えます。こうして，教師自身が教えるべき内容の本質や価値を認識し，教えたい内容を明確にするとともに，それを児童・生徒が学びたいと思う教材へと具体化するのが教材研究なのです。

② すぐれた教材の条件

教材は，一時間の授業の核を形成しその展開を方向づけます。しかも，一度開発された教材は，どこでも誰でも使える共有財産となります。教材は次の四つの存在形式に分類できます。①子どもが自分の頭で考えてみたくなるような「問題」（または発問）の形をとっているもの（例：「人間の歴史を20メートルとすると，狩りと採集の時代はどのくらいの長さになるか」），②印象深い「文章」の形をとっているもの（例：歴史の出来事をイメージできる物語，すぐれた文学作品や古典），③視聴覚「教具」や実物教材の形をとっているもの（例：珍しい自然現象を捉えた映像，実物大のマンモスの絵），④児童・生徒自身の活発な活動を組織するなんらかの「学習活動」の中で，結果的に目標とすることが学習されるようになっているもの（例：正・負の数について学ぶトランプゲーム，米が作られ配給される過程を米の視点から物語として綴る活動）の四つです。

どのような形式であっても，すぐれた教材であるためには，学習者の興味を引くもの（具体性）であり，しかも，それに取り組むことで自然と教えたい内容が身につくもの（典型性）であることが求められます。①の「問題」の形をとる教材の例で説明しましょう。表5.4.1のような問題を投げかけ，三つの選択肢を示しつつ，児童・生徒の予想を訊きます。すると，もの（木や紙）は燃やすと軽くなるという日常生活での経験から一般化された知識に照らして，多くの児童・生徒たちは選択肢アを選びます。予想を選んだ理由（仮説）について集団で討論した後，燃やした方が重くなって下がるという意外な実験結果が

▶3 藤岡信勝『教材づくりの発想』日本書籍，1991年。

▶4 「仮説実験授業」の代表的な教材の一つである。「仮説実験授業」とは，1960年代に科学者である板倉聖宣によって提唱された授業の方式であり，科学の基本的な概念や原理・原則が感動的に伝わるようなキーポイントになる実験を軸にした授業方式で，「問題提示→予想→討論→実験」の順に展開する。教科書，指導案，ノート，読み物を兼ねた「授業書」をもとに授業は進められる（板倉聖宣『仮説実験授業のABC（第四版）』仮説社，1997年）。

示されます。これによって，物質が酸素と結び付く化学変化である「酸化」の概念を実感を伴って理解していくことになります。

④の「学習活動」の形の教材を考える場合，思考する必然性を生み出すような仮想や現実の文脈を設定することは，有効な手立ての一つです。「地球は丸くて動いている」という教科書の内容を，「それをどうやって説明したらよいか」といった，児童・生徒に考えさせたい問いの形に再構成する。さらに，「どう見たって大地は平らだし，もし大地が動いているなら，空に浮かぶ雲はみんな吹き飛んで，私たちも立ってはいられない。」などと反論を投げかけてくる昔の人に向けて説明する，といった状況を設定するわけです。

児童・生徒の主体的な学習を生み出す上で，教材づくりにおいて，下記の点を考慮するとよいでしょう。①自分がそういうものだと思っていたもの，信じていたものと違う，それでは解釈ができないような，「どうして？」「ほんとうはどうだったんだ？」と真実が知りたくなるような資（史）料を発掘する。②それぞれの児童・生徒が自前の意見が持てるような問いや課題を提示する。③問題提起は仮説をつくる上での手がかりとなる事実を示し文章化する。④問題を提示する際には幾通りにも解釈できる曖昧な表現をしない。具体性と典型性を備えていても，一部の者のみが考えを持つものであってはならず，誰もが既有の知識や経験をもとに自分なりの考えを持てる手がかりや足場が準備されていなければならないのです。

③ 教材研究の二つの方法

すぐれた教材を生み出す教材研究の道筋は，次の二つに整理されます。一つは，教育内容の教材化（上からの道）であり，教育内容に含まれる個々の科学的概念や法則，知識を分析し，それに関連して引き寄せられるさまざまな事実，現象の中から児童・生徒の興味や関心をひきつけるような素材を選び出し，構成していくものです。たとえば，「鏡に映る像と光の反射との関係」についての理解を深めるために，身長の半分の大きさの鏡があれば全身が映る（逆にそれより小さいとどんなに鏡から離れても全身は映らない）という意外性を持った現象を児童・生徒に提示し，なぜそうなるのかを問いかけるといった具合です。

もう一つは，素材の教材化（下からの道）であり，素材のおもしろさがまず発見・発掘され，事後的にそのおもしろさの意味を反省して，その素材がどんな教育内容と対応しうるかという価値が見出されるものです。たとえば，バスの運転手がたくさんのミラーを見ながら運転しているという日常生活での教師の発見を，社会科の「仕事」に関する教科内容と結び付けて，「バスの運転手さんは，どこを見て運転していますか。」という問題として教材化するといった具合です。

表 5.4.1 児童・生徒が自分の頭で考えてみたくなるような「問題」

（問題）
　スチールウールのかたまりを天びんの両側にのせて，水平につりあわせます。
　つぎに，一方のスチールウールを綿菓子のようにほぐして，さらなどの上において燃やします。そして，すっかり燃えたら，また天びんにのせることにします。そのとき，天びんはどうなると思いますか。

（予想）
ア．燃やしたほうが軽くなって上がるだろう。
イ．燃やしたほうが重くなって下がるだろう。
ウ．水平のままだろう。

▷5　奥村弘二「未知への挑戦——意欲と科学観の解放」川勝博編『授業づくりで変える高校の教室④　理科』明石書店，2005年を参照。

▷6　加藤公明『日本史討論授業のすすめ方』日本書籍，2000年。

▷7　藤岡信勝『教材づくりの発想』日本書籍，1991年。

▷8　5-C6 で扱う，科学館や博物館の展示物からその解説を考えるプロセスは，素材の教材化の一例といえよう。展示物の意味や価値の解釈のしかた次第で，それを学校でのカリキュラムと結び付けていくことも可能になる。

▷9　有田和正『社会科「バスの運転手」——有田和正の授業（写真で授業を読む）』明治図書，1988年を参照。

▷10　中内敏夫は，1970年代の公害学習の実践を手掛かりに，住民運動に参加しながら調査と記録を行うことなど，教材づくりにおけ

5-C4 単元の教材研究をしよう

④ 「教科する」授業のための教材研究

上記二つの教材研究の方法に加えて、教師がテクストや資料を読み解いたり、教科内容を眼鏡として現実の問題を追究したりした上で、そうした教師の教材研究の結果ではなく、その過程そのものを学習課題や学習活動として組織する方法を挙げることができます。教材研究で教師自身がまず学▼10
ぶ（テクスト・資料・現実の問題といった対象世界と対話し「教科する（do a subject）」）。そして、授業においては、図5.4.2の①のように、学んだ結果を教えるのではなく、

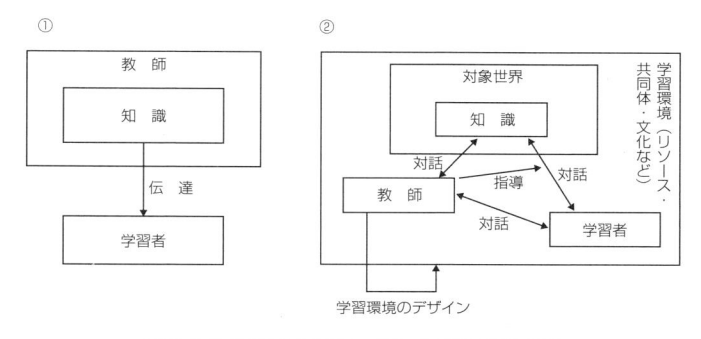

図5.4.2 学習者, 教材, 教師の関係構造

（注）図②において、教師と学習者は、同じ対象を共有し、協同して活動している点で対等な関係にある。一方で、図の位置関係が示すように、教師は、いわば先行研究者として、学習者の学習活動を見通し導きうる位置にある。ゆえに教師は、学習者の対象世界との対話を深めるべく直接的な指導を行ったり、時には、教師自身も埋め込まれている学習環境をデザインする間接的な指導性を発揮したりするのである。
出所：石井英真「学力向上」篠原清昭編著『学校改善マネジメント』ミネルヴァ書房, 2012年, 148頁。

図5.4.2の②のように、対象世界を学習者と共有しながら、先行研究者として学び直すわけです。それは、「教科について学ぶ（learn about a subject）」授業から、「教科する」授業（知識・技能が実生活で生かされている場面や、その領域の専門家が知を探究する過程を追体験し、「教科の本質」を追求する授業）へと、教科指導のあり方を転換していくことにつながります。そして、そうした「教科する」授業によって、知識・技能を実生活において活用する思考力・判断力・表現力も育っていきます。

たとえば、島崎藤村の「初恋」という詩の教材研究において、教師同士で起こった「われ」と「君」の関係をめぐる議論から、「『われ』と『君』は両思いなのだろうか」と問いかけ、テクストに即した解釈を自由に交流し合う授業を構想する。あるいは、理科の教材研究で、「この仮説を検証するための実験手順は……」というのを教師が考えるだけでなく、テーマを決めて「〇〇と〇〇などの材料や道具を用いて、目的となる結果を測定せよ」と、児童・生徒自身に実験を計画する過程を委ねるといった具合です。

対象世界はいかに深く理解したとしても、完全に理解しきることはありません。たとえば、アルミニウムが塩酸に溶けたことを確認して満足している子どもたちに対し、もう1枚アルミニウムを入れたらどうなるかと問いかけ、実験させてみることで、アルミニウムと塩酸の化学反応（対象世界）との出会い直し、学び直しが起こります。こうして、「既知（familiar）なもの」が「未知▼11
（unfamiliar）なもの」になる経験は、学習者の知的好奇心に火をつけるのです。

（石井英真）

る教師自身の探究活動（現実（生活）の分析と総合において教科内容（科学）を吟味し問い直すプロセス）の重要性を指摘している。そして、「参加し、記録し、発明する」という形で、教材づくりの方法を一般化している（中内敏夫『中内敏夫著作集Ⅰ「教室」をひらく』藤原書店, 1998年）。

▶11 鏑木良夫『教えて考えさせる先行学習で理科を大好きにする』学事出版, 2007年を参照。

参考文献

石井英真「学力を育てる授業」田中耕治・井ノ口淳三編著『学力を育てる教育学』八千代出版, 2008年。

斎藤喜博『授業と教材解釈』一莖書房, 1975年。

柴田義松・藤岡信勝・臼井嘉一編『教科と教材の開発』日本書籍, 1994年。

藤岡信勝『教材づくりの発想』日本書籍, 1991年。

中内敏夫『中内敏夫著作集Ⅰ「教室」をひらく』藤原書店, 1998年。

横須賀薫『授業の深さをつくるもの』教育出版, 1994年。

第5章 柱C 教科内容に関する知識・技能

課題C5 小・中・高の系統性を考えよう

> 教師は授業の実施段階だけでなく，カリキュラム設計のレベルでも主体として位置づけられなければなりません。これくらいの学年の児童・生徒なら大体これくらいの内容が理解できていればよいだろう，といった長期的な見通し（教師のカリキュラム構想▷1）の成熟の程度，それは経験の浅い教師とベテラン教師の技量の違いを生み出す一つの要因です。そして，その発達には授業や学習者を想定しながら教科の専門的知識を再構成する経験が必要です。
>
> そこで，専門教科の教科目標や特定の単元の目標・内容（もしくは，教科書の教材や説明の文言）について，小・中・高でその扱いがどのように変わるのか検討し，発達段階などによる差異と一貫している部分についてまとめてみましょう。
>
> **ポートフォリオに残す資料例** 該当する教科や単元に関する，学習指導要領，学習指導要領解説，教科書などのコピー，小・中・高それぞれの内容の特徴や一貫して重視されている視点などをまとめたレポート

１ 教科の重要概念のスパイラルな発達

　たとえば，小・中・高の「関数」に関する学習指導要領の記述を，表5.5.1のような形で整理してみると，折れ線グラフ，比例・反比例，一次関数，二次関数，指数関数という具合に，指導する「関数」の種類が複雑化・高度化していることがわかります。そうした学校階梯や学年ごとの差異とともに，表5.5.1からは，伴って変わる二つの数量の関係を数理的にモデル化する方法を学ぶという，学校階梯や学年を貫く包括的な目標の存在も見て取れます。それは，中学校の三年間の目標の記述によく表れています。

　このように，小・中・高の系統性を捉える際には，教科の重要概念がスパイラルに発達していくという見方を持つことが重要です▷2。計算技能などの個別の知識・技能であれば，習得・未習得の二分法で考えることができます。それに対して，「確率」といった概念の発達は，「どちらの事象が起こりそうか」という直観的判断から始まり，それを数値化したり統計を用いたりすることで，より分析的で数学的に洗練されたものへと高まっていくといった具合に，程度の問題として捉える必要があります。

　「日本国憲法」は，小学校社会科，中学校公民科，高等学校現代社会において繰り返し出てきますが，学習指導要領やその解説の文言を表5.5.1と同様に

▷1 「教師のカリキュラム構想」は，「制度としてのカリキュラム」と「学びの履歴としてのカリキュラム」とを，再構成を含んで媒介する教師の役割を概念化するものである。

▷2 米国の州レベルでの教育課程基準（スタンダード）では，いくつかのより一般的で包括的な概念が，学校階梯や学年段階を越えて共通のものとして明らかにされ，そうした包括的な概念ごとに，各学年段階で扱うべき個別の知識・技能や，到達すべき認識の状態が記述されている。また，6-D2 で述べる「本質的な問い」の入れ子構造を考えてみることは，各教科の包括的かつ本質的な内容と，そのスパイラルな発達を明らかにする上で有効である。

▷3 すぐれた教師は，単元を越えて，さらには教科を越えて，知的探究を進める上で大切にしたい本質的な価値や方法論（学び方）を意識している。それはたとえば，社会科で絶えず意識されるよい仮説の規準（実証性，論理性，個性・主体性）として，「もしこの条件を変えてみたらどうなるか」（発展的に考える）という日々の授業での教師の口癖として，言葉のあいまいさを吟味する教師の言語感覚として，より明示的には，各教科を学ぶ意義を記した学習の手引き，授業開きのオリエンテーション，

図表化してみると，その扱いがより抽象的で緻密なものになっていくことがわかります。さらに，教科書で取り上げられている素材や説明について見比べてみると，小学校では身近な願いが「政治」によって実現されていくプロセスをたどる中で日本国憲法が学ばれるのに対して，中学校では「法に基づく政治」や「憲法」の意義の歴史的・原理的説明ののちに日本国憲法が学ばれていることがわかります。中学校では社会事象を読み解く見方や考え方として，「対立と合意」「効率と公正」といった概念が明示されており，学校段階によって求められる思考や活動の視点がどう異なるのかも検討のポイントとなります。こうして内容の系統性をまとめたならば，同じ「日本国憲法」を素材としながら，小・中・高それぞれについて学習指導案を作成し，どのように単元や授業を展開するかを具体的に考えてみてもよいでしょう。

❷ 教師のカリキュラム構想の発達と授業展開の柔軟性

学習指導要領改訂に伴って，教育現場では，教える内容が増え分厚くなった教科書の扱いに苦慮し，ややもすれば教科書を網羅することに陥りがちです。こうした状況において，一時間の授業や単元というレベルをも越えて，教科内容に関するより長期的な児童・生徒の認識発達の見通し（教師のカリキュラム構想）を意識することは，本質的な教科内容を精選し，時間をかけて考えさせる場面を絞っていく上で有効です。自分の担当教科の教科書を3年間分読み通すだけでも，見通しを形成することができるでしょう。

さらに，教師が持つ教科内容の長期的な見通しは，授業展開の力量とも深く関係しています。たとえば，身の回りの箱の分類を通して「立方体と直方体」について学ぶ算数の授業において，高島市立新旭北小学校の大杉稔教諭は，立方体か直方体の二つに分類させる教科書の展開にとらわれず，児童・生徒から出てきた分類の仕方（①面がすべて正方形，②二面が正方形で他は長方形，③面がすべて長方形など）を受け止め，①を②へといった具合に，形を相互に変形する展開を生み出していました。このように，児童・生徒の思考の流れに沿って授業を展開できるのは，その授業が「立方体」「直方体」という個別のトピックではなく，それらを概括する「立体」の授業として展開されているからです。

目標やカリキュラムの系統化については，授業展開の柔軟性や創造性と対立するように捉えられがちです。しかし，熟練した教師の授業展開の柔軟性や創造性は，特定の目標を決めていないから可能になるというより，むしろ，本時の目標と並行して，本時の目標を概括するよりメタな目標が意識されているがゆえに可能になると考えるべきでしょう。そうして長期的な見通しの下で目標が重層的に把握されているからこそ，計画からのずれが許容され，それを教科の本質と関連づけて新たな展開を構想することも可能になるのです。

（石井英真）

教室の掲示物の言葉として表現され，教室の文化を形作っている。

表5.5.1　小・中・高の「関数」に関する目標・内容

小学校4年生
伴って変わる二つの数量の関係を表したり調べたりすることができるようにする。変化の様子を折れ線グラフを用いて表したり，変化の特徴を読み取ったりすること。

中学校1年生
具体的な事象の中から二つの数量を取り出し，それらの変化や対応を調べることを通して，比例，反比例の関係についての理解を深めるとともに，関数関係を見いだし表現し考察する能力を培う。

中学校2年生
具体的な事象の中から二つの数量を取り出し，それらの変化や対応を調べることを通して，一次関数について理解するとともに，関数関係を見いだし表現し考察する能力を養う。

中学校3年生
具体的な事象の中から二つの数量を取り出し，それらの変化や対応を調べることを通して，関数 $y=ax^2$ について理解するとともに，関数関係を見いだし表現し考察する能力を伸ばす。

高等学校　数Ⅱ
指数関数及び対数関数について理解し，それらを事象の考察に活用できるようにする。

出所：2008・2009年版学習指導要領の記述から筆者が図表化。

参考文献

石井英真『現代アメリカにおける学力形成論の展開――スタンダードに基づくカリキュラムの設計』東信堂，2011年。

ソーントン，S.J.著，渡部竜也ほか訳『教師のゲートキーピング――主体的な学習者を生む社会科カリキュラムに向けて』春風社，2012年。

第Ⅱ部 教師力アップをめざそう！

第5章　柱C　教科内容に関する知識・技能

課題 C6　博物館・科学館の展示物や標本を活用して学習ワークショップのプランを開発してみよう

　学校週5日制の導入などを契機に，児童・生徒の学校外での学びの場として，博物館や科学館には期待が寄せられてきました。また近年，「総合的な学習の時間」のみならず，社会科や理科などにおいても，探究的な学びを深める上で，博物館や科学館を利用することの意義が強調されてきています。このように，直接的な連携の可能性が広がっている点からだけではなく，博物館や科学館で展開されているワークショップなどの相互作用的な学びの場のデザインは，学校教育での学びのあり方を問い直す上でも示唆に富んでいます。

　そこで，博物館・科学館の展示物や学術標本を活用して，児童・生徒の深い学習が進むような学習ワークショップのプランを開発して下さい。

（ポートフォリオに残す資料例）博物館の展示物や標本を盛り込んだ学習ワークショップのプラン（解説する展示物の写真，指導計画，思考の手掛かりとなる史料やモノ，ワークシートなど）

▷1　「ハンズ・オン」であることは，「マインズ・オン」な展示を生み出す有効な手段だが，「ハンズ・オフ」であっても「マインズ・オン」な展示を生み出すことは可能である。展示形態にかかわらず，学習者と展示物（モノ）とがどう出会い，モノとの対話をどれだけ深められるか，そのための仕掛けのあり方が問題なのである。

▷2　ここで取り上げるのは，京都大学総合博物館において実施されているワークショップの事例である（大野照文・織谷仁美・たけうちかおる編『『京都大学総合博物館　おとなが学ぶ二枚貝　貝体新書——貝を題材に熟年者が他世代とともに学べる学習プログラムの開発と実践」報告書』21世紀社会教育活性化京都委員会，2006年を参照）。京都大学総合博物館は，日本で最大規模の博物館であり，文系から理系にまたがるさまざまな展示がなされている。また，260万点の学術標本資料が収蔵されている。

① 博物館や科学館での展示のあり方の現在

　博物館や科学館での展示と聞けば，ケースなどで展示物が保護されている展示形態を，多くの人は思い浮かべるでしょう。このように，整理された正しい知識を正しく受け取り，読み取らせることを目的とした伝統的な展示形態（「ハンズ・オフ」）に対して，近年では，じかに展示物に触れて利用してもらうこと（学習者と展示物の相互作用）を通して，学習者が自ら知を組み立てられる「ハンズ・オン」展示という考え方が広がりを見せています。ただし，展示物を操作できるといっても，たんにボタンを押して展示が動くのを受動的に見るとか，資料やレプリカに対して直接的な操作はしても，前もって設定された結論をただなぞっているだけでは，真の意味でのハンズ・オン展示にはなりません。学習者が試して考え，発見するという，能動的な心の動きを誘発する「マインズ・オン」な展示がめざされねばならないのです。

② マインズ・オンな展示の例

　たとえば，「二枚貝」を例に，マインズ・オンな展示（学習ワークショップ）のあり方について考えてみましょう。たとえば，「多くの二枚貝は足から糸を

出して海底にくっついている」といった事実をクイズ形式で伝え，学習者の驚きや納得を引き出したとしても，それは蘊蓄への受動的反応に過ぎません。これに対して，たとえば下記のように，推理することに重点を置く展開にすることで，学習者に能動的な学びが生じることが期待できます。

　二枚貝について学習者が目撃したり経験したりしたこと（「潮干狩りのときに砂に穴が空いていて，そこを掘ると二枚貝が見つかった」「調理の前に砂抜きをしていると殻の間からベロや筒のようなモノが見えた」など）をまず述べてもらい，学習者間で共有する。ハマグリの貝殻とそこに残された痕跡を手掛かりに，また，二枚貝も我々と同じ動物であることをヒントに，神様になったつもりで，呼吸，摂餌，排泄と関連した体のつくりをグループで考える。最後に，グループ間で考えを交流しつつ，図・映像・模型を使って推理を確かめるといった具合です。

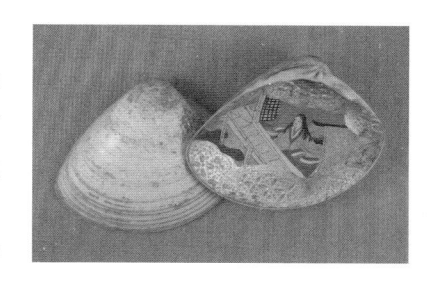

図5.6.1　二枚貝のワークショップで使用されたハマグリの標本

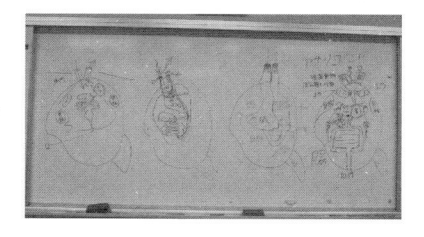

図5.6.2　二枚貝のワークショップで生み出されたグループ作品

3　学習者の知的な探究心に火をつける仕掛け

　上の事例からは，マインズ・オンな展示をデザインする上でのいくつかのヒントが読み取れます。まず，結論（正解）に向けて誘導するのではなく，学習者の自由な推理を中心に据え，学習者が展示物と対話しながら，自分なりの仮説（イメージ）を構成する活動を重視するという点です。また，推理の際にどのような手がかりを与えるのかも重要です。二枚貝のワークショップで，モノとしては貝殻のみを与えることは，考える上で情報不足だと感じる人もいるでしょう。しかし，思考を焦点化し見えないものへの想像力を喚起する上で，具体的な素材の吟味が重要であり，提示するものが少ない方が有効な場合もあるのです。さらに，身近でよく知っているはずの素材であるほど，そこに未知なものや追究の余地が生まれることで，学習者の知的な探究心が喚起されます。

　二枚貝の体のつくりがどうなっているかは，正解だけを知識として提示してしまえば5分もかかりません。しかし，自らの知っていることや経験したことを総動員しながら，貝殻の中身という見えない部分を時間をかけて推理することで，そこに発見が生まれるのです。しかも，そうした推理が，実際の進化の可能性としてありえた，あるいは，実際に存在していることが，ファシリテーターから示されることで，学習者は「正解」へのとらわれから自由になっていきます。博物館や科学館での学びをデザインする経験は，教科書や時間割の制約から離れて，知的探究の面白さを伝えることの意味を再考するきっかけとなるでしょう。

（石井英真）

▶3　大野照文氏（京都大学総合博物館館長）のワークショップでの発言より。

参考文献

小笠原喜康・チルドレンズ・ミュージアム研究会編『博物館の学びをつくりだす——その実践へのアドバイス』ぎょうせい，2006年。

コールトン，T.著，染川香澄ほか訳『ハンズ・オンとこれからの博物館——インタラクティブ系博物館・科学館に学ぶ理念と経営』東海大学出版会，2000年。

加藤公明『子どもの探究心を育てる博物館学習——歴博の展示を使った歴史学習・総合学習の指導法』歴史民俗博物館振興会，2000年。

コラム 5

戦後の教科や総合の指導にかかわる実践記録

1 経験主義と系統主義の間で

　戦後新教育の時代，全国の教室では経験主義の教育が実践され，戦前の生活綴方を継承し「生活と教育の結合」をめざす実践も広がりを見せました。たとえば，大村はま『教えるということ』（共文社，1973年）では，国語科の単元学習で有名な大村が，自身の実践経験をもとに，教師という仕事，「教える」という営みの本質について語っています。また，東井義雄『村を育てる学力』（明治図書，1957年）は，生活綴方実践をもとに，児童の生活に根ざした素朴な考え方や「つまずき」を大切にすることの意味を示しています。さらに，1950年代になって，教育への国家統制が強化される中，斎藤喜博『未来につながる学力』（麦書房，1958年）や同『授業入門』（国土社，1960年）は，教室の事実のリアルな記述を通して，「授業」という営みの創造的な性格と教師の仕事の可能性を示しました。

　戦後新教育批判や学習指導要領が「告示」文書とされたことを背景に，1960年代には，数学教育協議会（数教協），仮説実験授業研究会（仮実研），歴史教育者協議会などの民間教育研究団体が，「科学と教育の結合」をめざして，独自の教科内容の系統案や教材の開発を進めました（教科内容の現代化）。庄司和晃『仮説実験授業と認識の理論』（季節社，1976年）では，仮説実験授業をもとにした理科教育のあり方が示されています。鈴木正気『川口港から外港へ』（草土文化，1978年）では，目に見える事物を手掛かりに，目に見えない科学的な概念・法則の獲得につなげていく社会科の授業が提示されています。なお，こうした民間教育研究団体の成果について知るには，柴田義松編『教科の本質と授業——民間教育研究運動のあゆみと実践』（日本標準，2009年）が参考になります。

2 「わかる楽しい授業」の追求

　1970年代，能力主義的な教育政策の展開の中，「落ちこぼれ」問題が顕在化します。これに対して，岸本裕史『見える学力・見えない学力』（大月書店，1981年）は，「百マス計算」などの基礎学力定着の方法を提起するとともに，児童・生徒の家庭での生活・文化環境に着目する必要性を説きました。仲本正夫『学力への挑戦』（労働旬報社，1979年）は，教材・教具の工夫により，底辺校の生徒たちに「微分・積分」をも楽しく教えられることを事実で示しました。

　また，1970年代から1980年代にかけて，数教協や仮実研も「楽しい授業」を追求するなど，教材・教科内容の価値を児童・生徒や生活の論理から問い直す動きが生まれました。安井俊夫『子どもが動く社会科』（地歴社，1982年）では，歴史の当事者，とくに民衆の視点に立って共感的に理解することで，生徒が歴史的事実を自分の問題として考える実践が紹介されています。阿原成光『お祭り英語楽習入門』（三友社出版，2007年）は，英語学習を，たんなるコミュニケーション技能の学習ではなく，五感を用いて相手と伝え合う人間的な「ことば」の学習として捉える見方を提示しています。

　1980年代半ばには，授業不成立など明日の授業づく

りに悩む教師たちを前に，発問，指示，板書といった授業技術への注目が高まりました。跳び箱を跳ばせる技術を紹介した，向山洋一『跳び箱は誰でも跳ばせられる』（明治図書，1982年）は，日々の実践の中に埋もれた技術を発掘して共有する「教育技術の法則化運動」の出発点となりました。また，有田和正『子どもの生きる社会科授業の創造』（明治図書，1982年）は，児童・生徒が本気になって追究する「ネタ」（教材）を中心に置いた社会科授業づくりを提起しました。

3　学習者を授業の主人公にするために

1990年代，「学びからの逃走」が進行する中で，児童・生徒を真に学びの主人公とすべく，学校での学びの意味を問い直す授業が生まれてきています。大津和子『社会科＝1本のバナナから』（国土社，1987年）は，バナナという身近な素材を出発点に開発教育・グローバル教育を展開する「現代社会」の授業の記録です。加藤公明『わくわく論争！　考える日本史授業』（地歴社，1991年）では，生徒自身が仮説を立てて日本史の謎を追究し討論する授業が展開されています。小寺隆幸『地球を救え！　数学探偵団』（国土社，1996年）は，「関数」という眼鏡を使って，フロンガスによるオゾン層破壊，ゴミ問題といった環境問題に挑戦する数学の授業を提起しています。さらに，吉田和子『フェミニズム教育実践の創造』（青木書店，1997年）では，現代社会の課題にリンクする生徒たちの生活現実から，生徒たち自身が学習課題を設定し探究する家庭科の授業が示されています。

金森俊朗『性の授業　死の授業』（教育史料出版会，1996年）には，生と死のリアリティの回復をめざす小学校での「いのちの学習」の記録が収められています。そして，今泉博『学びの発見　よみがえる学校』（新日本出版，2001年）では，児童の「間違い」をポジティブに捉え，何でも自由に発言できる雰囲気づくりを大切にする授業実践が示されています。これらの実践には，生活教育や生活綴方といった教育実践の伝統が息づいています。

1998年改訂学習指導要領で「総合的な学習の時間」が創設されたことで，総合学習の実践も進展しました。総合学習のあり方について考える上で，和光小学校『和光小学校の総合学習（全3巻）』（民衆社，2000年），大瀧三雄・行田稔彦・両角憲二『育てたいね，こんな学力――和光学園の一貫教育』（大月書店，2009年），小幡肇『そこが知りたい「子どもがつながる」学習指導――なぜ「奈良女子大学附属小学校の子」の学習は深まるのか』（大阪書籍，2007年），堀真一郎『きのくに子どもの村――私たちの小学校づくり』（ブロンズ新社，1994年），伊那市立伊那小学校『共に学び共に生きる（全2巻）』（信州教育出版社，2012年）といった先進校の事例を読み比べてみるとよいでしょう。

4　戦後教育実践史を俯瞰するために

このように日本の教師たちは，実践で直面する課題とその克服のプロセスを実践記録にまとめることで，創造的な教育実践を積み上げるとともに，自ら実践研究の主体にもなってきました。田中耕治編著『時代を拓いた教師たち――戦後教育実践からのメッセージ』（日本標準，2005年），同『時代を拓いた教師たちⅡ――実践から教育を問い直す』（日本標準，2009年）には，戦後日本を代表する教師たちの実践と研究の歩みがコンパクトにまとめられています。

（石井英真）

第Ⅱ部　教師力アップをめざそう！

第6章

柱D　教科等の授業づくりの力量

> 　教師には，児童・生徒が惹きつけられ，集中して効果的に学ぶことができるような授業づくりの力量が求められます。的確な目標を設定し，有効な教材を用意し，明快に話し，様々な指導法を駆使して，児童・生徒の学習を促進する力が必要です。一人ひとりの児童・生徒のニーズに気を配るとともに，児童・生徒同士の交流を学習に活かす工夫も重要です。
> 　教科教育法での模擬授業や教育実習での授業づくり等を通して，魅力的で効果的な授業を実践する力を身につけましょう。

　柱Dで求められているのは，実際に授業を行う力です。教科に関する知識や技能をどれだけ多く身につけていたとしても，それを実際の授業の場面で児童・生徒にうまく伝えることができなければ，教師としての役割を果たすことはできません。よくわかる楽しい授業は，学級づくりをする大きな基盤ともなります。"荒れた"学級を立て直すような教師の多くは，授業で子どもたちを惹きつけるような工夫を様々に凝らしています。そこで，教師を目指す皆さんには，ぜひ，魅力的で効果的な授業を実践できる力を身につけてほしいと願っています。

　まず，友達との交流やクラブ活動，ゼミでの発表など，日ごろの場面においても，相手にわかりやすく明快に説明する力や，上手に相手の話を聞き，豊かな内容を引き出す力，活動の段取りをつける力などを身につけていけるよう，心がけましょう。学校が行っている公開研究会などにでかけたり，書籍や雑誌などに掲載されている実践記録を読んだりして，先輩の先生方が使われている指導方法やそこに体現されている授業観を幅広く学ぶことも意義深いものです。

　さて，一般的に授業は，目標・内容，教材と教具，指導過程と学習形態，評価の四つの要素で分析されます。第5章（柱C）では主として目標・内容と教材・教具について検討しましたので，本章（柱D）では主に指導過程と学習形態，評価について検討していきましょう。大学の授業では，とくに教科教育法や教育実習が柱Dにかかわります。教科教育法では，模擬授業を行うことが求められることでしょう。授業の実践力に不安がある場合は，大学の授業以外でも，教師を志望する学生同士で学習会を計画し，お互いの模擬授業を検討する機会を持つことが望まれます。教育実習では，指導してくださる先生方からできるだけたくさんのことを吸収し，児童・生徒に対して，一人の教師と

第6章　柱D　教科等の授業づくりの力量

表6.0.1　チェックリスト：目標到達の確認指標

□D1	教員としての表現力や授業力，児童・生徒の反応を生かした授業づくり，皆で協力して取り組む姿勢を育む指導法等を身につけている。
□D2	板書や発問，的確な話し方など基本的な授業技術を身に付けるとともに，児童・生徒の特徴を的確に把握し，児童・生徒の反応を生かしながら，集中力を保った授業を行うことができる。皆で協力して取り組む姿勢を育む指導法等を身につけている。
□D3	基礎的な知識や技能について反復して教えたり，板書や資料の提示を分かりやすくするなど，基礎学力の定着を図る指導法を工夫することができる。
□D4	誠実，公平かつ責任感を持って児童・生徒に接し，児童・生徒から学び，共に成長しようとする意識を持って，指導に当たることができる。
□D5	児童・生徒の成長や安全，健康管理に常に配慮して，具体的な教育活動を組み立てることができる。

表6.0.2　ルーブリック：教職課程修了時に求められるレベル

優	児童・生徒の特徴を把握し，それに対応できる様々な指導上の工夫を行って，すべての児童・生徒に効果的な学習を促すような魅力的な授業を実践することができる。
良	児童・生徒の特徴を把握し，それに対応できる様々な指導法を用いて，多くの児童・生徒の集中を途切れさせないような授業を実践することができる。
可	基本的な指導技術を使って，筋の通った1時間の授業を実践することができる。

表6.0.3　ポートフォリオに残す成果資料の例

- 自分が行った授業の記録・録画
  ※録画の際には必ず許可を得ること。
- 学習指導案と振り返りメモ（実践した際の成功点・反省点・改善案を記したもの）
- 板書や工夫した教材の写真，児童・生徒に配布したプリント等
- 指導の成果がうかがわれるような，児童・生徒のノートのコピー等
  ※コピー，撮影などの際には必ず許可を得ること。
- 教育実習ノートの日誌部分のコピー
- 教育実習などにおいて指導教員からいただいたコメント
- 教育実習などにおいて児童・生徒からもらったコメント
- 先行する教科教育の実践事例について，検討するレポート

しての責任を果たせるような授業を実践しましょう。

　ポートフォリオには，自分自身が行った授業の具体的な様子がわかるような成果資料を残しましょう。柱Dについては，自分の授業をビデオで録画できれば最良です。ただし，撮影・録画の際には必ず事前に許可を取ることが必要です。また，特別な許可がない限りは自分自身で見るにとどめ，外部に児童・生徒の個人情報が漏えいしないよう注意してください。その他，学習指導案に振り返りメモ（実践した際の成功点・反省点・改善案を記したもの）を添えたものも，良い成果資料となります。実施した授業については，指導担当の先生や児童・生徒からも積極的にコメントをもらうようにしましょう。

（西岡加名恵）

第Ⅱ部　教師力アップをめざそう！

第6章　柱D　教科等の授業づくりの力量

課題D1　知識・技能を確かめる問題や課題を作ってみよう

> 授業をするにあたって，教師には，子どもたちに取り組ませる問題や課題をつくる力が求められます。とくに重要な教育内容については，教師から説明するだけでなく，子ども自身が問題や課題に取り組む中で身につけさせることが有効です。
>
> 2008年改訂学習指導要領では，学力の要素として，①「基礎的・基本的な知識及び技能」，②知識・技能を「活用して課題を解決するために必要な思考力，判断力，表現力その他の能力」，③「主体的に学習に取り組む態度」の三つが示されることとなりました。そこで，教科の単元を一つ選び[1]，その単元の「基礎的・基本的な知識及び技能」の習得を確かめる問題や課題を作ってみましょう。
>
> （ポートフォリオに残す資料例）作成した問題や課題を書いたシート

▶1　5-C4 参照。

▶2　西岡加名恵「教育評価の方法」田中耕治編著『新しい教育評価の理論と方法』第1巻，日本標準，2002年，33-97頁。

▶3　知識や技能を使いこなす（活用する）ことを求めるような評価方法を総称して，パフォーマンス評価と言う。パフォーマンス課題とは，パフォーマンス評価の方法の中でもとくに複雑な課題のことである。ポートフォリオ評価法もパフォーマンス評価の一種だが，選択回答式のテストを収録する場合もあるため，図6.1.1では，全ての評価方法を破線で囲む形で示している。 6-D2 も参照。

▶4　概念の意味理解を確かめる際には，この他にも，仕組みを描いて説明させる描画法の問題なども用いることができる。

1　学力評価の様々な方法

学力を評価するためには，さまざまな方法が用いられます[2]。図6.1.1においては，評価方法を単純なものから複雑なものまで並べるとともに，筆記による評価と実演による評価に分類しています。

筆記による評価のもっとも単純なものは，「選択回答式（客観テスト式）」の問題です。これは，○か×かで採点できる種類の問題です。もう少し複雑なものは，自由記述式の問題です[4]。さらに，複数の知識や技能を総合して使いこなすことを求めるような複雑な課題を，パフォーマンス課題と呼びます[3]。

実演による評価のやや単純なものは，実技テストです。たとえば，一連の実験を計画・実施・報告することを求めるのがパフォーマンス課題とすれば，実技テストはガスバーナーの操作など，単一の技能を評価する方法と言えるでしょう。実演による評価のもっとも単純なものは，活動の断片的な評価です。発問に対する応答を評価するといったものが考えられます。

幅広い知識や技能を習得しているのかを確かめるのには，筆記テストや実技テストが有効です。一方，複数の知識や技能を総合して活用できるかを確かめるには，パフォーマンス課題を用いることが必要です。

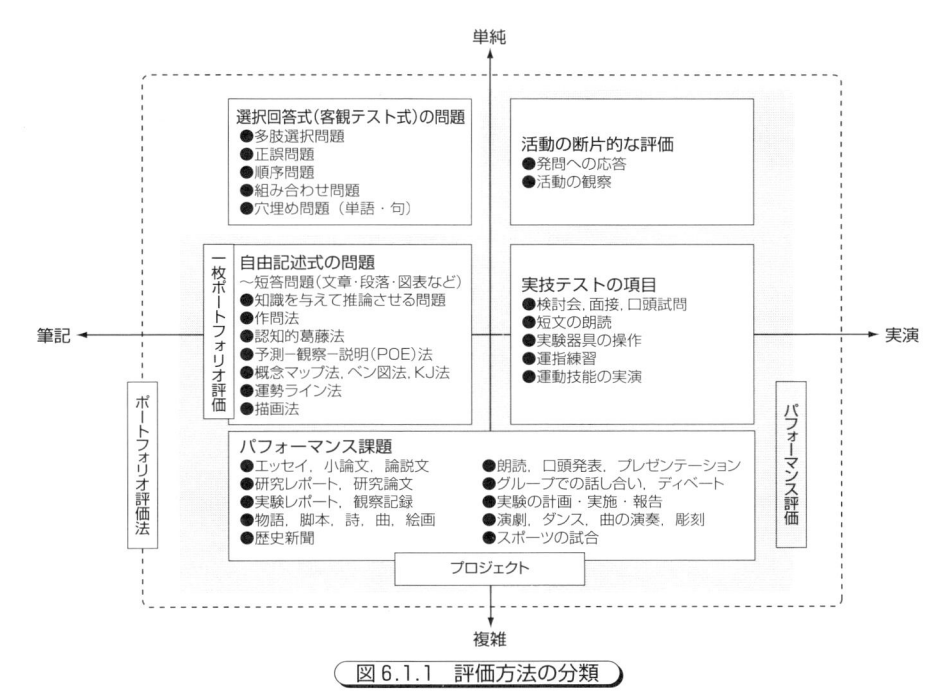

6-D1　知識・技能を確かめる問題や課題を作ってみよう

図6.1.1　評価方法の分類

縦軸：単純（上）／複雑（下）、横軸：筆記（左）／実演（右）

- 選択回答式（客観テスト式）の問題
  - 多肢選択問題
  - 正誤問題
  - 順序問題
  - 組み合わせ問題
  - 穴埋め問題（単語・句）
- 活動の断片的な評価
  - 発問への応答
  - 活動の観察
- 自由記述式の問題
  - 〜短答問題（文章・段落・図表など）
  - 知識を与えて推論させる問題
  - 作問法
  - 認知的葛藤法
  - 予測ー観察ー説明（POE）法
  - 概念マップ法、ベン図法、KJ法
  - 運勢ライン法
  - 描画法
- 実技テストの項目
  - 検討会、面接、口頭試問
  - 短文の朗読
  - 実験器具の操作
  - 運指練習
  - 運動技能の実演
- パフォーマンス課題
  - エッセイ、小論文、論説文
  - 研究レポート、研究論文
  - 実験レポート、観察記録
  - 物語、脚本、詩、曲、絵画
  - 歴史新聞
  - 朗読、口頭発表、プレゼンテーション
  - グループでの話し合い、ディベート
  - 実験の計画・実施・報告
  - 演劇、ダンス、曲の演奏、彫刻
  - スポーツの試合
- プロジェクト

左：一枚ポートフォリオ評価／ポートフォリオ評価法
右：パフォーマンス評価

出所：西岡加名恵「パフォーマンス課題の作り方と活かし方」西岡加名恵・田中耕治編著『「活用する力」を育てる授業と評価　中学校』学事出版，2009年，9頁。

② 概念の理解を確かめる問題を作る

知識の習得を確かめる問題を作る際には、まず、知識の中でもとくに重要なものを見極めておくことが重要です。知識の中には、たんに知っていればよいものもあれば、その意味を理解していなくてはならないものもあります。とくに様々な文脈に転移して用いられるような概念については、重点的に指導すべき目標として見極めるとともに、その理解を確かめる問題や課題を与えることが重要になります。

たとえば、表6.1.1には、筆記テストの問題例を一つ示しています。この問題では、たんに計算ができるかどうかではなく、小数の割り算の意味がわかっているかどうかを確かめようとしています。

③ 技能の習得を確かめる問題や課題を作る

技能の習得を確かめる問題や課題を作る際にも、何をどのようにできれば、その技能を習得したことになるのかを考えることが重要です。たとえば、表6.1.2の問題では、食塩が溶ける様子を写した映像を見て、観察したことをできるだけ詳しく書くことが求められています。授業において観察の技能を指導する際に、現象から一つの事柄だけ捉えられればよいとするのか、それとも現象をなるべく詳しく観察し、記録する能力を育てようとするのかでは、子どもたちに育つ観察の力も変わってくることでしょう。

（西岡加名恵）

表6.1.1　筆記テストの問題例（作問法）

計算がつぎの式であらわされるような問題（文章題）をつくりましょう。
420÷2.8

出所：田中耕治編『日中両国における小学生の数学思考の発達に関する比較研究』科学研究費研究成果報告書，2001年を参考に筆者作成。

表6.1.2　観察の技能を確かめる問題例

太郎さんと花子さんは、水の入ったとうめいな容器の中に、食塩を入れていきます。映像をみて答えましょう。
(1) 映像をみて、食塩の溶け方について気がついたことを、下の□の中にできるだけたくさん書きましょう。

出所：国立教育政策研究所「特定の課題に関する調査（理科）」の調査結果，2007年，12頁。（http://www.nier.go.jp/kaihatsu/tokutei_rika/index.htm）

参考文献

田中耕治『教育評価』岩波書店，2008年。
田中耕治編『よくわかる教育評価　第2版』ミネルヴァ書房，2010年。

第Ⅱ部　教師力アップをめざそう！

第6章　柱D　教科等の授業づくりの力量

課題D2　パフォーマンス課題を作ってみよう

　知識や技能は，バラバラなものとして習得されるだけでは不十分です。それらを自分のものとして使いこなせる状態にするためには，個々の知識や技能が互いに関連づけられ構造化される形で深く理解されていなくてはなりません。
　知識・技能を総合して活用する力を確かめるために有効な評価方法として，近年，パフォーマンス課題が注目されています。そこで，教科の単元を一つ選び，パフォーマンス課題を作ってみましょう。

（ポートフォリオに残す資料例）作成したパフォーマンス課題を書いたシート

▶1　パフォーマンス課題と「知の構造」の対応については，2-2 を参照。6-D1 の図6.1.1も参照。

1　パフォーマンス課題とは何か

　パフォーマンス課題とは，複数の知識や技能を総合して使いこなすことを求めるような複雑な課題です[1]。具体的には，レポートや絵画といった完成作品や，プレゼンテーションや実験のプロセスといった実演が評価されます。表6.2.1の課題①は「読書会（グループでの話し合い）」という実演を評価する課題，課題②は「提言レポート」という筆記の完成作品を評価する課題となっています。
　パフォーマンス課題は多くの場合，単元末のまとめの課題として位置づきます。ただし，指導にあたっては，単元の初めに課題を示して見通しを与えた上で，必要な知識や技能を習得させていく方が有効でしょう。単元においては，課題に取り組むのに必要な知識・技能を徐々に身につけさせた後で，それらを総合することを求めたり，繰り返し類似の課題を与えて質を向上させたりすることとなります。

表6.2.1　パフォーマンス課題の例

①「読書会をしよう」（国語，小学校6年生）
　グループに分かれて，読書会をします。物語を読み，「じっくり考えてみたいなあ」と思ったことや，「友達と話し合ってみたいなあ」と思ったことについて，20分程度，話し合いをしましょう。お互いの発言を生かし合って，読みを深めるような話し合いにできるといいですね。
②「国際シンポジウムで提案しよう」（社会，中学校2年生）
　あなたは，平和を守るための調査や研究をしている政治学者です。ところが，……第一次世界大戦，第二次世界大戦と規模が大きく犠牲者も多く出た戦争が二度にわたり起こったため，世界に向けて「なぜ戦争が起こるのか？　どうすれば戦争を防げるのか？」について提言するレポートを作成することになりました。[模擬国際シンポジウムで意見交換をしたのち，B4用紙一枚のレポートを完成させてください。]

出所：①は宮本浩子「6年生の国語科単元『生きる姿を見つめて　読書会をしよう』——『学習の手引き』とルーブリックの活用」宮本浩子・西岡加名恵・世羅博昭『総合と強化の確かな学力を育むポートフォリオ評価法実践編——「対話」を通して思考力を鍛える！』日本標準，2004年の実践をもとに，筆者作成。
②は三藤あさみ「パフォーマンス課題のつくり方」三藤あさみ・西岡加名恵『パフォーマンス評価にどう取り組むか——中学校社会科のカリキュラムと授業づくり』日本標準，2010年，23頁。

2　「本質的な問い」の入れ子構造

　パフォーマンス課題については，とくに単元の中核に位置する重点目標に対応させて用いることが重要になります。単元の重点目標を見極めるために有効なのが，カリキ

ュラムにおいて存在している「問い」の入れ子構造を捉えることです。

授業づくりにおいては，その授業を貫く主発問を考えることが重要です。各授業の主発問を総合するものとして，単元ごとの「本質的な問い」があります。さらに，単元ごとの「本質的な問い」の根底には，教科や領域・分野等を貫く包括的な「本質的な問い」があります。たとえば，国語や英語といった教科では，「何を，どのように話し合えばよいのだろうか？」という問いが繰り返し問われます。算数・数学や理科であれば，「さまざまな量を，どのように測定すればよいか？」といった問いが，さまざまな単元で問われます。社会科であれば，「私たちはどうすればより良い社会を形成することができるのか？」という問いが一貫して扱われると言えるでしょう。

パフォーマンス課題は，教科や領域・分野を貫く包括的な「本質的な問い」を意識しつつ，単元ごとの「本質的な問い」を考えて作ることになります。表6.2.1の課題①では，「読書会においては，どのように話し合えばよいのだろうか？」，課題②では「なぜ戦争が起こるのか？　どうすれば戦争を防げるのか？」が，単元の「本質的な問い」として設定されています。

❸ パフォーマンス課題のシナリオを作る

パフォーマンス課題を作るにあたっては，単元の「本質的な問い」を明確にしたうえで，その問いが問われるような状況設定をするとよいでしょう。どのようなパフォーマンスを求めているのか（「20分の話し合い」，「B4用紙1枚のレポート」）だけでなく，パフォーマンスのゴール（目的），パフォーマンスにおいて児童・生徒が担う役割，パフォーマンスの相手を明確にしたシナリオを作ると，課題の輪郭がはっきりします。さらに，具体的な評価基準も示しておくと，児童・生徒はそれに照らして自己評価・自己調整しつつ，課題に取り組むことができます。

さらに作成した課題のシナリオについては，「測りたい学力に対応しているか（妥当性：validity）」，「リアルな課題になっているか（真正性：authenticity）」，「児童・生徒の身に迫り，やる気を起こさせるような課題か（レリバンス：relevance）」，「児童・生徒の手に届く課題か（レディネス：readiness）」という視点から再検討し，改善するとよいでしょう。

（西岡加名恵）

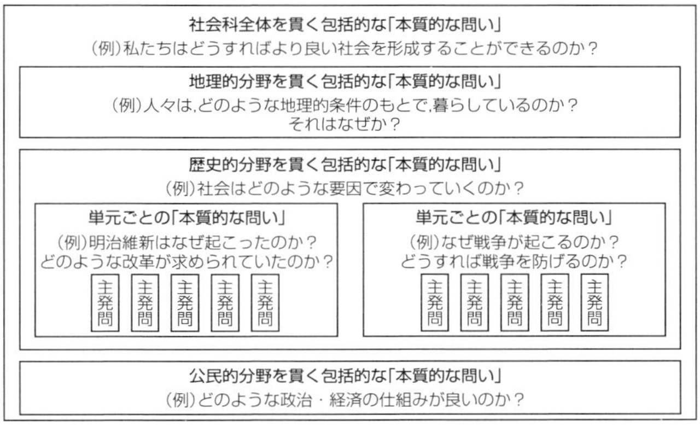

図6.2.1 「問い」の入れ子構造（中学校社会科の場合）

- 社会科全体を貫く包括的な「本質的な問い」
  - （例）私たちはどうすればより良い社会を形成することができるのか？
- 地理的分野を貫く包括的な「本質的な問い」
  - （例）人々は，どのような地理的条件のもとで，暮らしているのか？それはなぜか？
- 歴史的分野を貫く包括的な「本質的な問い」
  - （例）社会はどのような要因で変わっていくのか？
  - 単元ごとの「本質的な問い」
    - （例）明治維新はなぜ起こったのか？どのような改革が求められていたのか？
    - 主発問｜主発問｜主発問｜主発問
  - 単元ごとの「本質的な問い」
    - （例）なぜ戦争が起こるのか？どうすれば戦争を防げるのか？
    - 主発問｜主発問｜主発問｜主発問
- 公民的分野を貫く包括的な「本質的な問い」
  - （例）どのような政治・経済の仕組みが良いのか？

▷2　ウィギンズ，G.／マクタイ，J.著，西岡加名恵訳『理解をもたらすカリキュラム設計――「逆向き設計」の理論と方法』日本標準，2012年参照。

▷3　「連載　思考力・判断力・表現力を育てるパフォーマンス課題」『指導と評価』図書文化，2011年10月号～2012年3月号を参照。

▷4　ゴール（目的：Goal），役割（Role），相手（Audience），状況（Situation），完成作品・実演（Product／Performance），スタンダード（基準：Standards）を考えるので，GRASPSと覚えておくことができる（ウィギンズ／マクタイ，前掲書）。

参考文献

田中耕治編著『パフォーマンス評価――思考力・判断力・表現力を育む授業づくり』ぎょうせい，2011年。

西岡加名恵編著『「逆向き設計」で確かな学力を保障する』明治図書，2008年。

西岡加名恵・田中耕治編著『「活用する力」を育てる授業と評価　中学校』学事出版，2009年。

第6章　柱D　教科等の授業づくりの力量

課題D3　学習指導案を書こう

教育実習に行くと必ず求められるのが、学習指導案を書き、実際に授業をするということです。あなたが教える教科の単元を一つ選び、その学習指導案を書いてみましょう。その際、その単元の中の授業の一つについて、詳細な指導計画を立ててみましょう。

（ポートフォリオに残す資料例）作成した学習指導案

1　事前の情報収集とアポイントメント

▷1　5-C4 参照。

教育実習で担当する単元については、事前に確認して、実習前にできるだけ教材研究などの準備を進めましょう。学習指導案の書き方は、学校によってさまざまに工夫されています。その学校で指定された学習指導案の形式がある場合は、それにしたがって学習指導案を書くことになります。

教育実習に行くと、通常、授業参観の機会が与えられます。その学校・先生の学級づくりや授業づくりの創意工夫を学ぶとともに、学級の児童・生徒の状況を把握し、学習指導案づくりに生かしましょう。担当する学級の座席表を作成したり、班の構成や係・委員の役割などを把握したりしておくことも重要です。

▷2　参観の機会がない場合も、事前に、指導担当の先生から、普段の指導の進め方や児童・生徒の様子などについて伺っておくとよい。

指導担当の先生には、学習指導案の指導をお願いしてアポイントメントを取り、指導を受けましょう。疑問点や不明な点については率直に、ただし失礼にならないように注意しつつ、質問しましょう。授業で用いることのできる教材・教具の有無や取り扱い方法などについても、確認しておくことが必要です。

2　単元の目標と評価方法、指導計画を考える

▷3　5-C1 参照。

ここでは、学習指導案の基本的な書き方の一例を紹介しましょう（図6.3.1）。

学習指導案においては、まずタイトル「○○科学習指導案」と授業者名を明示します。教育実習の場合は、授業者名の上に、指導教員名を記載します。

▷4　指導の前に児童・生徒の実態をつかむために行う評価を「診断的評価」、指導の途中で行い指導の改善につなげる評価を「形成的評価」、指導の締めくくりに到達点と課題を把握するために行う評価を「総括的評価」と言う。

次に、指導する日時・学級・場所、単元名、単元の目標や評価規準を書きます。2001年改訂指導要録において「目標に準拠した評価」が導入されて以降、観点別の「評価規準」を明示することが一般的になっています。「評価規準」だけでなく、対応する評価方法も示しておくと、単元末の総括的評価が明確になります。

6-D3 学習指導案を書こう

社会科（歴史的分野）学習指導案

指導教員　　○○　○○
授業者　　　○○　○○

1．日時・学級・場所　　○○月○○日（○）　○校時　○年○組　教室
2．単元名　　近代の日本と世界
3．単元の目標
　＜学習指導要領の内容＞
　○欧米諸国における市民革命や産業革命，アジア諸国の動きなどを通して，欧米諸国が近代社会を成立させてアジアへ進出したことを理解させる。
　○開国とその影響，富国強兵・殖産興業政策，文明開化などを通して，新政府による改革の特色を考えさせ，明治維新によって近代国家の基礎が整えられて，人々の生活が大きく変化したことを理解させる。
　○自由民権運動，大日本帝国憲法の制定，日清・日露戦争，条約改正などを通して，立憲制の国家が成立して議会政治が始まるとともに，我が国の国際的地位が向上したことを理解させる。
　○我が国の産業革命，この時期の国民生活の変化，学問・教育・科学・芸術の発展などを通して，我が国で近代産業が発展し，近代文化が形成されたことを理解させる。
　＜重点目標＞
　◎本質的な問い「明治維新によって日本社会はどのように変化したのか。明治維新後の日本において人々が幸福で平和に暮らせる社会を築くには，どうすればよかったのか。」
　◎理解させたい内容「明治維新という政治改革の背景には，欧米における市民革命，産業革命とアジアへの進出からの影響，貨幣経済発展を想定していない幕藩体制や年貢制度の矛盾など国内外の様々な要因があった。
　　また日本が近代国家として国際的地位を向上するために，積極的に欧米文化を摂取し，廃藩置県，富国強兵政策，殖産興業，地租改正，学制の公布など様々な改革を行った。その結果工業のめざましい発展や身分制度の廃止，民主政治の発展など正の側面がみられた反面，公害や労働問題の発生，帝国主義萌芽による大陸進出など負の側面もあらわれた。」

4．単元の評価規準

社会的事象への関心・意欲・態度	社会的な思考・判断・表現	資料活用の技能	社会的事象についての知識・理解
明治維新の経緯と富国強兵政策の進展，その中での人々の生活の大きな変化に対する関心を高め，意欲的に追究している。	明治維新の経緯と富国強兵政策の進展，その中での人々の生活の大きな変化について，多面的・多角的に考察し，公正に判断して，その過程や結果を適切に表現している。	1．文献，絵画，統計・グラフなど様々な資料を正確に読み取ることができる。 2．文献，絵画，統計・グラフなどの様々な資料を収集し，適切に選択して活用している。	下記のことを知り，理解している。 1．日本の開国の背景とその影響。 2．明治維新の背景，経緯と意義（近代国家の基礎が整えられた）。 3．近代化を進めた日本の国際的地位の向上と大陸との関係のあらまし。 4．日本の近代産業の発展とその中での国民生活の変化。近代文化の形成と文化の大衆化。

Cf. 国立教育政策研究所「評価規準の作成，評価方法等の工夫改善のための参考資料（中学校 社会）」
　　（http://www.nier.go.jp/kaihatsu/shidousiryou.html）

5．総括的評価の方法

パフォーマンス課題	筆記テスト
時は1901年，20世紀の始まりです。あなたは明治時代の新聞社の社員たちであり，社会が大きく変化してきた明治維新を記念する社説を書くことになりました。社説は，当時を生きる人々（政治家，産業界の人々，文化人，一般の人々）に向けた新聞社からのメッセージです。話し合いの内容や今までの学習を振り返り，今後の改革のあり方について重要だと考えることを提案してください。	・市民革命，産業革命，明治維新の内容や大陸進出への経緯などに関する事項の意味の理解，定着を測る。 ・グラフや史料の読み取りから資料活用の技能を測る。 ・事象に関する説明の記述で思考力・判断力・表現力を測る。

図 6.3.1①　学習指導案の例（一部）（1頁目）

出所：三藤あさみ教諭提供。

6. 単元設定に関する考察

（1）教材の研究

中学校社会科については、「幸福と平和とは何か。どうすれば、平和で幸福な社会を築けるのか」という問いを持って学ばせたいと考えている。そのために歴史的分野では、「社会はどのような要因で変わっていくのか。どのように社会を変えていけばいいのか」について考えさせたい。

本単元は、二学年の夏休み前に歴史的分野後半の初めの内容として扱う。「明治維新」という教材は、今までに存在しなかった政治制度、経済のしくみ、生活文化の変化に対して日本人がどのように状況を受け入れて努力したのかが明確になるところである。

本単元の本質的な問いとして、「なぜ明治維新は起こったのか。人々は明治維新後の日本をどのように築こうとしたのか」を意識させ、多面的・多角的に考えさせたい。その際、近代国家の基礎となった明治政府についてのあらましを理解させるとともに、日本が開国後に世界の情勢に一挙に飲み込まれながらも、いかに国家をつくりあげていったのかということを学習する。近代化が進む欧米諸国との対等な交流を模索するなかで、近隣諸国への帝国主義的な支配へとつながったことなども理解させたい。

また、本単元は、来年度に学習する公民的分野にも関連している内容を含んでいる。様々な国内の混乱をも乗り越えて築かれた制度は、現代社会の政治や社会に受け継がれ、基礎となっている部分に気づくことができるように進めたい。

（2）教育方法の研究

世界の情勢を鑑みて日本がどう歩もうとしていたのか、またどうするべきだったのかなど史実の理解を通して思考を深めることのできる単元である。近代化を推進していた日本の方針が他の国にはどう受け止められていたのかなど多角的に考えられる場面も含んでいる。

このことからこの単元を通して常に本質的な問い「明治維新によって日本社会はどのように変化したのか。明治維新後の日本において人々が幸福で平和に暮らせる社会を築くには、どうすればよかったのか」について考えさせながら学習を進めるようにしたい。これによって、一つ一つが単発的に起きているように解釈される歴史的事象を日本の近代化の流れの一部として関連づけてとらえることが可能になるだろう。また、本質的な問いに対する答えを含むレポート執筆（パフォーマンス課題）に取り組ませることで学習者一人一人の学びの状況を評価し、個々に応じた指導をすることも可能になるだろう。

（3）生徒の実態

知的好奇心が強く、新しい内容に意欲的に取り組もうとする生徒が多い。しかし歴史的事象をあらわす語句の直接的な意味を理解すれば知識が定着したと考えて安心してしまう姿勢がみられる。事象に対して自分なりの見方を表現したり、他者とは違う考え方を見いだそうとすることにはやや消極的な傾向が見られる。

歴史的事象は立場や見方によってとらえ方が大きく変わる場合がある。また様々な立場から想像してみることでより学習者の社会を見る視野を広くすることができると考えている。様々な国や人々の立場などから多角的に考えられるような投げかけをして、学習者の思考力を育成する機会ともしたい。

7. 単元の指導計画…全19時間

次・項目	項目における本質的な問い	時	学習目標
第Ⅰ次 導入	明治維新について知っていること、知りたいこと	第1時	本単元の本質的な問いとパフォーマンス課題を理解する。
第Ⅱ次 開国	なぜ黒船はやってきたのか？ 日本はなぜ開国という決断をしたのか？	第2～3時 第4～5時 第6～7時	市民革命の意義と内容を理解する。 産業革命の意義と内容を理解する。 外圧により決断をせざるを得なかった状況と経緯を理解する。
第Ⅲ次 明治維新のはじまり	明治政府の改革は何をめざしたのか	第8時 第9時 第10～11時	明治維新の経緯のあらましと目的を理解する。 模擬「建白書作成会議」を行って、改革への提案を行うことのイメージをつかむ。 明治政府の行った改革の内容と意義を理解する。
第Ⅳ次 明治維新の光とかげ	なぜ自由民権運動は始まったのか 日清・日露戦争の目的は何か	第12時 第13～14時	民主化を望む運動と大日本帝国憲法制定までの経緯を理解する。 大陸進出の目的を国際的な背景から理解する。
第Ⅴ次 近代産業の発展と新しい文化の影響	産業の発展は人々の生活をどのように変化させたのか	第15～16時 第17時	産業発展とそれに伴う社会問題の発生の経緯を理解する。 新しい文化が取り入れられ、発達し大衆化していったことに気づく。
第Ⅵ次 パフォーマンス課題	明治維新によって日本社会はどのように変化したのか。明治維新後の日本において人々が幸福で平和に暮らせる社会を築くには、どうすればよかったのか。	第18～19時	本質的な問いに関して「今後の改革のあり方について重要だと思うこと」を中心に据えて提案するレポートを「社説」という形で書き、思考を深める。

図6.3.1② 学習指導案の例（一部）（2頁目）

出所：三藤あさみ教諭提供。

8. 本時の学習目標・評価規準と展開
第Ⅱ次（第6時）

学習目標
・市民革命や産業革命を経た欧米諸国のアジアへの進出を背景に，開国とその影響について理解させる。

評価規準
・欧米諸国のアジアへの進出を背景に，我が国の開国とその影響を理解し，その知識を身に付けている。

	学習活動	具体的な指導内容	留意点・形成的評価の実際 ○形成的評価とその方法 ☆レベルBを実現していない学習者への手だての例
導入 10分	・本質的な問いを心がけて学習することを理解する。 ・配布されたワークシートの左半分（①）は先生の話を聞きながら時代の経過を追って自分の必要に応じてメモをとることを理解する。 また，右半分（②，③）は指示があったときに考えをまとめて記入することを理解する。 江戸時代の輸送に使われていた菱垣廻船などは弁才型船が使われていたことを教科書の写真などで確認する。 ワークシートの①の記入欄に黒船を初めて見た人の立場になって気持ちを書く。 予想される内容： 「びっくりした」「日本人と顔が違う！」「何で来たんだろう」「珍しいなあ」「貿易したらもうけられるかな」など	**学習のねらいを確認する** この単元の本質的な問い「日本はなぜ開国という決断をしたのか？」について確認する。 ワークシートを配布して利用の仕方を確認する。 左半分は先生の話を聞きながら時代の経過を追って自分の必要に応じてメモをとることを理解させる。 また，右半分は指示があったときに考えをまとめて記入することを伝えておく。 **興味をもたせる** 黒船と日本の弁才型の船の写真や絵または模型を準備する。（教科書の資料でも良い） 弁才型の船を見せて江戸時代の一般的な輸送手段の船だったことを知らせる。 大きさが対比できるような黒船を見せて「初めてこれを見た人たちはどんな気持ちになっただろうか」と問いかける。 気持ちが想像できたら，ワークシートの①の記入欄に黒船を初めて見た人の立場になって気持ちを書くように伝える。 何人かに指名して答えさせる。 （小学校の知識があればほとんどの生徒が答えられるところなので，取り組みやすいはず） さらに，日本にはない蒸気船であり，大きさのみならず技術的にも圧倒されるものであったことを伝える。	☆机間指導の際，ワークシートの使い方が理解しきれていない生徒を指導する。 ○観察 どんなところに興味をもっているのか把握する。 黒船を見た人の身分や性別など細かなキャラクターにはこだわらず，自分が一番想像しやすい人でよいことを伝えておく。 意見があまり出ない場合や同じ種類の意見に偏った場合，資料集や教科書を活用して狂歌「泰平の眠りをさます蒸気船…」の蒸気船の技術は当時は最新で日本にはなかったものであることを伝える。 また（幕府が）夜眠れなくなるほど苦しんだのはなぜかなど，狂歌の意味を考えさせる。 あるいはペリーの顔が当時の瓦版には恐怖心の表れで怖い顔に描かれていることがわかる資料を提示し，肖像画のペリーと比較して当時の人たちの気持ちを想像するように促す。**（クラスの状況に応じて順番を変えたり，発言の場面を増減する）**
展開1 3分	**問いを聞いて考えたり，思ったことを発言しながら学習を進める** 1　産業革命の影響で欧米の諸国はアジアとの貿易を考えて接近していた。ペリーもその一環でやってきた。 アメリカは初めは捕鯨船に給水などを求めたことを理解する。	**開国の要因を理解させる** 発問1　ペリーはなぜ日本にやってきて開国を迫ったのだろう。	教科書や資料集でペリーの航路を見せて確認する。 問いかけに答える生徒の発言を生かしながら，説明をしていく。 産業革命により，欧米諸国は市場を求めてアジアに進出していたことを確認しながら説明する。 オランダとは鎖国中も交流があったことを確認しておく。

図 6.3.1③　学習指導案の例（一部）（3-4頁目）

出所：三藤あさみ教諭提供。

▷5　教科教育法などで学んだ教育方法の工夫については，指導教員の先生と相談しつつ取り入れること。

▷6　パフォーマンス課題を取り入れる場合は，パフォーマンス課題に取り組むのに必要となる知識や技能を身につけさせた上で総合させたり，繰り返し類似の課題に取り組ませて練り直させたりすることができるよう，学習課題を計画的に配置することが求められる。

▷7　授業のメリハリをつけるためには，展開部分も三つぐらいに区分し，10～15分ぐらいで学習活動の種類が変わるようにすることも有効である。

▷8　時間が余ったときに取り組む活動や，時間が足りないときに省く活動も考えておくとよい。

▷9　実際の授業では，学習指導案を読むわけにはいかないので，ポイントだけ書いたメモの形で用意する方がよいだろう。しかし，最初の学習指導案づくりでは，一言一句，シミュレーションしながら書いてみることで，指導言を練ることが有効である。

▷10　6-D4 参照。

▷11　形成的評価については，どのような方法で，何人ぐらいの学習者を対象として行うのか，実行可能性も踏まえて考えておくことが重要である。

▷12　大西忠治『授業つくり上達法』民衆社，1987年，124-127頁。

単元の目標や評価規準・評価方法を考える際には，その単元で扱う教材，工夫して取り入れたい教育方法，指導の対象となる児童・生徒の特徴などを考慮することが必要です。研究授業や評価授業の指導案については，多くの場合，どのような点を考慮したかについての考察を書くよう求められます。

単元の指導計画においては，全何時間の単元なのか，いくつの項目に分けられるのか（「第○次」），それぞれに何時間が割り当てられ，どのような目標をめざして指導するのかを明示します。

３　本時の指導計画を立てる

指導を担当する授業については，とくに詳細な指導計画を立てることが必要です。「本時」の目標や評価規準を確認するとともに，具体的な学習活動と指導についての計画を表にまとめます（図6.3.1③）。「導入」・「展開」・「まとめ」のそれぞれの部分において何をするのか，どのような時間配分をするかを考えることが必要です。

授業において，児童・生徒は，「教師の説明を聞く」「資料を見る，読む」「教師の発問に答える」「ノートやプリントに記入する」「共同で作業をする」「グループやペアで話し合う」「学級で話し合う」「ロールプレイをする」など，さまざまな学習活動に取り組みます。目標をもっとも効果的に達成できる学習活動は何かを考え，時間配分を考慮しつつ，配列しましょう。

教師としてのあなたが何をするかについても，できるだけ具体的に考えておくことが重要です。教師の指導言については，発問，説明，指示，助言に大別できます。授業の焦点をはっきりさせるためには，その授業における主発問を明確にすることが有効です。児童・生徒が何をすればよいのか戸惑わないよう，「今，どういう行動をとってほしいのか」を明確に伝える指示を計画しましょう。説明については，長すぎると退屈な授業になります。重要なことだけ，明瞭かつ端的に説明するようにしましょう。机間指導をしながら，必要に応じて助言することも求められます。

板書には，①授業内容を順に説明しながら，要点を体系的・系統的に書いていく方法，②児童・生徒の発言や表現をそのまま，または要点にして書いていく方法，③授業の要素を構造的に配置し，それぞれの要素の全体の中での位置や意味を明らかにしていくという方法などがあります。授業のどの部分でどの板書を行い，全体をどのような構造で整理するかについて考えて，板書計画を立てておくことが重要になります。

その他，学習指導案においては，準備物を明示するとともに，児童・生徒に配布するワークシートがあれば添付しておきましょう。

6-D3　学習指導案を書こう

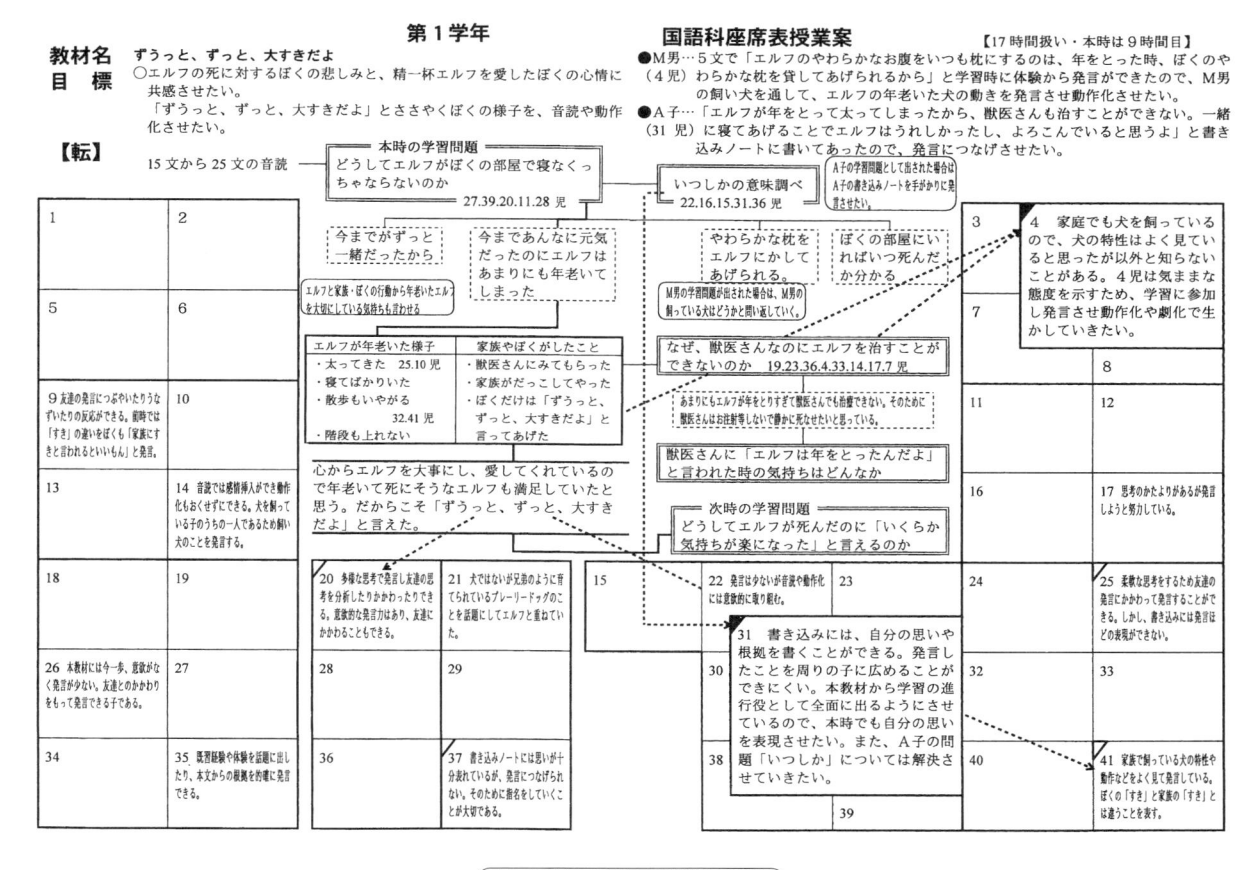

図6.3.2　座席表授業案の例

出所：上田薫・静岡市立安東小学校『安東小発　個を見つめる授業』明治図書，1999年，58-59頁。

4　児童・生徒の実態から構想する学習指導案

　授業には，教師が伝えたい内容を伝える側面と，児童・生徒の実態から出発する側面があります。後者を強調する学校では，一人ひとりの児童・生徒の特徴や発想などを「座席表」に整理し，それを「授業案」（学習指導案）として用いる方法が考案されています（図6.3.2）。

　学級にいる児童・生徒のさまざまな発言のやりとりによって思考を深めていく「集団思考」は，日本の授業づくりの優れた特徴です。どのような学習指導案の形式を用いるにせよ，児童・生徒からどのような発想が生まれてくるかを予想し，それらを活かしながら授業を進める方法を考えることが重要です。

（西岡加名恵）

▷13　吉本均『思考し問答する学習集団——訓育的教授の理論（増補版）』明治図書，1995年，113-123頁。

参考文献

大西忠治『授業つくり上達法』民衆社，1987年。

田中耕治編『よくわかる授業論』ミネルヴァ書房，2007年。

藤岡信勝『授業づくりの発想』日本書籍，1989年。

吉本均『授業成立入門——教室にドラマを！』明治図書，1985年。

吉本均『続授業成立入門——「呼びかける」指導案の構想』明治図書，1988年。

第6章 柱D 教科等の授業づくりの力量

課題D4 参加型の授業を考案しよう

近年，すべての児童・生徒が惹きつけられ，活発に思考・発言しているような参加型の授業の重要性が指摘されています。教師から一方向に説明するだけの授業，または一部の児童・生徒だけが指名され，発言するだけの授業では，参加型の授業にはなりません。すべての児童・生徒を惹きつけ，思考を促す授業とするために，発問や指示，グループ学習などの工夫を取り入れた学習指導案を作ってみましょう。

(ポートフォリオに残す資料例) 作成した学習指導案

1 発問プラス指示

まず，課題D3で作った学習指導案について，再検討してみましょう。学級に40人の生徒がいるとして，あなたの立てた指導計画においては，40人の生徒が行う活動がつねに明確になっているでしょうか。たとえば，発問して，指名して，あたった生徒が答えるという繰り返しで授業が構成されている場合，あたった生徒以外は授業に参加しないままに終わってしまう危険性があります。

全員が参加する授業づくりのための工夫として，まず挙げられるのが，発問に続けて指示を出すことです。たとえば，「これを見て，どのようなことに気づきますか？」という発問の後，「気づいたことをノートに書きなさい」「気づいたことについて，ペアで話し合いなさい」といった指示を出せば，それぞれの児童・生徒が活動に取り組むこととなります。

▷1 藤岡信勝『授業づくりの発想』日本書籍，130-134頁。

▷2 森脇健夫「社会科発問論の展開」柴田義松ほか編『社会科授業づくりの展開』日本書籍，1994年，51-82頁。

▷3 ジョンソン，D.W.／ジョンソン，R.T.／ホルベック，E.J.著，石田裕久・梅原巳代子訳『学習の輪――学び合いの協同教育入門（改訂新版）』二瓶社，2010年，108-123頁。

表6.4.1 発問の分類

(1) 限定する発問（しぼる発問）：(例)「これはなぜだったのだろう？ ここの記述に注目して，考えよう。」「『なぜだったのだろう？』という漠然とした発問に対し，『ここの記述に注目して』という形で限定がかけられている。」

(2) 関連させる発問（ひろげる発問）：
- 「選別・確認」型の発問：(例)「この問題の解き方がわかる人は？」
- 「二者択一」型の発問：(例)「正しい答えは，A・Bのどちらでしょうか？」
- 「完成法」型の発問：(例)「空欄の中に入る用語は何ですか？」
- 「内容関連」型の発問：(例)「両者の間に見られる類似点／相違点は何でしょうか？」「何が原因／結果・帰結でしょうか？」「まとめると，どういうことが言えるでしょうか？」
- 「具体関連」型の発問：(例)「このことは，具体的には，どういうことでしょうか？」「このことは，あなたの生活にどう関連していますか？」

(3) 否定する発問（ゆさぶる発問）：(例)「このような考え方は，本当に正しいのでしょうか？」「この解き方は，なぜ間違いだと言えるのでしょうか？」

出所：分類の名称については，吉本均『思考し問答する学習集団――訓育的教授の理論（増補版）』明治図書，1995年，117-123頁に依拠。ただし，例については筆者が作成。

児童・生徒の思考を深めるためには，発問を熟考することが重要です。表6.4.1に，発問の分類の一例を示しました。思考を深めるためには，「内容関連」型・「具体関連」型の発問や「否定する発問」が重要だと指摘されています。しかし，思考を深める前提となる知識を確かめるために，「限定する発問」や「選別・確認」型の発問などが有効な場合もあるでしょう。「二者択一」（「三者択一」）型の発問であれば，選択肢のうち正しいと思うを選ぶことにより，その根拠を考える思考を促しやすいという指摘もあります。授業の場面に応じて，様々な発問を組み合わせて用いることが重要です。

② 協同学習

近年，児童・生徒全員が参加することを可能にする一つの手法として，協同学習が注目されています。協同学習は，たんなるグループ学習ではなく，互恵的な協力関係を生み出し，個人の役割責任を明確にし，メンバー間の相互作用を促進し，社会的スキルを身につけさせ，グループの改善手続きを進めることが重視されます。表6.4.2には，協同学習を実践するための教師の役割を示しています。

グループの編成に際しては，グループの形態（フォーマル，インフォーマル，ベース），大きさ（通常2～6名），特性（同質グループか異質グループか）を決める必要があります。フォーマル・グループは長期にわたって課題に取り組むために編成されるグループであり，インフォーマル・グループは授業ごとなど短時間一緒に活動するグループです。またベース・グループは，1学期や1学年にわたって，つねに一緒に活動するグループを指します。

グループで協力してこそ達成できるような，適切な学習課題を用意することも重要です。児童・生徒が取り組む活動としては，話し合い，教え合い，問題解決，図解，文章作成などが考えられるでしょう。なお，学習課題に取り組む際の手順も，明確に構造化しておかなくてはなりません。

協同学習に取り組むにあたっては，児童・生徒に趣旨や意義を説明したり，雰囲気づくりをしたりする必要があります。活動の全体像や目的・手順を説明するとともに，イメージを与えるための例を示すことも求められます。グループ活動のルールを確認したり，時間制限を調整したりすることも重要です。

児童・生徒がグループ活動をしている際には，各グループの様子を観察し，必要に応じて支援を与えます。また，締めくくりには，まとめや振り返りの時間を十分に取りましょう。

（西岡加名恵）

表6.4.2 協同学習を実践するための教師の役割

1. 授業前の決定
- 目標
- グループのサイズ
- 役割の割り当て
- 教室の配置
- 教材準備

2. 課題と協同の組み立て
- 教科の学習目標の明示
- 互恵的協力関係の説明
- 個人の役割責任の説明
- 期待される行動の具体化
- グループ間の協同を仕組む

3. 観察と指導
- 対面しての活動を計画
- 相互作用の促進
- 生徒の相互作用を観察
- 課題達成の改善を指導
- チームワークの改善を指導
- 授業を締めくくる

4. 評価と改善計画
- 生徒の学習を査定
- 適宜，評価を与える
- グループ活動の過程を組み立てる
- グループへの貢献を賞賛する

出所：ジョンソンほか，2010年，31頁。

▶4 バークレイ，E.F.／クロス，K.P.／メジャー，C.H.著，安永悟監訳『協同学習の技法──大学教育の手引き』ナカニシヤ出版，2009年。

参考文献

大西忠治『発問上達法』民衆社，1988年。

吉本均『思考し問答する学習集団──訓育的教授の理論（増補版）』明治図書，1995年。

ジョンソン，D.W.／ジョンソン，R.T.／ホルベック，E.J.著，石田裕久・梅原巳代子訳『学習の輪──学び合いの協同教育入門（改訂新版）』二瓶社，2010年。

第Ⅱ部　教師力アップをめざそう！

第6章　柱D　教科等の授業づくりの力量

課題D5　授業（模擬授業）をしよう

　課題D3・D4で作った学習指導案をもとに，実際に授業（模擬授業）をしてみましょう。可能な場合には，自分の授業を録画して見てみましょう。授業後には，指導教員の先生や授業を受けた児童・生徒（模擬授業を受けた学生）からのコメントも踏まえつつ，うまくいったこと，いかなかったことを振り返り，改善の方策を考えましょう。

（ポートフォリオに残す資料例）振り返りを書き込んだ学習指導案，指導教員の先生や児童・生徒からもらったコメント用紙，授業を録画したDVDなど

① 予行練習をする

　学習指導案を作成したら，実際に声を出し，板書しながら予行練習をしておくことが重要です。目の前に児童・生徒がいるとイメージしつつ，授業開始の挨拶から，実演してみましょう。「〜について説明する」などと学習指導案に書いてある場合は，実際にどのような説明をするのか，やってみると，指導言の詳細を詰めておくことの必要性がよくわかります。板書については，事前に児童・生徒の側から黒板を見ておき，適切な文字のサイズを考えて，丁寧に，また誤字のないように書く練習をしておきましょう。

② 授業を実践する

　いよいよ教壇に立つ日を迎える際には，何よりも体調管理に努めることが必要です。生活のリズムを崩さず，余裕をもって臨みましょう。

　授業では，落ち着いて，わかりやすく話すことが重要です。児童・生徒に向かって，「しっかり伝えよう」という意識を持って発声しましょう。

　非言語的コミュニケーション（ボディ・ランゲージ）も，授業において大きな役割を果たします。丁寧に板書することは重要ですが，黒板の方だけを見て，児童・生徒が見えなくなるということがないよう，注意しましょう。児童・生徒の一人ひとりと目線を合わせることを意識しましょう。

　授業の途中で，児童・生徒の学習の進捗状況を把握する形成的評価を意識的に行うことも重要です。適宜，机間指導を取り入れ，児童・生徒が学習についてきているか，確認しましょう。

　授業においては，かならず予想外のことが起こります。できるだけ様々な状

▷1　教科書を読む際にも明瞭に読めるよう，発声練習や範読の練習をしておくことも役立つ。また，授業を進める際に，児童・生徒の名前を呼ぶことには大きな意義がある。読み仮名をつけた座席表を用意し，どのような順で児童・生徒を指名するかなどについても，具体的に考えておこう。

▷2　目をそらす，視線を泳がせるといった態度からは，自信のなさが伝わってしまう。逆に，横柄な態度，気取った態度，見下す態度でも信頼を失ってしまう。

▷3　よくできる児童・生徒，平均程度の児童・生徒，理解に時間のかかる児童・生徒，といった学力の違いに配慮することが重要である。学力層ごとに抽出児を選び，意識的にノートやワークシートの記入を確かめることも有効である。

6-D5　授業（模擬授業）をしよう

表6.5.1　模擬授業を評価するためのルーブリックの例（社会科教育法の場合）

レベル ＼ 観点	A．ストーリーのある授業展開	B．魅力的なパフォーマンス	C．準備の緻密さ	D．グループワーク	E．授業後の振り返り
よっ！名人芸！！（特優）	「優」の条件に加え、わくわくする上に、「眼から鱗が落ちる」ような発見のある授業となっている。（　）（　）	「優」の条件に加え、生徒の多彩な反応に対し、臨機応変に対応できる。笑いを取るなど、ぐっと関心を引く語り口。（　）（　）	「優」の条件に加え、教材や指導法に関して独自の調査を行い、独特な工夫が計画されている。（　）（　）	「優」の条件に加え、各自の違いや対立をも乗り越え、新しい発想を生み出している。深い相互理解がある。（　）（　）	「優」の条件に加え、改善案が学習指導案に書き加えられている。設定された次の目標に対応した努力を始めている。（　）（　）
すばらしいっ！（優）	目標が明確に焦点づけられて設定されており、それに対応する主発問がある。魅力的な導入、展開と続き、まとめではそれらが総合されて納得のいく結論が出る。（　）（　）	はきはきとした魅力的な語り口。教室にいるどの生徒も「先生が見てくれている」と感じられるような目線の動き。板書は、字も美しく、わかりやすい構成。（　）（　）	学習指導案の導入・展開・まとめが的確に計画されている。指導言や板書、教材などが、緻密に計画されている。生徒の多彩な反応も想定し、対応策を考えている。（　）（　）	各自がそれぞれの知見、発想やこだわりを活かし合っている。熱心に話し合いがなされ、適切な役割分担がなされる。（　）（　）	自己評価、相互評価、ビデオなどの資料にもとづき、的確な振り返りが行われ、次の目標が具体的かつ明確に設定されている。（　）（　）
満足のいく出来ですね。（良）	目標が明確に設定されており、対応する発問が用意されている。授業中、納得のいく説明が行われる。（　）（　）	よく聞こえる声ではっきりと話す。目線にも気を配っている様子が見られる。板書の構成がわかりやすい。（　）（　）	学習指導案の基本的な骨格が出来上がっている。指導言や板書が具体的に考えられている。（　）（　）	各自が必要な責任を果たしている。（　）（　）	自己評価、相互評価、ビデオなどの資料にもとづき、振り返りと次の目標設定が行われている。（　）（　）
ぎりぎり合格。（可）	一応、1時間の授業として成立している。（　）（　）	聞こえる声で話している。板書も読める文字で書かれている。（　）（　）	一応、学習指導案が用意されている。（　）（　）	一応、必要な作業は行われているが、グループの誰かに任せっぱなし。（　）（　）	提出資料がそろっており、一応、簡単な振り返りが書かれている。（　）（　）
単位は、あげられないなぁ。（不可）	途中で授業が破綻してしまう。（　）（　）	うつむいて、ボソボソ話していて、よく聞こえない。板書も滅茶苦茶。（　）（　）	学習指導案が用意されていない。（　）（　）	グループ内で喧嘩別れ。連絡もなく、行方不明。（　）（　）	振り返りが書かれていない。（　）（　）

※色ペンで（　）に丸を書き込むこと。一つ目の（　）：自己評価、二つ目の（　）：次の自己目標。

況を予想し、綿密な準備をしておくことが重要ですが、それでもなお児童・生徒から疑問を投げかけられたり、批判・拒否されたりする場合もあるでしょう。児童・生徒の反応を受け止めつつ、授業の進め方を柔軟に変更することも求められます。何よりも、児童・生徒を一人の人間として尊重する心構えが必要でしょう。

３　振り返り、改善する

　授業後には丁寧に振り返り、改善点を次の授業づくりにつなげることが重要です。実際の授業で見られた児童・生徒の反応や事前の計画とのズレについては、授業中、または授業の直後に、学習指導案にメモ書きしておくとよいでしょう。[4]

　なお、表6.5.1では、模擬授業を評価するためのルーブリックの例を示しています。このルーブリックでは、グループで一つの授業を計画すること（観点D）、授業後に振り返ること（観点E）も評価の対象となっています。観点A・B・Cについては、教育実習で行う授業についても適用できるでしょう。授業を繰り返し実践する際には、このように具体的な評価基準を意識し、改善を図っていくことが重要です。

（西岡加名恵）

▷4　可能であればぜひ、授業を録画し、自分自身の姿を見てみよう。授業後には、指導担当の先生や、指導を受けた児童・生徒（模擬授業の場合は児童・生徒役をしてくれた学生たち）からコメントをもらい、振り返りの参考にしよう。

参考文献

田中耕治編『よくわかる授業論』ミネルヴァ書房、2007年。

吉本均『授業成立入門——教室にドラマを！』明治図書、1985年。

吉本均『続授業成立入門——「呼びかける」指導案の構想』明治図書、1988年。

第Ⅱ部　教師力アップをめざそう！

第6章　柱D　教科等の授業づくりの力量

課題 D6 「総合的な学習の時間」の単元指導計画を立てよう

> 1998年改訂学習指導要領においては，「総合的な学習の時間」（以下，総合学習と記す）が導入されました。総合学習の目標は，「横断的・総合的な学習や探究的な学習を通して，自ら課題を見付け，自ら学び，自ら考え，主体的に判断し，よりよく問題を解決する資質や能力を育成するとともに，学び方やものの考え方を身に付け，問題の解決や探究活動に主体的，創造的，協同的に取り組む態度を育て，自己の生き方を考えることができるようにする」こととされています（2008年改訂学習指導要領）。
> ここでは，総合学習の単元指導計画を立ててみましょう。
>
> （ポートフォリオに残す資料例）作成した総合学習の単元指導計画

1　総合学習における単元の構造

▷1　ただし，教科においても，問題や課題を児童・生徒自身が構想したように感じさせるような授業の組み方がなされる場合もある。

教科においては，目標が効果的・効率的に達成されるよう，問題や課題を教師が系統的に整理します。それに対し，総合学習においては，児童・生徒自身が問題や課題を設定し，探究を進めることが求められます。

しかしながら，児童・生徒たちが最初から質の良い問題や課題を設定できることは稀です。むしろ総合学習は，自力で問題や課題を設定できる力を児童・生徒に育成することこそを目的としていると言えます。

総合学習においては，多くの場合，図6.6.1に示したような単元の構造が採用されます。まず，学年または学級で共通の大テーマが設置されます。たとえば，「〇〇を作ろう」「〇〇について調べよう」といったものです。次に，単元を通して，「課題を設定し，活動を行い，新たな気づきや疑問を発見する」という「問題解決のサイクル」が

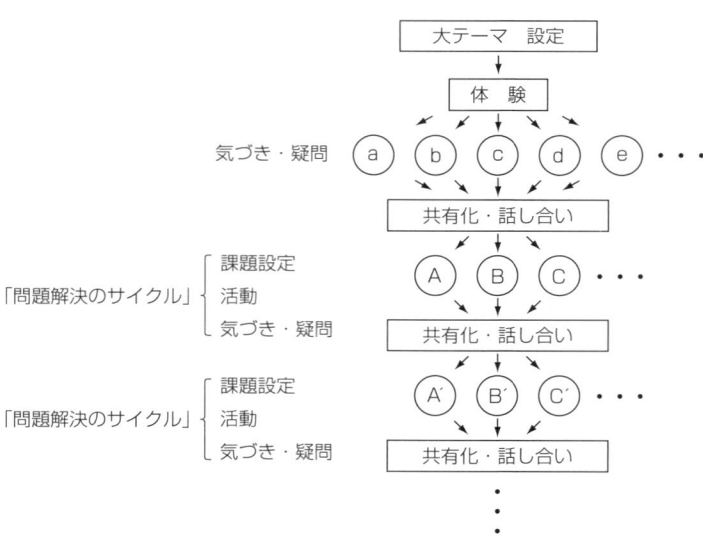

図6.6.1　総合学習における単元の構造

出所：西岡加名恵「総合学習」田中耕治編著『新しい教育評価の理論と方法　第2巻，教科・総合学習編』日本標準，2002年，217頁。

複数回,繰り返されます。個々の児童・生徒の気づきや疑問は,グループや学級で話し合う共有化の場面で検討されます。類似点や相違点に注目することで,新しい課題設定が促進されます。何度も課題を設定し直すことで,徐々に探究が深まっていきます。さらに総合学習では,訪問して調べる,インタビューをする,ものづくりをする,実験をするといった直接的な体験をすることも重視されます。

❷ 総合学習における指導と評価のポイント

　総合学習において魅力的で効果的な単元指導計画を立てる上では,次のような点に留意するとよいでしょう。まず,教師の願い,子どもたちの発達,地域的な条件などに合った大テーマを選びます。大テーマの案については,児童・生徒にとって魅力的か,さまざまな角度から探究できるような広がりがあるか,直接的な体験ができそうか,何らかの論争が生まれ,現代的な課題につながるような深まりが期待されるか,といった点から検討するとよいでしょう。

　大テーマが設定できたら,児童・生徒が個人やグループで活動する時間と,話し合い共有化する時間とが交互に配置されるよう,活動の配列を計画します。直接的な体験を促すために,共通して校外学習を行う時間を設定する場合もあるでしょう。単元の初めからポートフォリオに記録を収録し,計画的にポートフォリオ検討会を行うことも重要です。検討会は,個人やグループで活動する時間にローテーションを組んで行うことができます。1学期に1回でも,個別またはグループ別の検討会を行えば,一人ひとりの児童・生徒の様子がよく把握できます。また,学級全体の話し合いの際には,児童・生徒からの発言を板書で構造的に整理することにより,類似点や相違点に気づかせ,新たな疑問を見つけさせたり,次の探究につながる課題設定を促進したりすることができます。その際には,あらかじめ児童・生徒のポートフォリオに目を通し,どのように児童・生徒の発言を引き出しながら整理していくかを考えて,板書計画を立てておくことが必要です。

　なお,総合学習においては,一貫して同じ観点を用いて繰り返し評価することで,探究の深まりと児童・生徒の力の伸びを捉えることができます。「課題そのものの質はどうか？(問題への気づき)」「論理的に考えているか？(論理的思考力)」「直接的な体験をしているか？(実践する力)」「グループで協力しているか？(協働する力)」「自己評価力は身についているか？(自己評価力)」「教科の基礎的・基本的な知識・技能が活用されているか？」といった観点から,児童・生徒の探究の姿を評価するとよいでしょう。

（西岡加名恵）

▷2　この検討に際しては,KJ法を用いることが有効である。KJ法については,川喜多二郎『発想法――創造性開発のために』中央公論社,1967年を参照。

▷3　 2-4 参照。

(参考文献)
西岡加名恵『教科と総合に活かすポートフォリオ評価法――新たな評価基準の創出に向けて』図書文化,2003年。
宮本浩子・西岡加名恵・世羅博昭『総合と教科の確かな学力を育むポートフォリオ評価法　実践編――「対話」を通して思考力を鍛える！』日本標準,2004年。

第Ⅱ部 教師力アップをめざそう！

コラム6

柱C・柱Dの関連問題集

柱C・柱Dのテーマに関連して，さらに深く学びたい人は，次のような問題について考えてみましょう。このページでは，教員採用試験でもよく扱われる問題を多く紹介しています。（※【論作文】は，800字以内・60分・横書き）

1 「『確かな学力』を確かめる問題や課題を作る力量」についての問題

◉面接（個人・集団）

「PISA型学力を身につけるために，授業ではどのような工夫をしますか。」「『確かな学力』の学習評価はどのようにしますか。」「基礎的・基本的な知識・技能の力を身につけるために，どのようなことをしますか。」「思考力・判断力・表現力を身につけるために，どのようなことをしますか。」「児童・生徒がつまずきやすい点はどこですか。また，そのつまずきにどのように対応しますか。」「学習評価はなぜ必要ですか。また，どのような評価をしたらよいですか。」

◉集団討論

「学力が二極化してきているといわれていますが，とくに下位層が増えている中，『確かな学力』をすべての児童・生徒に身につけさせるためには，どうすればよいか討論しなさい。」「基礎・基本の力を伸ばすために学校が取り組むべきことは何ですか。自由に討論をして深めてください。」「○○科について，『言語活動の充実』が重視されているが，このことをあなたは，どのようにとらえるか。また，今後，どのように取り組みたいと考えているのか討論しなさい。」「『総合的な学習の時間』の目標・内容について，知っていることを述べてください。また，評価する上で，留意しなければならないことを討論してください。」

◉論作文

「児童・生徒が基礎的・基本的な知識・技能を確実に習得するとともに，思考力・判断力・表現力等を身につけることができるよう指導の工夫改善に取り組むことを求められています。①このことについて，児童・生徒の実態や社会的背景にふれながら，あなたの考えを述べなさい。②あなたは教師としてどのように実践していくか，志望する校種・教科等に即して，具体的に述べなさい。」

◉ロールプレイによる場面指導

「高校○学年の年度当初の授業です。配布済みのシラバスを使いながら，あなたの教科の年間目標，指導計画，学習方法，評価方法などについて，生徒の学習意欲を高めるよう，話をしてください。」

2 「学習指導案作成」についての問題

◉面接（個人・集団）

「学習指導案の中で，学習意欲を高めさせる工夫はどれですか。」「授業づくりで大切にしていることは，具体的にどんな活動ですか。」「学習指導案の中で，学力の低い児童・生徒に働きかけをする部分はどこですか。」「学習指導案はなぜ必要ですか。また，作成上どんな点に留意しますか。」「あなたが作成した学習指導案の中で，児童・生徒がつまずきやすいところはどこですか。」

◎集団討論

「授業づくりのための教材研究について，どんなことが大切なのか，自分の考えと実践していることを具体的に述べなさい。」「あなたが作成した学習指導案の中で，個に応じた指導をどのように行うか討論してください。」

◎論作文

「あなたが考える『授業力』を五つ挙げ，具体的に述べなさい。」「教科指導における教科書の役割は何か。中身の取り扱い上，どのような点に留意すべきか述べなさい。」「学習指導案を作成するにあたり，教材研究で大切なことを三つ述べなさい。」

◎ロールプレイによる場面指導

「学習指導案を作成しなさい。」

3　「実践的授業力」についての問題

◎面接（個人・集団）

「現在，あなたが，教科指導で努力していることは何ですか。」「授業実践力という観点から，大切にしていきたいことは何ですか。」「板書をするときに気をつけることは何ですか。」「『こんな授業をすると児童・生徒が○○科を好き，または嫌いになる』いう授業はどんな授業ですか。」「授業を行っていく上で，児童・生徒を引きつける『スキル』として，あなたは，どのようなものを身につけていますか。」「あなたが担当する教科で，児童・生徒がつまずきやすい単元はどこですか。」「あなたは，児童・生徒の習熟度の差をどのような授業力で克服しますか。」

◎集団討論

「あなたが担当する教科の魅力と，それを授業でどのように伝えるのかについて，一人ずつ意見を述べ，引き続き『魅力ある授業にするための工夫』について討論しなさい。」「児童・生徒が主体的な学びをするために，教科，『総合的な学習の時間』において，どのように取り組んでいきたいかを討論しなさい。」「『総合的な学習の時間』の学習過程の中で，体験活動にどのように取り組んでいくべきかを討論しなさい。」

◎論作文

「平成20（2008）年改訂学習指導要領総則編では，各教科・科目等の指導に当たって，『言語に対する関心や理解を深め，言語に関する能力の育成を図る上で必要な言語環境を整え，生徒の言語活動を充実すること』とされている。そのために，あなたは自分が担当する授業で，とくにどのようなことに配慮し，どのような学習活動を重視しようと考えるか，具体例を交えながら，あなたの考えを述べなさい。」

◎ロールプレイによる場面指導

「模擬授業を実施しなさい。また，面接で関連する内容の質問に答えなさい。」「あなたの模擬授業の中で，言語活動の充実を図った箇所とねらいを述べてください。」「あなたの模擬授業の中で，児童・生徒が学習内容を確実に身につけることができるよう，指導方法や指導体制の工夫など個に応じた指導の充実を図った箇所とねらいを述べてください。」

（北原琢也）

> **参考文献**
> 　教育基本法〔第6条〕（学校教育），学校教育法
> 　中央教育審議会「新しい時代の義務教育を創造する（答申）」（2005年10月26日），「審議経過報告」（2006年2月13日），「幼稚園，小学校，中学校，高等学校及び特別支援学校の学習指導要領等の改善について」（2008年1月17日），「児童生徒の学習評価の在り方について（報告）」（2010年3月24日）
> 　文部科学省「小・中・高等学校学習指導要領解説総則編」，「小・中・高等学校及び特別支援学校等における児童生徒の学習評価及び指導要録の改善等について（通知）」

第7章

柱E 課題探究力

> 教師には，学び続ける力が必要です。優れた教師たちにも，必ず新任教員の時代がありました。その時々に直面する課題に正面から向き合い，自分なりの目標を設定して，時には回り道もしながら，チャレンジを繰り返していくことによってこそ，力量を伸ばすことができるのです。したがって教師には，様々な知見を吸収し，自由な発想から，新たな実践を創造していく力が求められます。一方で，長い教師人生においては，他者の支えの下で，バーンアウトしないためのセルフコントロールの力を身につけ，必要に応じて助けを求めることも重要になることでしょう。
>
> 教職課程全体を通して，<u>創造的な教師となるための課題探究力</u>を身につけていきましょう。

 柱E で求められているのは，教師として学び続ける力です。教育現場において生じるさまざまな課題（正解のない問題）に対して，そこに探究的で研究的な学びを成立させることで，挑戦的かつ創造的な実践を生み出していく力です。

 グローバル化や情報化が進み，それまで当たり前であったことがたえず問い直される，再帰的で変化の激しい現代社会において，高度化・複雑化する課題に対応する力を児童・生徒につけていくことが，学校教育に求められています。また，児童・生徒，保護者，地域社会などの変化により，学校が抱える課題自体も高度化・複雑化しています。もともと専門職である教師には，不断に研究と修養に努め「研究的な実践者」であることが求められてきましたが，現代社会においてはその切実性は高まっています。

 こうした研究的な実践者に求められる課題探究力は，この活動をやれば，あるいは，この授業を受ければ身につくといった性格のものではありません。その土台の部分は，大学での教育課程全体，さらにはサークルでの活動や日常生活での出来事などを通じて，そこでのさまざまな経験を通じてじわじわと形成されていくものであり，そうした日々の経験から何をどう学んでいるかという学びの姿勢が問われます。

 日々の経験を課題探究力の成長につなげていくには，そうしたサイクルを生み出す「学びの転機」のようなものを体験するかどうかが重要になります。たとえば，自分たちで自主勉強会を組織したり，サークルを運営したりといった，

第7章 柱E 課題探究力

表7.0.1 チェックリスト：目標到達の確認指標

□E1 自己の課題を認識し，その解決に向けて，自己研鑽に励むなど，常に学び続けようとする姿勢を持っている。
□E2 社会状況や時代の変化に伴い生じる新たな課題や児童・生徒の変化を，進んで捉えようとする姿勢を持っている。
□E3 創造性のある指導計画（学習指導案，学級経営案など）を作成し，それに基づく実践をしようとする姿勢を持っている。
□E4 「児童・生徒にこれだけは伝えたい」と思えるような体験談，メッセージなどを持っている。

表7.0.2 ルーブリック：教職課程修了時に求められるレベル

優	常に新しいことにチャレンジする姿勢をもち，自己研鑽に努めている。自分の資質・能力を活かすような，優れた創造力を発揮している。
良	教育実習を修了するとともに，自分の到達点と課題を的確に自覚している。様々な学習機会を積極的に活用し，効果的に力量形成を図っている。
可	教育実習を修了するとともに，自分の到達点と課題を自覚している。課題を克服するための努力を始めている。

表7.0.3 ポートフォリオに残す成果資料の例

- 自分で設定した課題に関するレポート
- 社会状況や時代の変化に伴い生じる新たな課題や児童・生徒の変化について考察するレポート
- 創造性のある指導計画と，工夫した点などについて説明する文章
- 自分ならではの体験談，メッセージ

　自治的な活動を通して，責任を引き受けつつ，他者と協働して何かをなしえた体験は，学びの姿勢を受け身から自主的へと変える転機になるかもしれません。またそれは，組織としてどう問題を解決していくかを学ぶ機会にもなるでしょう。さらに，正解のない問題を探究する大学での学びは，正解を待つ姿勢に再考を迫り，研究的な実践者にとって不可欠な研究する経験を提供するでしょう。

　近年，社会人として仕事の現場で求められる能力（「実力」）と，学校で育てられる能力（「学力」）とのギャップが指摘され，「学校から仕事への移行（school to work）」をどうサポートしていくかが議論の的となっています。[1] 上記のような「学びの転機」を生み出すような経験は，「学力」と「実力」とをつなぐ経験でもあります。しかも，課題探究力への着目は，たんなる職業準備とは異なる大学ならではの学びの意味を提起するものです。

　ポートフォリオには，大学内外において直面した問題に対して自ら課題を設定し，それにどう取り組んだのかを記した体験談やレポート（卒業論文への取り組みを振り返った文章なども），現代社会の特徴，および，その中での教育のあり方について調査し考察したレポート，創造性のある指導計画とそこで工夫した点などについて説明する文章や実践記録などを残していきましょう。

（石井英真）

▷1　学校から仕事への移行における困難に対して，2006年，経済産業省は，「社会人基礎力」を提起し，初等・中等・高等教育全体を通じてそれを形成していく必要性を提起している。そこでは，職場や地域で活躍する上で必要となる力が，「前に踏み出す力」（一歩前に踏み出し，失敗しても粘り強く取り組む力），「考え抜く力」（疑問を持ち，考え抜く力），「チームで働く力」（多様な人々とともに，目標に向けて協力する力）という三つの力で整理されている（経済産業省編『社会人基礎力育成の手引き』河合塾，2010年）。また，2008年の中央教育審議会答申「学士課程教育の構築に向けて」では，大学卒業までに育てるべき学習成果を明確化するものとして，「学士力」（「知識・理解」（文化，社会，自然等），「汎用的技能」（コミュニケーションスキル，数量的スキル，問題解決能力等），「態度・志向性」（自己管理力，チームワーク，倫理観，社会的責任等），「総合的な学習経験と創造的思考力」）が提起された。
学校から仕事への移行における現在の困難は，新入社員を企業で育て一人前にしていく文化の弱体化など，学校と社会の関係の変化という構造的な問題を背景にしている。ゆえに，それを学校教育のみの問題として，若者の能力を開発することで解決可能な問題として捉えることには注意が必要である。

第Ⅱ部　教師力アップをめざそう！

第7章　柱E　課題探究力

課題E1　自主ゼミをしよう，イベントを企画・運営してみよう

　教育実践の中で教師は，さまざまな（正解のない）問題に直面します。そして，そうした問題に対して，自らが担うべき責任を引き受け，同僚や学校外の専門家や保護者などと協働しながら，ときには自らがリーダーシップを発揮しながら，解決に取り組んでいくことが求められます。さらに，ときには自分たちの前提にしている問題理解の枠組みを対象化したり，問い直したりするために，専門的な知識を学ぶ機会を自分たちで組織することも重要です。自分たちで自主勉強会を組織したり，イベントを企画・運営したり，サークルを運営したりする学生時代の自治的な活動は，そうした課題探究力の素地となります。

　そこで，仲間と一緒に自主ゼミを組織したり，大学の内外の様々なイベントの企画・運営に参加したりしてみましょう。

（ポートフォリオに残す資料例）大学内外の自治的な活動で直面した問題に対して自ら課題を設定し，それにどう取り組んだのかを記した体験談やレポート，自主ゼミにおいて作成した資料やレジュメ

▷1　佐伯胖「学校を『学校的』でなくするには」『教育デザイン研究』第2号，2011年，1-6頁。

▷2　会をある程度継続させる上で，一人では挫折しそうな分厚い本を複数回で読んでいく，論文集やシリーズ本を読んでいく，毎回各人の活動（実践）記録を持ち寄るといった具合に，議論の素材選びにおいて継続性を意識することが有効である。また，時間や場所に関してもできる限りルーティン化していくとよい。そして何より，参加者が無理をせずに，議論を楽しむことが重要である。

▷3　全国規模の民間教育研究団体には，数学教育協議会，歴史教育者協議会，日本作文の会，全国到達度評価研究会，教育科学研究会，全国障害者問題研究会，全国演劇教育連盟，全国生活指導研究者協議会，日本生活教育連盟などがあり，「日本民間教育研究団体連絡会」（民教連）のホームページなどから情報が得られる。コラム5　も参照。

① "考えるスイッチ"をオンにして「学力」と「実力」のギャップを埋める

　近年，社会人として仕事の現場で求められる能力（「実力」）と，学校で育てられる能力（「学力」）とのギャップが指摘され，「学校から仕事への移行（school to work）」をどうサポートしていくかが議論の的となっています。

　教育心理学者の佐伯胖は，「人は，教えてもらえると思った瞬間，"考えないスイッチ"が入る」と言っています。小・中・高の長きにわたって，「正答」を教え込まれる教育を受ける中で，多くの学生は，"考えないスイッチ"が入ったままになっています。「学力」と「実力」のギャップを埋める第一歩は，"考えないスイッチ"をオフにして，"考えるスイッチ"をオンにすることでしょう。

　"考えるスイッチ"をオンにする上で，結果に対する責任を伴う，まとまった仕事（プロジェクト）を任せられ，それをなんとか成し遂げた経験は重要です。そこで，先輩からさまざまな助言や指導をもらい見守られながら，自分の持てるものをフルに使って背伸びしながら，仲間と一緒にチームとして協働することを通して，また，自らが先輩として後輩を見守り指導することを通して，段取り力，チームで問題解決に取り組む力，リーダーシップなどの「実力」の

素地も自ずと身についていきます。

　サークル活動などに継続的に参加したり，学園祭や学会やセミナーといったイベントの企画・運営に携わったりする中で，そういった経験をした人も多いと思います。この活動に参加すればこういう力が身につくというものではありませんが，そういった活動に参加したことのない人は，積極的に参加してみるとよいでしょう。

② 自分たちで自分たちのための学びの場を創る

　専門職としての教師には，社会人としての即戦力的な実践力に加えて，学び続けていく力が求められます。こういった観点から，勉強会や自主ゼミなど，学生時代に自分たちで自分たちの学びの場を創った経験が重要となってきます。

　自主ゼミを組織する際には，議論のテーマや題材を決め，メンバーを募ります。メンバーで場所や時間を調整し，まず始めてみることが重要です。そうして最初に集まったときに，会の目的を確認し，次回以降どんな活動をしていくのかを確認します。それとともに，会の開催頻度や会場について基本方針を決めたり，世話人を決め，連絡方法を確認したりと，運営面の確認も必要です。

　日本にはすでに教師の自主サークルや民間教育研究団体があり，それが教師主体の実践研究を支え，草の根の実践的な知と技法（教育文化）を生み出してきました。学生時代にそういった研究会に参加してみてもよいでしょう。

③ 学び続ける教師における「学びほぐし」の重要性

　勉強会や自主ゼミを行う際には，皆が自分の解釈や意見を主張しすぎるがために，話し下手の人の口ごもりながらの発言を圧倒するようなことにならないよう，注意が必要です。それぞれの参加者が口ごもりながらの発言の中にあるかも知れない不測の宝を見出そうとすること，つまり，「聴き上手」をめざすことが重要なのです。皆が「聴き上手」をめざすことで，誰もが安心して発言できる雰囲気が生まれるとともに，すぐれた聴き手を得て，個々人や集団において，認識の深まりや新たな発見も生まれるでしょう。

　日常生活の中で，人々は特定の見方や考え方を前提とするようになっていきます。変化の激しい時代において，また，学び続ける専門職として，何らかの経験のコアの部分を持ちつつ，過去に学んだことや思考形式を問い直し，獲得してしまったステレオタイプを「学び捨て」，学習し直すこと（「学びほぐし (unlearn)」）が重要です。他者との異質性の気づきから自明の前提を問い直すような「対話」の機会を組織できる力は，ラーナビリティ（学習可能性・変化可能性）が求められる教師に不可欠の力量と言えるでしょう。

（石井英真）

▶4　中原淳は，「学びほぐし」を促す場づくりのポイントとして，下記の六つを挙げている。①心理的安全が確保されている場，②多様な参加者による多様なものの見方が提供される場，③答えを押しつけられず，物事の意味や形を自らつくり出すことが求められる場，④「ゴールとアジェンダのある会議」といった定型化されたコミュニケーションスタイルから自由になれる場，⑤時間的余裕が確保され，そのあいだに熟慮することが求められる場，⑥それゆえ，必ずしも予想できることだけが起こるわけではない場。そして，ワークショップ形式を用いるなどして，カフェのようにリラックスした場所において，「知的かつ愉しい＝シリアスファン（serious fan）」な雰囲気で対話を行う方法を提起している（中原淳『知がめぐり，人がつながる場のデザイン』英治出版，2011年）。

▶5　問題への答えを出したり，合意を導きだしたりすることを急ぐのではなく，他者との話のかみ合わなさをこそ大事にすることが重要である。

参考文献

内田義彦『読書と社会科学』岩波書店，1985年。

苅宿俊文・佐伯胖・高木光太郎編『ワークショップと学び2　場づくりとしてのまなび』東京大学出版会，2012年。

中原淳『知がめぐり，人がつながる場のデザイン』英治出版，2011年。

溝上慎一『大学生の学び・入門』有斐閣，2006年。

第Ⅱ部　教師力アップをめざそう！

第7章　柱E　課題探究力

課題 E2　実践記録を読もう

▷1　日本の教師たちは，創造的な実践を展開するとともに，実践で直面する課題とその克服のプロセスを実践記録にまとめてきた。とくに，戦後初期には，無着成恭編『山びこ学校』青銅社，1951年を皮切りに，生活綴方など「生活と教育の結合」をめざす教師たちにより，注目すべき実践記録が相次いで発表された（「実践記録ブーム」）。この時代に発表された実践記録の多くは，子どもの綴方（作文）とそれをめぐる生活指導を中心としたものだった。これに対して，斎藤喜博編『未来につながる学力』国土社，1958年をはじめとする，斎藤喜博と島小学校の教師たちの実践記録は，授業での教師と児童の経験を綴ったものであり，授業という営みの可能性を事実で示した。有名な実践記録のいくつかは，コラム3，コラム5で取り上げている。

▷2　1960年代以降，授業の科学的研究の進展に伴って，教室にテープレコーダーやビデオカメラを持ち込み，実践者以外の者が授業を直接観察し，教師と児童・生徒のやり取りの客観的な記録を作成するようになった。こうした授業の客観的な記述をめざす記録は，一般に授業記録と呼ばれ，実践記録とは区別される。

　教師の実践知の多くは，論理的に明晰には言語化されにくく，具体的なエピソードや，それに伴う感覚や意味づけの形で，暗黙知として，実践者個人や実践者間で蓄積されています。こうした，実践共同体に蓄積されている実践知は，実践記録を読んだり書いたりするなど，生のエピソードや事例を介した判断過程の追体験を通して学ばれていきます。

　そこで，まずは自分の専門教科や興味のある実践課題に関する実践記録を読んで，感じたこと，疑問に思ったこと，考えたことをまとめてみてください。

（ポートフォリオに残す資料例）実践記録で印象に残った場面のコピーや感想文

① 実践記録とは何か

　実践記録（教育実践記録）とは，子育てや教育の仕事に携わる者が，自らの実践のプロセスや成果を書き言葉で綴った記録のことです。それは，学校や教室における教師の教えの履歴と，児童・生徒たちの学びの履歴を記録し，可視化するものと言えます。生活指導を対象にするか，授業での教科指導を対象にするかという違いはあっても，実践記録と呼ばれる場合，教師から児童・生徒への働きかけ，児童・生徒の学習活動，さらには，児童・生徒をとりまく家庭や地域の状況や活動の事実を，実践者本人が自らの問題意識に即して切り取り，一人称の物語的様式で記述したものが想定されています。

　実践者本人による物語調の実践記録には，それが主観的で文芸的なものであり科学的研究の資料とするには問題があるなどという批判もなされました。しかし，事実の強調・省略や物語的な記述ゆえに，実践記録は，実践過程のアクチュアルな現実（内側から体験された現実）を伝え，教師の実践的知識を解明する手がかりになる点も見逃してはなりません。

　人間は自分の生活と意識をさまざまな形で記録し，分析して，反省の材料にしてきました（生活記録）。日記や自伝，あるいは，精神科医の治療カルテや社会福祉関係者の活動日誌などがその例です。生活記録を綴ることで，自らの生活のようすを自覚的に捉え，そこから明日の生活をよりよいものにするヒントを得てきたのです。実践記録は，「教師の生活記録」であり，実践の「省察（reflection）」を促すことで，授業や児童・生徒の事実に関する新たな気づきや，実践的見識・技量の発達のための有効なツールとなるのです。

❷ 実践記録の読み方

　教育実践の出来事を記した実践記録は、小説や文学作品を読むのと同じように、時間軸に沿って、教室の風景、雰囲気やリズム、学習者の発言や行動などを具体的に想像しながら読むとよいでしょう。教師と児童・生徒が織りなすドラマ（試行錯誤と成長の物語）をまずは共感的に味わいましょう。その一方で、下記のような視点を意識するとさらに読みが深まるでしょう。

　まず、実践記録には、児童・生徒の学習の過程と結果が、それを生み出した教師の意図的な働きかけとの関係において、教師の内的葛藤も含めて記述されています。よって、実践記録を読む際には、教師の心の動きを共感的に理解することを通じて、その判断過程（学習者の実態をどう読み取り、どのような葛藤と見通しのもとでその働きかけを選択したのか）に学ぶ姿勢を持ちましょう。その際、マニュアルのように、「こういうときはこうする」という対応を学ぶのではなく、個別の状況における判断過程を丁寧に読み取ることが重要です。

　また、実践記録は個別具体的な事実の表現であるとともに、事実の切り取り方や解釈を通して教師の思想・理論をも表現しています。それゆえ、実践記録を読む際には、記録された実践の客観的な中身に着目するだけでなく、「この実践者がなぜ、この実践をしようと思ったのか」「この記録をどんな思いでまとめたのだろうか」といった点を推測しながら、記録された事実の意味や、事実の切りとり方にも注目しましょう。実践記録を読む際、「時代が違うので現在の実践には役立たない」と思う前に、判断過程や事実の切り取り方（実践を捉える視点）といった、教師としての根っこの部分を学ぶ姿勢が重要です。

　実践記録の多くは成功の物語として描かれがちなため、読者は「自分にはできない」と思うかもしれません。また逆に、実践を対象化できずに心酔してしまうこともあるかもしれません。こうした極端な反応に陥らないためにも、事実の強調・省略ゆえに語られていない部分（予想される問題点、実践を可能にしている同僚の支えや学校の条件、その実践に至る教師のライフヒストリー）に意識を向け、それを想像したり、関連文献を読んで補ったりすることが重要です。完璧な実践などありませんし、名人といわれる教師も、さまざまな悩みや挫折を経てそうなったのです。

　実践記録の意味は、集団で読み合い、批評し合うことでさらに高まります。実践記録を書いて持ち寄り、互いに批評し合うことは、そこに埋め込まれている実践家の言語と理論を明示化し練り上げていくことにもつながります。こうして、実践の記録と批評という営みを通して、教師たちは、実践改善のヒントを得るのみならず、研究の主体となり自らの実践の主人公となるのです。

（石井英真）

▷3　実践記録の科学性をめぐる論争については、田中耕治「『実践記録』の性格と方法をめぐって」田中耕治編『時代を拓いた教師たちⅡ——実践から教育を問い直す』日本標準、2009年、14-24頁、成田克矢「実践記録の科学性をめぐって」小川太郎ほか著『戦後教育問題論争——教育実践の科学化のために』誠信書房、1958年、210-238頁を参照。

▷4　教師のライフヒストリー研究については、藤原顕・遠藤瑛子・松崎正治『国語科教師の実践的知識へのライフヒストリー・アプローチ——遠藤瑛子実践の事例研究』渓水社、2006年などを参照。

参考文献

大泉溥『実践記録論への展開——障害者福祉実践論の立場から』三学出版、2005年。

坂元忠芳『教育実践記録論』あゆみ出版、1980年。

竹沢清『子どもが見えてくる実践の記録』全障研出版部、2005年。

長瀬拓也『若い教師のための読書術』ひまわり社、2009年。

藤原顕・遠藤瑛子・松崎正治『国語科教師の実践的知識へのライフヒストリー・アプローチ——遠藤瑛子実践の事例研究』渓水社、2006年。

第Ⅱ部　教師力アップをめざそう！

第7章　柱E　課題探究力

課題E3　現代社会における教育のあり方について考えよう

　グローバルに人，モノ，情報などが行き来し，変化の激しい現代社会において，学校も「改革」への要求にさらされています。学習指導要領改訂などを通じて，グローバル人材の育成，規範意識の育成，個のニーズに応じた指導，家庭や地域との連携など，社会の問題を反映した多様な要求が学校に寄せられ，教育現場の多忙化や「改革疲れ」を招いています。こうした先行きが不透明な時代だからこそ，教育実践や教育行政に携わる専門職は，保護者や地域住民とともに，あるべき社会像を問いつつ，学校がなすべきこと，できること，そして，目の前の児童・生徒に保障すべき学習経験と学力について議論していくことが求められます。

　そこで，現代社会における教育のあり方について，学習指導要領改訂をはじめとする国の教育改革の検討も行った上で，自分なりの考えをまとめてみましょう。

（ポートフォリオに残す資料例）現行の学習指導要領の特徴，背景，それをめぐる議論などをまとめたレポート，現代社会の諸課題，および，めざすべき社会や学校のあり方についてまとめたレポート

▷1　本田由紀『多元化する「能力」と日本社会――ハイパー・メリトクラシー化のなかで』NTT出版，2005年；ギデンズ，A. 著，秋吉美都・安藤太郎・筒井淳也訳『モダニティと自己アイデンティティ――後期近代における自己と社会』ハーベスト社，2005年；セネット，R. 著，森田典正訳『不安な経済／漂流する個人』大月書店，2007年；ベック，U. 著，東廉・伊藤美登里訳『危険社会――新しい近代への道』法政大学出版会，1998年などを参照。

▷2　「観点別学習状況」欄の観点の変更など，指導要録改訂に関する文書も合わせて見ることで，学力観をより具体的に理解できる。また，中教審の審議の過程で出される「審議経過報告」なども参照することで，学習指導要領改訂の経緯やその過程での議論を知ることができる。たとえば，審議過程で出された文書をたどってみると，「習得」「活用」「探究」の関係についても複数の解釈が提出されていたことが読み取れる。

1　現代社会をどうつかむか

　現在，私たちはさまざまな課題に直面しています。グローバル化への戦略的対応，経済発展と資源の有限性・環境破壊の問題，原発のリスク，経済的格差・貧困の問題，学校から社会への移行の不安定化，民族や宗教の差異も含めた多文化理解のあり方，人口減少社会における成熟した豊かな社会の構想など，課題を挙げていけばきりがありません。しかも，そうした問題の構図自体が目まぐるしく変わるのが，際限なく社会の諸前提の問い直しが進む（再帰的な）現代社会が抱える困難の一つです。

　このように問題が複雑に交錯し，流動化の進む現代社会について，その本質的な特徴や変化の方向性を把握し，さらに未来の社会像を描こうとしても，その糸口をつかむことすら容易ではありません。まずは自分の興味のある課題からはじめ，他の課題ともつなげながら，上に挙げたような現代社会の諸課題について探究してみましょう。その際，ポスト近代，後期近代とも呼ばれる現代社会を特徴づけるキーワード（グローバル化，知識基盤社会，成熟社会，ハイパー・メリトクラシー，リスク社会，個人化，再帰的近代など）を手がかりとすると

よいでしょう。

❷ 学習指導要領から教育課程改革の方向性を読み解く

また，現代社会における教育のあり方を考えていく手がかりとして，国の教育課程改革，とくに学習指導要領の検討から出発することは有効です。学習指導要領の改訂のポイントは，中央教育審議会の答申や学習指導要領総則の解説などを通してつかむことができます。その際，とくにどのような学力観が示されているかを読み解くことが重要です。たとえば，2008・2009年改訂学習指導要領では，「習得」「活用」「探究」をキーワードとする「確かな学力」観が提起されました。また，過去の学習指導要領とも比較しながら，自分の専門教科の目標・内容のポイントを確認するとよいでしょう。

❸ 学習指導要領改訂の背景を探り，改革の妥当性を検討する

教育課程改革の方向性を見定める上で，学習指導要領の改訂に至った背景についても考察しておくことが重要です。学習指導要領解説などには，2008, 2009年の改訂の背景として，「知識基盤社会」の到来という社会背景と，OECD（経済協力開発機構）のPISA調査の結果やそれが提起した学力観が挙げられています。「知識基盤社会」とはどのような社会なのか，PISA調査はどのような学力観を提起していて，そうした種々の学力調査から日本の児童・生徒のどのような学力実態が明らかになっているのか，といった問いを追求してみることで，学習指導要領改訂の意味をより深く理解することができるでしょう。さらに，文科省のPISA調査の結果の解釈は妥当なのか，「確かな学力」観はPISAの学力観のエッセンスを反映できているのか，PISAの学力観そのものの意義と限界はどこにあるのかといった点について，学力調査に関する報告書や，学習指導要領改訂や学力問題について論じた教育学の学問的議論などを参照しながら突っ込んで考えてみることで，国の教育課程政策をも対象化し，自分なりの軸をもって考えることができるでしょう。

文科省の「確かな学力」観にしてもPISAの学力観にしても，先進諸国で進行している社会の構造変容に伴う，学校が保障すべき学力・学習の質の問い直しの要求への対応として，それらが提起されている点を理解しておくことが重要です。社会の構造変容への対応には正解はなく，現代社会とその中での学校のあり方について問い続けながら，改革の妥当性を検討することが求められます。そして，そもそも児童・生徒は現代社会のさまざまな課題を背負って学校にやってくるという事実を踏まえるなら，現代社会の中での教育のあり方について考えることは，政策担当者のみの課題ではなく，教師たち一人ひとりが考えるべき課題なのです。

（石井英真）

▶3 PISAの学力観，および，各種の大規模学力調査の結果については，田中耕治編著『新しい学力テストを読み解く──PISA／TIMSS／全国学力・学習状況調査／教育課程実施状況調査の分析とその課題』日本標準，2008年；志水宏吉・鈴木勇編著『学力政策の比較社会学・国際編──PISAは各国に何をもたらしたか』明石書店，2012年などを参照。

▶4 新学習指導要領の提起する「確かな学力」観の意義と課題を考える上で，学習指導要領解説と竹内常一ほか『2008年版学習指導要領を読む視点』白澤社，2008年とを読み比べてみるとよいだろう。

（参考文献）

市川昭午『未来形の教育──21世紀の教育を考える』教育開発研究所，2000年。

広田照幸『格差・秩序不安と教育』世織書房，2009年。

松下佳代編著『〈新しい能力〉は教育を変えるか──学力・リテラシー・コンピテンシー』ミネルヴァ書房，2010年。

ローダー, H.／ブラウン, Ph.／ディラボー, J. A.／ハルゼー, A. H. 編, 広田照幸・吉田文・本田由紀編訳『グローバル化・社会変動と教育1──市場と労働の教育社会学』東京大学出版会，2012年。

ローダー, H.／ブラウン, Ph.／ディラボー, J. A.／ハルゼー, A. H. 編, 苅谷剛彦・志水宏吉・小玉重夫編訳『グローバル化・社会変動と教育2──文化と不平等の教育社会学』東京大学出版会，2012年。

第Ⅱ部 教師力アップをめざそう！

第7章　柱E　課題探究力

課題 E4　授業研究をしてみよう

　日本の教師たちは，校内研修やサークルでともに授業を創り検討し合う自律的な教師文化を形成してきました。準備段階で学習指導案を事前に集団で検討し，授業を公開し合い，実践された授業について事後の検討会を行うわけです。こうした教師自身による授業研究は，1990年代後半から，授業改善や教師の力量形成のみならず，教職員の同僚性を構築し持続的な学校改善を行うための有効な方法として注目され，「レッスンスタディ」という言葉でアメリカやアジア諸国をはじめ海外にも紹介され，国際的なネットワークも構築されてきています。

　模擬授業の前に学生同士で指導案を検討するとともに，実践された授業の事実をもとに，模擬授業後に検討会を実施してみましょう。また，公開研究会に参加して，授業を観察・記録するとともに，事後の協議会にも参加してみましょう。

（ポートフォリオに残す資料例）事前・事後の検討会でのコメントのメモ，授業記録，公開研究会の資料やそこで考えたことのメモ

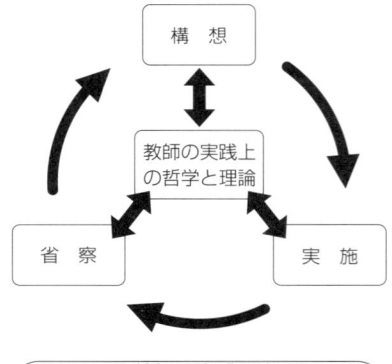

1　教師の実践研究としての授業研究のサイクル

　教師の実践研究としての授業研究のサイクルは，教育活動（教育目標・内容，教材・教具，指導過程・学習形態のみならず，評価方法も含む）の構想・実施・省察の三つのフェーズで考えることができます（図7.4.1）。この授業研究のサイクルは，教師の哲学（理想とする子ども・授業・学校の姿，および，それを根拠づける思想）によって発展の方向性が規定されます。また，教師が理論的学習や実践的経験を通して構築してきた教科内容，学習者，授業展開や学級運営の方法などに関する「実践の中の理論（theory in practice）」（暗黙知の部分も形式知の部分もある）によって，それぞれのフェーズでの判断の妥当性が規定されます。逆に，教育活動の構想・実施・省察のサイクルの中で，教師の実践上の哲学と理論は再構成されていきます。

　教育活動の構想・実施・省察のサイクルが，教師の実践研究のサイクルとなるかどうかは，それを通して教師の哲学，理論，技量の洗練や再構成（教師としての学びと成長）が促されるかどうかにかかっています。その際，とくに，「省察」のフェーズが，授業での児童・生徒の学力・学習の評価や次の授業での改善の手立てに関する議論（問題解決）に止まることなく，目標や評価の妥当性自体も検

図7.4.1　教師の実践研究としての授業研究のサイクル

討の俎上に載せながら，教育活動の構想・実施のあり方や児童・生徒の学習過程に関する理解をも深める形（知識創造）で展開することが重要です。そして，そうした知識創造を促す上で，構想・実施・省察のサイクルを他者とともに共同的な営みとして遂行していくことが有効であり，日本の授業研究が諸外国から注目されるポイントもそこにかかわっています。以下，構想段階での事前検討会のあり方，実施段階での授業記録の取り方，省察段階での事後検討会のあり方について説明していきましょう。

2 授業の構想力を育てる事前検討会

構想段階で教師がなすべきことの具体的な中身やポイントについては，柱C（第5章）・柱D（第6章）で詳しく論じています。よって，ここでは事前検討会を実施する際に陥りがちな二つの傾向について注意を促しておきます。

一つは，事前検討会が学習指導案を仕上げる（項目を埋める）ことに陥る傾向です。事前に授業の構想を練ることは，それを書き記すこととは異なります。授業の構想は，言語化しにくいものもふくめ，児童・生徒の具体的な動きとしてイメージされます。よって，事前の準備や構想検討は，指導案の形式を整えることではなく，授業のイメージを問い，構想を練るための書く活動を充実させることに集中すべきです。そして，指導案を検討する際には，授業者がそれぞれの項目の意味を自覚しながら書いているかを吟味することが重要です。指導案として文章化されていても，背後にある思いやイメージについて問われたときに具体的に語れないのであれば，授業の構想としては不十分です。逆に，整理された文章で表現できなくても，イメージを尋ねられたときに感覚的表現なども使いながら具体的に説明できれば十分という場合もあるでしょう。

もう一つは，同じ教科の教師だけで事前検討会を実施する傾向です。とくに，中高で授業研究が実施される場合，専門外の教科の授業に対して無関心だったり，発言を躊躇したりする傾向があります。そうした「教科の壁」は，授業研究を閉鎖的なものとし，授業研究を進めるほどに教科ごとに教師集団が分断される事態を招きがちです。これに対して，異なった教科の教師も事前検討会に入ることで，学習者に近い視点から教科の内容や授業展開のポイントを検討することが促されます。授業内容や授業の進め方についてわからないと思ったら，わからないと素直に指摘すればよいのです。その教科の教師たちにとって自明なことが一般の人々にとってはそうでないことへの気づきは，児童・生徒のつまずきの予想につながったり，児童・生徒にとっての意外性を生かした教材づくりにつながったりするでしょう。

3 授業の観察と記録の方法

公開された授業を参観する際には，事後検討会に備えるためにも，記録を残

▷1 たとえば，単元目標や評価規準が，学習指導要領や指導書の引き写しになっているケースも見られ，それが授業の構想の形式化を呼び込む一因にもなっている。また，本時の展開において，形成的評価のポイントを列記してはいても，具体的にどのような資料をもとに評価するのか，全員について個別に確認するのか，一部の児童・生徒の様子から推測するのか，つまずきが見られた児童・生徒に対してどのような手立てを講じるのかといった点まで想定されているとは限らない。

▷2 記録に際しては，ビデオカメラやボイスレコーダーを利用するのも有効である。ビデオやボイスレコーダーの記録は，ただ見直すだけでも授業者が自分の姿を客観視するきっかけとなり，また学術的な分析を施す際には不可欠である。しかし，日常的な授業研究においては，毎回ビデオの記録をもとに検討するのは現実的ではない。以下の部分では，ノートでの記録の方法について説明するが，記録するポイントはビデオカメラやボイスレコーダーでの記録にも当てはまる。なお，ビデオカメラについては，可能なら，児童・生徒と教師の姿の両方が記録できるように，教室の窓側の前方から撮影するとよい。

しておくことが重要です。記録をとるとそれに集中してしまうので、授業の事実をまずは見てその雰囲気を肌で感じることが大事だとする見方もあります。しかし、とくに授業についての理解の未熟な段階で授業を見ても、漠然とした印象が残るだけになりがちです。授業を細部にわたって捉える目を育てるためにも、後で見直して細部が思い出せる程度に授業の事実をノートなどに記録することが重要です。

教室に入ったら、学年・クラス、教科・単元、授業者（公開研究会の場合は学校名も）を記した上で、机の配置や掲示物などの教室環境、教師と児童・生徒との距離感やクラスの雰囲気などについてもメモしておくとよいでしょう。授業が始まったら、教師の働きかけと児童・生徒の反応について記録していきます。板書されたことについても、「ＢＢ」などの略語を効果的に用いて、それとわかるようにその都度記録をとります（授業の最後に残った板書も、あらためてカメラに収めたりメモしたりします）。活動が切り替わったりする授業の節目や、児童・生徒から重要な発言が飛び出したときなど、折に触れて時間を記録しておくことも忘れてはなりません。

授業過程での言語的コミュニケーションについては、安易にまとめず、できる限り発言に忠実に記録することを心がけましょう。とくに、主発問や重要な指示については、その微妙な言い回しの違いで学習者の反応が大きく変わることがあるため、一言一句違わないように記録しておきましょう。また、児童・生徒の発言とそれに対する教師の受け止めにおいては、教師による言い換えが起こったり、解釈にずれが生じたりすることがしばしば起こるので、そういった点も注意して見ておくとよいでしょう。発言している児童・生徒だけでなく、その周りの児童・生徒の様子や他の児童・生徒がどう聴いているかも重要です。さらに、そうした言葉的コミュニケーションだけでなく、教師の声のトーン、視線、テンポ、間、児童・生徒の態度や行動、クラスの雰囲気などの非言語的な部分についても、気づいたことをメモしておきましょう。なお、グループ学習や個人作業が中心の授業においては、個人やグループに張り付いて、定点観測的に、あるいは、複数名で観察するなら役割分担して観察し記録をとるとよいでしょう。

授業記録は、授業後の記憶の鮮明なうちに見直して、情報を補足したり、発言や行動のつながり（事実関係・因果関係）を見極めたり、疑問点、考えたこと、発見したことなど、事後検討会で発言したいことを色ペンで示したりしておきましょう。

❹ 事後検討会の進め方

事後検討会においては、授業を見られる立場の弱さを他の人が考慮しつつ、授業者が公開してためになったと思える検討会にしていくことが重要です。そ

また、三脚を使うなどして、授業開始から終了まで止めずに撮影する。ビデオカメラでは、音声を十分に拾えないこともあるので、グループ内での発言などはボイスレコーダーで補うとよい。なお、ビデオカメラやボイスレコーダーで記録をとる際には、事前に学校長と授業者に目的を説明して許可を得ることが必要である。そして、基本的には、撮影した映像は不特定多数に見せないようにし、関係者以外の人にむやみに貸し出したりダビングしたりすることも控える。不特定多数の人に見せたりする際には、学校長、授業者、児童・生徒の保護者の許可が必要である。

▶ 3 野中郁次郎らは、「共同化（Socialization）」（個人の暗黙知が複数人の間で共有され、異質な暗黙知が相互作用する中から新たな暗黙知が創発されていく）、「表出化（Externalization）」（個人の内部に集積された暗黙知を言語、イメージ、モデルなどの表現手段を媒介として形式知にし、集団の知として発展させていく）、「連結化（Combination）」（概念と概念を関係づけてモデル化したり、概念を操作化・細分化したりして、組織レベルの形式知に体系化する）、「内面化（Internalization）」（共有化された知識は、再度個人に取り込まれ、暗黙知化され、個人の中に蓄積されていく）といった、暗黙知と形式知の円環（SECIモデル）によって、仕事の熟達化を支える実践知が生成され、変化し続けるプロセスをモデル化している（野中郁次郎・遠山亮

して，参加者が対等な立場で対象に向かい合う研究的な関係を構築し，事実に即した検討会にしていく上で，児童・生徒の学習を話題の中心とすることは有効です。

ただし，子ども研究から出発しながらも，教師の教材解釈や授業中の指導との関連でそれを検討する視点を持たなければ，教授・学習過程である授業を研究したことにはなりません。児童・生徒の学習から教師側の働きかけにさかのぼる，あるいは，児童・生徒の学習の事実と教材の本質を確認した上で，教授方法の議論に進む（事前の構想と同じ順序）など，児童・生徒，教科内容，指導技術の三つの話題の配列と時間配分を工夫することが求められます。

例として表に示したのは，筆者が教育現場で実施している事後検討会の進め方です。時にはグループ活動も取り入れながら，能動的な活動や交流の仕掛けを組み込んだワークショップとして事後検討会を組織していくことも有効です。

表7.4.1　事後検討会の進め方の例

- ①子どもや授業の事実，②取り入れたい方法，③改善を要する点を，3色の付箋に記していく（授業中に記すようにしてもよい）。
- 学習指導案の模造紙大の拡大コピーを準備し，時系列に沿って振り返り，気づいたことを記した付箋を貼りながら話を進める。
- 模造紙大の学習指導案は机の上に置く。壁に貼る場合は，参加者で学習指導案をコの字型で囲む。
- 書いた付箋を全部貼ってから，順番にコメントしていくのではなく，学習指導案をもとに授業を振り返りながら，その場面に関して付箋にコメントを書いた人が，付箋を貼りながら話し，関連した付箋がある人が続けて「私も…」といった形でつないでいく。その中で授業者も発言する。検討会の場で思いついたことも追加で付箋に書いていく。検討会で口頭で出た意見については，記録係がマジックで模造紙大の学習指導案に書き込んでいく。
- 「こうすべきだった」という話は最後まで我慢して，検討時間の半分から5分の3くらいは，児童・生徒の様子や授業の雰囲気といった事実について話し合う。その際，どのような授業であっても，児童・生徒はしたたかに学んでいるという視点をもって，授業で起こっていた事実の深い理解をめざす。残り時間の半分で，目標や教材の妥当性（その単元や授業で学ぶべき本質的な内容は何か）を問い，さらに残り半分で，授業の進め方や教師の手立てについて議論する。
- 指導助言者も一参加者として途中で発言してよい。ただし，理論的な知見や教育改革の方向性との関係で，授業での事実を意味づける役割を意識する。

5　「現場の教育学」の創出と専門職としての教師の自律性

以上のように事例研究を通じて，一つの授業の出来事の意味を深く解読する一方で，事実から一般化・言語化を図り共有可能な知を創出する契機を埋め込むことが重要です。事後検討会の中に，ベテラン教師や研究者が軸となって，あるいは，参加者全員で，事例から何が一般化できるかを考える時間を組み込んだり，「研究だより」のような形で，知の一般化・言語化・共有化を図ったりする工夫も考えられます。これにより，教師の授業研究において，教育実践を語り意味づける自分たちの言葉と論理（「現場の教育学」）が構築されます。

そうした「現場の教育学」は，研究者などが生み出す系統化・構造化された理論を学んでいる程度によってその質が規定されます。たとえば，大学での学びの中で，教育学や人文・社会科学の古典を読むことは，自らの実践を意味づける概念や構造を鍛えることにつながるとともに，実践で迷ったときに立ち返り，自分がぶれていないかを確かめる思想上の羅針盤を形成することにつながるでしょう。こうして，良質かつ硬質の理論を核として形成された「現場の教育学」こそが，表面的な改革に左右されない，専門職としての教師の自律的で手堅い実践の基盤となるのです。

（石井英真）

子・平田透『流れを経営する――持続的イノベーション企業の動態理論』東洋経済新報社，2010年）。

参考文献

秋田喜代美／キャサリン・ルイス編著『授業の研究・教師の学習――レッスンスタディへのいざない』明石書店，2008年。

石井英真「普通の学校で普通の先生が『自分らしいよい授業』をするために――授業の構想力を高める教師の授業研究」『発達』第130号，2012年，10-17頁。

稲垣忠彦・佐藤学『授業研究入門』岩波書店，1996年。

次山信男・小林宏己編著『授業記録のとり方活かし方――よい授業づくりの基盤と形成』東洋館出版社，1989年。

二杉孝司・藤川大祐・上條晴夫編著『授業分析の基礎技術』学事出版，2002年。

第Ⅱ部　教師力アップをめざそう！

第7章　柱E　課題探究力

課題E5　論文を書こう

> 「総合的な学習の時間」などにおいて教師は，児童・生徒が自ら問いを立て，他者とも対話しながら，その問いを探究し続けていくのを指導することが求められます。また，教科指導においても，習得型の学びだけでなく，活用型の学びを組織することが求められています。このように児童・生徒が「研究する」ことを指導する上で，教師自身が「研究する」ことを体験し，その困難や楽しさを理解していることが重要となってきます。何より，研究的に学び続けていくことは，専門職としての教師の中核的な資質でもあります。
>
> そこで，自分の専門分野や教育に関して研究し，論文を書いてみましょう。また，これから論文を書く人に，その参考になるような体験談を語るつもりで，論文作成段階の探究過程について振り返りをしてみましょう。
>
> （ポートフォリオに残す資料例）論文，論文作成の過程で収集した資料，論文の草稿やメモ，論文作成過程の振り返り

1　大学での学びと論文を書くこと

他の人が立てた問いと答え（正解）を知る（知識を習得する）ことだけではなく，自分の問い，とくに正解がない問いについて探究し，暫定的に自分なりの答え（最適解・納得解）を出していく（知識を創造する）こと，そうした学問すること，研究することを学ぶのが，大学での学びの独自性であり，醍醐味です。正解のない問いについて，同様の問いをもって探究してきた先達（先行研究）の歩みに学びながら，その蓄積の上に問いや立論の妥当性を吟味し，探究過程でさまざまな事実や知識を学び，それらを自分の問いに即して構造化しながら，自分なりの主張を組み立てていくわけです。そして，そうした探究の過程と結果をまとめた集大成が，多くの大学で課されている「卒業論文」です。

2　論文とは何か

研究して，その成果を論文にまとめるといっても，人文科学，社会科学，自然科学，さらには個別の学問分野によって，その研究方法論や論文の構成は異なってきます。しかし，論文と言われるものは，おおよそ下記のようなものであると言えるでしょう。すなわち論文とは，それぞれの学問分野で専門の研究者を読み手として想定し書かれるもので，その著者が自分の研究で得た結果を

報告し自分の意見を述べたものであり，それによってその学問分野に新しい知見をもたらすものです。▶1

　自分の思いつきや意見や感想だけでは，論文になりません。論文には，ある結論を導き出すための証拠が必要です。新しい着想や鋭い直観も，具体的な材料によって論証されてはじめて学術上の発見となるのです。他方，一冊の書物や，一篇の論文を要約したものも，引用を並べただけのものも，他人の説を無批判に繰り返したものも，論文ではありません。さまざまな資料を比較考量し，重要な資料を選び，それを根拠に自説を組み立てていくプロセスが必要です。▶2

　実際に研究を進めつつ論文を書いていく過程では，さまざまな困難に直面します。結論を急がず，「わからなさ」を引きずりながら，自分の主張に合わない事実や先行研究も含めて，根気強く資料収集を進めること。また，書くことによって自己をさらけ出すこと。しかし，はじめて論文を書く者にとって何よりの難所は，研究の出発点となる問いの設定でしょう。その困難の背後には，個人的な関心ではなく，社会的かつ学問的に解決が求められているパブリックな性格を帯びたリサーチ・クエスチョンを立てることの難しさがあります。▶3

　個人的な関心と学問的な関心との接点を見出す上では，論文の進捗状況の報告・検討会などにおいて，研究室の先輩や指導教員が，自分のみならず他者の論文に対して，どのような視点からどのような言葉と論理でコメントしているかを考えてみることも有効でしょう。

③ 探究プロセスの振り返り

　論文は，研究（探究）した成果が表現されたものです。しかし，論文には，研究のプロセスで生まれた知や経験の一部しか表現されず，また，その論理展開は，研究のプロセスと必ずしも一致しません。論文においては，仮説の設定からその検証に至る過程が直線的に記述されますが，実際の研究のプロセスは，仮説とその検証方法との間をたえず往復し，仮説そのものも再構成していくような，直観や暗黙知も介在するジグザグのプロセスを経て展開するものです。

　論文を書くことは研究することの重要な部分であり，研究の節目を形成するものですが，日々問い続けることが研究する営みの本質であることを忘れてはなりません。「総合的な学習の時間」などで，児童・生徒の探究的な学びを指導する際には，論文にまとめさせること以上に，まさにそうした学問し研究するプロセスをどう深めさせるかがポイントになってきます。「研究することができる」ことは，「研究することを指導することができる」ことを必ずしも保障しません。この二つのレベルをつなぐ上で，自らの研究してきた体験自体を振り返り，研究するプロセスに関する理解を深めることが重要でしょう。

（石井英真）

▶1　八杉龍一『論文・レポートの書き方』明治書院，1971年，16-17頁の定義に若干の修正を加えた。

▶2　公刊されたものであれ，未公刊のものであれ，他者の研究成果を利用する際には，それに頼った部分について，引用や注記などによって，その旨を明らかにすることは，道義的にも著作権上も義務である。引用や注記は，読者による論文の結論の反証可能性を担保する上でも重要である。

▶3　たとえば，「学習意欲を育てるにはどうすればよいか」という点に興味があったとして，「学習意欲は，何かができるようになったという成功体験によって生み出されるのではないか」と思考を進めるとともに，それが心理学において「自己効力感」という概念で研究されていることを知ることで，個人的な関心は学問的な議論の土俵に乗っていく。

参考文献

小林康夫・船曳健夫編『知の技法――東京大学教養学部「基礎演習」テキスト』東京大学出版会，1994年。

斎藤孝・西岡達裕『学術論文の技法（新訂版）』日本エディタースクール出版部，2005年。

溝上慎一『大学生の学び・入門』有斐閣，2006年。

山田剛史・林創『大学生のためのリサーチリテラシー入門――研究のための8つの力』ミネルヴァ書房，2011年。

おわりに

　タイトルが示す通り，本書は，第一義的には「教職実践演習」のテキストとして執筆しました。しかし，本書には，単なる一科目のテキストにとどまらない役割を担わせたい，という願いを持っています。本書の特徴は，ポートフォリオの活用を勧めていること，そしてワークブック（主体的な学習の手引き）という形態をとっている点にあります。

　本書の第1章でも述べたように，「教職実践演習」をめぐっては，さまざまな議論があります。肯定的な側面として，各大学が教職課程での学生の学びの質に責任を持つのを促す点を挙げることができます。各大学がめざすべき教師像や力量の内実（教員養成スタンダード）を明確化することは，教員養成カリキュラムの再検討や担当者間の対話・協同を促す契機となります。さらに，スタンダードの実現をめざして学習状況の評価を行い，それが授業や学習の改善につながることで，教員養成の「質保証」も期待できます。

　ポートフォリオの活用は，そうした「教職実践演習」の肯定的な側面を追求する上で有効でしょう。すなわち，ポートフォリオにどのような作品を残し，それをどのような観点や基準で評価すればよいのかを考えることで，学生の具体的な学びの姿に即してスタンダードが明確化されます。また，ポートフォリオの作成を軸にすることで，「教職実践演習」に向けた一貫性のあるカリキュラムや支援体制も構築しやすくなります。

　他方，「教職実践演習」については，免許授与時に完成形の教師を求めるあまり，「実践的指導力」が「即戦力」（授業や学級運営をそつなくこなすスキル）に矮小化されることが危惧されています。さらに，大学が決めた完成形に向けて学習過程のパッケージ化・プログラム化がなされたりすることで，教員志望の学生を受け身にしてしまうことにも注意が必要です。

　教員養成改革においても「学び続ける教員」の育成が重視されているように，本来，専門職としての教師の学習は，学習者本人の倫理と責任に基づく全人的かつ無限定的な営みです。大学での教員養成においては，「学力」（学校で教えられたことにより保障された限定的な能力）と「実力」（仕事の中で学びえた包括的な能力）の狭間で，「研究的・自律的に学ぶ主体」（自分たちで学びの場を組織し，教職のミッションや教師に求められる資質・能力を定義する場にも参画しうるような主体）を生み出す仕掛けが必要となります。

　ワークブックという形をとることで，本書は，教職課程の授業の枠，さらに

おわりに

は大学での学びの枠をも越えて、教職に向けた活動や学びの機会を、学び手自身が大学の内外において組織化することを期待しています。さらに、ポートフォリオの作成に際しては、「教職実践演習」で最低限確認されるべき観点や水準をふまえつつも、それを越えた学びの足跡（授業で公開し教員から評価されることを前提としない資料も含む）を自らの判断で蓄積していくことを期待しています。これによりポートフォリオは、教員採用試験はもちろん、自らの教師としての研究と修養にも役立つツールとなっていくことでしょう。

大学によっては、ポートフォリオの作成までは学生に課していないかもしれません。もちろん本書を参考に、ポートフォリオの実践に取り組まれることを願っていますが、本書に掲載した諸課題は、教職課程の担当者にとって、「教職実践演習」や他の教職課程の授業で扱う活動を考える際のヒントともなるでしょう。何より、教職に向けた学習の手引きとして、教職課程のオリエンテーション等でも本書が活用されることを期待しています。

本書の執筆においては、「大学における教員養成」原則の放棄ではなく、それを実質化する道を探っていこう、大学でこそ育成しうる「実践的指導力」について考えていこうというスタンスで、4人の執筆者で議論を重ねてきました。各人が書いてきた原稿を持ち寄り、一つひとつの原稿について内容を検討し、後日、検討を踏まえて書き直したものを持ち寄り、さらに検討する機会をもちました。こうした顔をつきあわせての議論を通して、まさに一つひとつの原稿において、理論と実践の統合のあり方を問うてきたという実感があります。

実践的判断力、信念、思想といった、教師としてスキル以上に大切なものの長期的な発達において、実践からいったん切り離されて学術的な言葉と論理で構造化された理論を学ぶことの重要性を議論の中で改めて確認できました。また、知識・技能を活用して問題を解決していくような、現代社会が求める高次の学力や新たな学びを実現するには、これまで以上に高度で総合的な教科の専門性が必要だという思いも強くしました。本書では、上記のような「大学における教員養成」のエッセンスを「学問する」教師という形で概念化するとともに、教師の力量の五つの柱や対応する課題においてその具体化を試みました。

このような試みがどれだけ成功しているかは、読者の皆さんの判断を仰ぐしかありませんが、本書が教員養成改革に関する議論にも一石を投じるものになれば望外の喜びです。何より、本書をもとに学生の皆さん自身が、「大学でこそ学んでおくべきことは何か」と問うていくことを期待しています。そして、現代の学校が抱える問題に挑戦し、未来を切り拓く学びと学力を創出する、学問性と実践性を統合した、真の意味での「実践的指導力」を身につけていくことを願っています。

2013年2月

石井　英真

巻末資料

教職課程ポートフォリオの作り方とそのための書式
（京都大学の場合）

巻末資料

　京都大学では，本書で提案した五つの柱に即して成果資料を整理する教職課程ポートフォリオを活用しています。123-139頁には，教職課程ポートフォリオの作成のために，学生たちに配布している用紙を収録しています。

　なお，これらの用紙を用いた教職課程ポートフォリオ作りの手順は，下記の通りです。

〈ファイルの準備〉

①クリアファイル，またはクリアブック（40ポケット）を用意する。リングファイルを用いると，資料の出し入れがしやすい。

②油性マジックで，各ポケットに番号を打つ。

③1番のポケットの表側に「表紙」（123頁，裏面は「目次」（124頁）となっている）を入れる。「表紙」には，自分の好きな写真を貼るなどしてもよい。

④2番のポケットは，最後に「教職課程全体の振り返りレポート」（様式自由）を入れるため，空けておく。

⑤3番・4番・5番のポケットに，「履修カルテ（単位修得状況）」，「履修カルテ（自己評価用チェックリスト）」（125頁），「履修カルテ（自己評価用ルーブリック）」（126頁）を入れる。なお，「履修カルテ（単位修得状況）」については，本巻末資料には収録していない。

⑥6～9番のポケットには，「年度ごとの目標設定と振り返り」の用紙（128頁）を入れる。

⑦残りのポケットを，履修カルテの「Ⅱ．求められる力量」に示されたA～Eの項目に対応して五つのセクションに分ける（目次のポケット番号を参照。40番のポケットは予備）。

⑧それぞれのセクションの冒頭のポケットに，「目標に到達したことを示す成果資料」の用紙（129-138頁。表面にルーブリック，裏面にチェックリストと成果資料の例示が記載されている〔図1〕。各セクションの扉として用いる）を入れ，見出しシールを貼る。

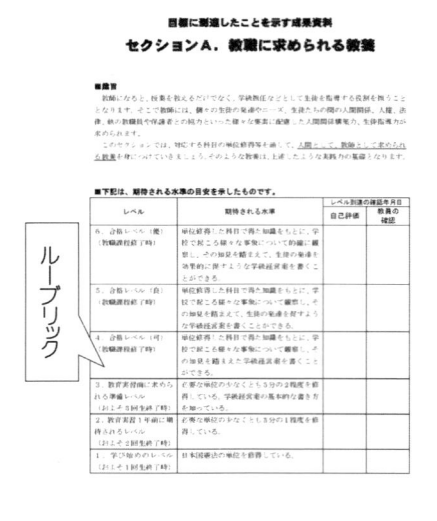

図1　「目標に到達したことを示す成果資料」の用紙

（注）「目標に到達したことを示す成果資料」の用紙は，教職課程ポートフォリオの各セクションの扉として用いられる。

〈各年度における取り組み〉

⑨年度初めには,「年度ごとの目標設定と振り返り」の用紙(128頁)の1番を記入しておく(図2(120頁)に記入例を示している)。

⑩それぞれのセクションに,対応する成果資料を収集していく(教職実践演習を履修するまでに,できるだけ必要な成果資料がそろう状態にする)。

　＊「活動の記録」の用紙(139頁)は,ボランティアなど自主的な活動についての記録を残すために用いることができる(図3(121頁)に記入例を示している)。

　＊児童・生徒の個人情報の保護に十分に留意すること。

　＊学校に関する記録については,学校(校長,指導教員など)の許可を得ること。

　＊できれば,間接的な成果資料(「教材を工夫しました」という自己評価)よりも直接的な成果資料(工夫した教材そのもの)を残すこと。

　＊児童・生徒や担当教員など第三者からのコメントを得られた場合は,収録しておくとよい(ただし,無理はお願いしないこと)。

⑪年度末には,教職課程ポートフォリオを整理し,「年度ごとの目標設定と振り返り」の用紙の2番と3番を記入する。

⑫年に1回程度,**教職課程ポートフォリオ検討会**(2-4参照)に参加し,年度ごとの達成点と次の課題を確認する(希望者のみ)。

⑬「履修カルテ(大学への提出用)」(127頁)を記入し,指定された期間(毎年2月)に提出する(図4(122頁)に記入例を示している)。

〈教職実践演習オリエンテーション〉

⑭収録している成果資料のリストを,目次に書き込む。

　＊教職実践演習修了時に最低限必要とされる五つの成果資料(22頁参照)については,教職実践演習履修までに一通り揃えて,該当のポケットに収録しておくことが望ましい。

　＊教職実践演習で,さらに質の高い成果資料が生み出された場合は,差し替えることになる。

⑮「履修カルテ(自己評価用チェックリスト)」,「履修カルテ(自己評価用ルーブリック)」において,達成できた確認指標／到達したレベルの□を■に変え,自分の到達点と課題を確認する。

⑯A～Eのすべての柱について,教職実践演習修了時までに確実に合格レベルに達することができるよう,教育実践演習のオプションを選ぶ。

〈教職実践演習修了時〉

⑰収録している成果資料のリストを書き込み,目次を完成させる。

⑱「履修カルテ(自己評価用チェックリスト)」,「履修カルテ(自己評価用ルーブリック)」において,達成できた確認指標／到達したレベルの□を■に変え,自分の到達点と課題を確認する(最低でも,「合格レベル(可)」に達していることを確認する)。

⑲「教職課程全体の振り返りレポート」を書き,2番のポケットに入れる。

⑳指導教員に確認してもらい,修了認定を受ける。

巻末資料

京都大学　教職課程ポートフォリオ

年度ごとの目標設定と振り返り

___○___年度　所属___○○○○___　___3___回生

学生番号___○○○○___　氏名___○○○○___

取得希望免許　中学・高校　数学・理科　　取得希望年月___■___年3月

1. 今年度に達成したいこと（記入日：___○___年___2___月___20___日）
生徒の現状を、教職の授業などを通してより理解する。

2. 今年度に達成できた確認指標と到達レベル（記入日：___□___年___2___月___26___日）

※履修カルテ（自己評価用チェックリスト）の「目標到達の確認指標」を参照すること。	※履修カルテ（自己評価用ルーブリック）を参照すること。
A： A2, A3, A4 B： b1 C： C1, C2 D： D1 E： E1	A： 3 B： 3 C： 3 D： 4 E： 3

3. 今年度に達成できたこと、残されている課題（記入日：___□___年___2___月___26___日）
教職の授業やアルバイト（塾講師）を通じて、生徒の現状を知る機会を持つことができた。特に授業では、発達障害や不登校・ひきこもりなどの問題について考える機会が多かった。来年度は教育実習もあり、得てきた知識をふまえて自分が今後どのように生徒に向き合うのかを考えなければならないと思う。教科指導においても、「自分ならどうするのか」という視点を常に持ち続けたい。

4. 教職課程ポートフォリオ検討会での気づき（記入日：___□___年___6___月___25___日）
他の人のポートフォリオを見て、教採に向けて調べた資料なども入れていけば良いのだと気づいた。また、自分に不足している力が何かを確認する指標にもなる。まだまだ蓄積できるものがあると感じた。

※ポートフォリオを検討してくれた仲間からのコメント（付箋紙）を裏面に貼ること。

※枚数が足りない場合は、各自でコピーすること。

図2　「年度ごとの目標設定と振り返り」の記入例

巻末資料

京都大学　教職課程ポートフォリオ

活動の記録

所属　○○○○　　　　　　　　　　4番の記入日　○年 4月 30日

4 回生　学生番号　○○○○　　　氏名　○○○○

1. 活動の概要	2. 対応する確認指標
①内容　ボランティア（サークル活動） ②場所　○○農園、○○公園 ③日時　○年4月29日	B2, B5, D5

3. 参加するにあたっての自己目標（活動前に記入すること）

・子どもが怪我をしないよう十分注意する。

4. 活動を通して学んだこと、自分自身が達成できたこと

　小学生・幼児約40人を連れて遠足（公園と苺狩り）に行った。4月下旬ということもあり、日射しも強く、大きな怪我は無かったものの、暑さでダウンしてしまう子がいた。

　まめに水分補給をすることと、帽子を被ることは徹底させていたが、公園では他団体の子どもも多く、全員の子どもの健康管理は子ども自身と付き添いの学生に委ねられていた。最近は小さい子（幼児）の参加が増えており、初めて参加する子は特に慣れない環境による疲れもあるおそれがあるので、全員がそのことを再認識する必要があるだろう。

　今後さらに暑い時期になるが、体調が悪くなってから処置をするのでは遅い。休憩・水分補給を徹底し、いざという時に保護者にきちんと連絡が取れる体制を再度見直すべき。

　私自身、他の団体の子どもについても同様の注意をすべきところ、できていないところがあった。目の前にいる子どもにばかり気を取られず、周囲に目を向けられるような余裕を持ちたい。また、注意をしてもなかなか改善されない子どもには、厳しくしつけられるよう、常にとどめておくべきである。子どもの安全を考え、時に厳しく時に寄り添い、メリハリのある接し方をしていきたい。

※枚数が足りない場合は、各自でコピーすること。

図3　「活動の記録」の記入例

巻末資料

図4 「履修カルテ（大学への提出用）」の記入例

京都大学
教職課程ポートフォリオ

入学年度：_____年度

所　　属：_____

学生番号：_____

<small>ふり　　がな</small>
氏　　名：_____

目次

ポケット番号

- ■ 表紙と目次　　　　　　　　　　　　　　　　　　　… 1
- ■ 教職課程全体の振り返りレポート　　　　　　　　　… 2
- ■ 履修カルテ　　　　　　　　　　　　　　　　　　　… 3
- ■ 年度ごとの目標設定と振り返り　　　　　　　　　　… 6
- ■ セクションA．教職に求められる教養　　　　　　　… 10
  - ➢ 学級経営案　　　　　　　　　　　　　　　　… 11
  - ➢
  - ➢
  - ➢
  - ➢
- ■ セクションB．生徒理解と人間関係構築力　　　　　… 16
  - ➢ 学校での活動の記録　　　　　　　　　　　　… 17
  - ➢
  - ➢
  - ➢
  - ➢
- ■ セクションC．教科内容に関する知識・技能　　　　… 22
  - ➢ 教材研究の記録　　　　　　　　　　　　　　… 23
  - ➢
  - ➢
  - ➢
  - ➢
- ■ セクションD．教科等の授業づくりの力量　　　　　… 28
  - ➢ 学習指導案と振り返りメモ　　　　　　　　　… 29
  - ➢
  - ➢
  - ➢
  - ➢
- ■ セクションE．課題探究力　　　　　　　　　　　　… 34
  - ➢ 自分で設定した課題に関するレポート　　　　… 35
  - ➢
  - ➢
  - ➢
  - ➢
- ■ その他　　　　　　　　　　　　　　　　　　　　　… 40

京都大学教職課程 履修カルテ（自己評価用チェックリスト）

所属：　　　　　　　　　　入学年度：　　　　　　　　　学生番号：　　　　　　　　　氏名：

I. 含めることが必要な事項

	①使命感や責任感、教育的愛情等に関する事項	②社会性や対人関係能力に関する事項	③生徒理解や学級経営等に関する事項	④教科等の指導力に関する事項
到達目標	○教員に対する使命感や情熱を持ち、常に生徒と共に学び、ともに成長しようとする姿勢が身に付いている。○高い倫理感と規範意識、困難に立ち向かう強い意志を持ち、自己の職責を果たすことができる。○生徒の成長や安全、健康を第一に考え、適切に行動することができる。	○教員としての自覚に基づき、目的や状況に応じた適切な行動をとることができる。○組織の一員としての自覚を持ち、他の教職員と協力して職務を遂行できる。○保護者や地域の関係者と良好な人間関係を築くことができる。	○生徒に対して公平かつ受容的な態度で接し、豊かな人間交流を行うことができる。○生徒の発達や心身の状況に応じ、抱える課題を理解し、適切な指導を行うことができる。○生徒との間に信頼関係を築き、学級集団を把握して、規律ある学級経営を行うことができる。	○教科書の内容を理解し、目的に応じた学習指導の基本的事項（教科等の知識や技能など）を身に付けている。○板書や話し方、表情など授業を行う上での基本的な表現力を身に付けている。○生徒の反応や学習状況に応じて、授業計画や学習形態を工夫することができる。

II. 求められる力量

※達成できたと思うのは□に✓に変えること。

	A. 教職に求められる教養	B. 生徒理解と人間関係構築力	C. 教科内容に関する知識・技能	D. 教科等の授業づくりの力量	E. 課題探究力
目標到達の確認指標	□A1 生徒理解の重要性や、教員が担うべき責任の重さを理解している。□A2 憲法、教育基本法など、学校教育に関する基本的な法律の趣旨を理解している。□A3 人権教育、特別支援教育、民族教育などについて、基本的な知識を身につけている。□A4 個々の生徒の特性や状況に応じた対応を修得している。□A5 歴史的かつ体系的な視点から、現代社会における教育の置かれた状況を理解している。□A6 教職の意義や役割、職務内容、生徒に対する責務等を理解している。□A7 生徒を一つの学級集団としてまとめ上げる方法を身につけるとともに、生徒一人ひとりの特性や心身の健康状態を理解した上で学級経営を実行に移すことができる。□A8 学級担任の役割や実務、他の教職員との協力の在り方等を理解している。□A9 他の教職員と協力して校務運営の重要性を理解し、学校組織の一員として、当面的に加えて、協調性をもち、校務の運営に当たる必要性を理解している。□A10 保護者や地域社会との連携・協力の重要性を理解し、保護者や地域の人々の意見や要望を真摯に受け止める、連携・協力しながら、課題に対処することの重要性を理解している。	□B1 教員の使命や職務について基本的な理解に基づき、自発的に諸課題に自己の職務を果たそうとする姿勢を持っている。□B2 気軽に生徒と顔を合わせたり相談に乗ったりするなど、親しみ合える生徒との態度で接することができる。□B3 生徒の声を真摯に受け止め、生徒の健康状態、特性等を理解し、公平かつ受容的な態度で接するように努めることができる。□B4 他者（他の教職員）のアドバイスに耳を傾け、意見や協力を得ながら、自らの職務を遂行することができる。□B5 挨拶や服装、言葉遣い、他の教職員、生徒、保護者に対する見方、職員への対応、保護者に対する社会人としての基本が身についている。	□C1 学習指導の基本的事項（教科等の知識や技能）について身につけている。□C2 自ら主体的に教科研究をするとともに、それを生かした学習指導案を作成することができる。□C3 教科書や資料を十分に理解し、教科書等を組み合わせてわかりやすい学習指導を組み立てるとともに、基礎学力の定着を図る指導的に明確に答えることができる。	□D1 教員としての表現力や授業力、生徒の反応を生かした授業づくり、生徒と協力して取り組む授業の基本的な指導方法を身につけている。□D2 板書や発問、的確な話し方など基本的な授業技術を身に付けるとともに、生徒の反応を生かしながら、集中して生徒が取り組む授業を行うことができる。□D3 基礎的な知識や技能について反復して教えたり、板書や資料の提示をわかりやすくするなど、基礎学力の定着を図る指導を工夫することができる。□D4 誠実、公平かつ責任感を持って生徒に接し、共に成長しようとする意識を持って、指導にあたることができる。□D5 生徒の成長や安全、健康管理に常に配慮して、具体的な教育活動を組み立てることができる。	□E1 自己の課題を認識し、その解決に向けて、自己研鑽に励むなど、常に学び続けようとする姿勢を持っている。□E2 社会状況時代の変化に伴い生じる新たな課題や伝統の変化に敏感に応じようとする姿勢を持っている。□E3 創意性のある指導計画案、授業案、板書案などを作成し、それに基づく学級経営を工夫しようとする姿勢を持っている。□E4「児童生徒にこれだけは伝えたい」と思うような体験談、メッセージなどを持っている。

III. 教職実践演習の授業内容例

教育実習等の経験を基にした学級経営の模擬体験、今日的な教育課題に関しての役割演技（ロールプレイング）や事例研究、実地視察等	教育や生徒指導、評価などに関した学習指導案の作成	教材・教員、学習形態、指導と評価を工夫した学習指導案の作成
個々の生徒の特性や状況把握、生徒集団一つの学級集団としてまとめていく方法についての役割演技（ロールプレイング）や事例研究等	様々な場面を想定した役割演技（ロールプレイング）や事例研究	教科内容に関する広く深い知識・技能の習得	模擬授業の実施
	関連施設・関連機関（社会福祉施設、医療機関等）における実地事務や現地調査（フィールドワーク）	学校における学習の安全管理	
	現職員との意見交換	学校における課題解決（フィールドワーク）	

125

巻末資料

京都大学教職課程　履修カルテ（自己評価用ルーブリック）

所属：　　　　　　　　入学年度：　　　　　　　　学生番号：　　　　　　　　氏名：

※達成できたレベルの□を■に変えること。

II. 求められる力量

	A. 教職に求められる教養	B. 生徒理解と人間関係構築力	C. 教科内容に関する知識・技能	D. 教科等の授業づくりの力量	E. 課題探究力
6. 合格レベル（優）（教職課程修了時）	□単位修得した科目で得た知識をもとに、学校で起こる様々な事象について的確に観察し、その知見を踏まえて、生徒の発達に促すような学級経営案を効果的に書くことができる。	□多様な生徒たちの様々なニーズに配慮し、公平かつ受容的な態度で接することともに、一人ひとりの生徒を伸ばすようなひきだしをもっている。様々な関係者の理解や協力を得ながら、自分の職務を効果的に果たすことができる。	□教科内容を幅広く深く理解し、魅力的・効果的な指導を展開できる知識・技能を身につけている。すべての生徒につけさせたい発想力や考え方を引き出し、生徒たちをそれにつけるような教材研究を行っている。	□生徒の特徴を把握し、それに対応できる様々な指導法を用いての工夫を行って、すべての生徒に効果的なような授業を実施することができる。	□常に新しいことにチャレンジする姿勢をもち、自己研鑽に努めている。自分の資質・能力を活かすような、優れた創造力を発揮している。
5. 合格レベル（良）（教職課程修了時）	□単位修得した科目で得た知識をもとに、学校で起こる様々な事象について観察し、その知見を踏まえて、生徒の発達に促すような学級経営案を書くことができる。	□様々な生徒に対し、積極的に関わることができる。指導教員からのアドバイスを取り入れつつ、生徒との関わりを改善することができる。	□教科書の基本的な内容を的確に理解している。二つ以上の単元について、魅力的・効果的な指導に役立つような教材研究を行っている。	□生徒の特徴を把握し、それに対応できる様々な指導法について、多くの生徒の集中を途切れさせないような授業を実践することができる。	□教育実習を修了するとともに、自分の到達点と課題を自覚している。課題を克服するための努力を始めている。
4. 合格レベル（可）（教職課程修了時）	□単位修得した科目で得た知識をもとに、学校で起こる様々な事象について観察し、その知見を踏まえた学級経営案を書くことができる。	□生徒に対し、自分から関わる姿勢を示している。求められる職務を、期限を守って自主的に行うことができる。	□教科書の内容を、一通り理解している。少なくとも一つの単元について、指導に役立つような教材研究を行っている。	□基本的な指導技術をもって、一時間の授業を実施することができる。	□教育実習生であっても、生徒一人一人の教師としての責任を担うことを自覚している。
3. 教育実習前に求められる準備レベル（およそ3回生終了時）	□必要な単位の少なくとも3分の2程度を修得している。学級経営の基本的な書き方を知っている。	□生徒に対し、親しみをもって接した経験がある。（介護等体験ができる。）	□教科に関する科目について少なくとも3分の2程度を修得している。教育実習で教える単元について、必要な知識・技能を身につけている。	□教科教育法を少なくとも一つは履修し、学習指導法の基本的な模擬授業を行っている。少なくとも1回は行い、多人数に対して話すことのイメージをもっている。	□教育実習前であっても、生徒一人の教師としての責任を担うことを自覚している。模擬授業など、「教えることだけ伝えたい」と思えるような体験談、メッセージなどを持っている。
2. 教育実習1年前に期待されるレベル（およそ2回生終了時）	□必要な単位の少なくとも3分の1程度を修得している。	□社会人としての基本的なマナー、ルールを守って行動できる。	□必要な「教科に関する科目」の単位について、少なくとも3分の1程度を修得している。	□様々な人に対して、自分の思いや意見を、わかりやすく伝えることができる。	□課題探究の基本的な方法（調査の仕方、ゼミ発表の仕方、レポートの書き方など）を身につけている。
1. 学び始めのレベル（およそ1回生終了時）	□日本国憲法の単位を修得している。	□様々な友人と接したり、深く語り合ったりして、人間としての幅を広げている。	□体育、外国語コミュニケーション、情報機器の操作などの単位を修得している。	□身近な人に対して、自分の意見を伝えることができる。	□自己成長にとって必要だと自分で確信することができるような体験をしている。

巻末資料

京都大学教職課程 履修カルテ（大学への提出用）

提出年月日：＿＿＿年＿＿＿月＿＿＿日

所属：　　　　　　　　　回生：　　　　　　氏名：　　　　　　　　　　　学生番号：

連絡先（電話）：　　　　　連絡先（メール）：

取得希望免許の学校種：　　取得希望免許の教科：　　免許取得希望年月：　　　　年３月（あと　　　年）

Ⅱ. 求められる力量	A. 教職に求められる教養	B. 生徒理解と人間関係構築力	C. 教科内容に関する知識・技能	D. 教科等の授業づくりの力量	E. 課題探究力
これまでに達成できたか「目標到達の確認指標」※履修カルテ（自己評価用チェックリスト）を参照					
現在のレベル※履修カルテ（自己評価用ルーブリック）を参照					
教職課程ポートフォリオに蓄積した成果資料のリスト					
力量形成の達成状況に関するコメント（順調か？ 主な達成点は？）					
自分にとって、次年度の主な課題は何か？					
意見、感想、質問など					

「Moodle@京大・教育」には登録済みですか？	はい・いいえ※「いいえ」の方には登録を勧めます。	今年度、教職課程ポートフォリオ検討会に参加しましたか？	はい（参加した日：　　年　　月　　日）・いいえ

※ご質問には、「Moodle@京大・教育」の掲示板（フォーラム）で回答します。

京都大学　教職課程ポートフォリオ

年度ごとの目標設定と振り返り

＿＿＿＿＿＿＿年度　　所属＿＿＿＿＿＿＿＿＿＿＿＿＿＿＿　　＿＿＿＿回生

学生番号＿＿＿＿＿＿＿＿＿＿　　氏名＿＿＿＿＿＿＿＿＿＿＿＿＿＿＿＿＿＿

取得希望免許＿＿＿＿＿＿＿＿＿＿＿＿＿＿　取得希望年月＿＿＿＿＿年３月

１．今年度に達成したいこと（記入日：＿＿＿＿年＿＿＿＿月＿＿＿＿日）

２．今年度に達成できた確認指標と到達レベル（記入日：＿＿＿＿年＿＿＿＿月＿＿＿＿日）

※履修カルテ（自己評価用チェックリスト）の「目標到達の確認指標」を参照すること。	※履修カルテ（自己評価用ルーブリック）を参照すること。
A： B： C： D： E：	A： B： C： D： E：

３．今年度に達成できたこと、残されている課題（記入日：＿＿＿＿年＿＿＿＿月＿＿＿＿日）

４．教職課程ポートフォリオ検討会での気づき（記入日：＿＿＿＿年＿＿＿＿月＿＿＿＿日）

※ポートフォリオを検討してくれた仲間からのコメント（付箋紙）を裏面に貼ること。

※枚数が足りない場合は、各自でコピーすること。

確認者押印欄

目標に到達したことを示す成果資料

セクションＡ．教職に求められる教養

■趣旨

　教師になると、授業を教えるだけでなく、学級担任などとして生徒を指導する役割を担うこととなります。そこで教師には、個々の生徒の発達やニーズ、生徒たちの間の人間関係、人権、法律、他の教職員や保護者との協力といった様々な要素に配慮した人間関係構築力、生徒指導力が求められます。

　このセクションでは、対応する科目の単位修得等を通して、<u>人間として、教師として求められる教養</u>を身につけていきましょう。そのような教養は、上述したような実践力の基礎となります。

■下記は、期待される水準の目安を示したものです。

レベル	期待される水準	レベル到達の確認年月日	
		自己評価	教員の確認
６．合格レベル（優）（教職課程修了時）	単位修得した科目で得た知識をもとに、学校で起こる様々な事象について的確に観察し、その知見を踏まえて、生徒の発達を効果的に促すような学級経営案を書くことができる。		
５．合格レベル（良）（教職課程修了時）	単位修得した科目で得た知識をもとに、学校で起こる様々な事象について観察し、その知見を踏まえて、生徒の発達を促すような学級経営案を書くことができる。		
４．合格レベル（可）（教職課程修了時）	単位修得した科目で得た知識をもとに、学校で起こる様々な事象について観察し、その知見を踏まえた学級経営案を書くことができる。		
３．教育実習前に求められる準備レベル（およそ３回生終了時）	必要な単位の少なくとも３分の２程度を修得している。学級経営案の基本的な書き方を知っている。		
２．教育実習１年前に期待されるレベル（およそ２回生終了時）	必要な単位の少なくとも３分の１程度を修得している。		
１．学び始めのレベル（およそ１回生終了時）	日本国憲法の単位を修得している。		

■下記の目標については、主として次に示した対応する科目等によって到達をめざすことになります。

目標到達の確認指標	対応する科目等	関連する科目
□A1　生徒理解の重要性や、教員が担う責任の重さを理解している。	教職教育論	全科目
□A2　憲法、教育基本法など、学校教育に関する基本的な法律の趣旨を理解している。	日本国憲法	*教育行政学概論Ⅰ・Ⅱ*
□A3　人権教育、特別支援教育、民族教育などについて、基本的な知識を身につけている。	教育実習直前オリエンテーション	*道徳教育論*
□A4　個々の生徒の特性や状況に応じた対応を修得している。	教育心理学Ⅰ・Ⅱ・Ⅲ 生徒指導論 生徒指導の精神と具体的方策 教育相談	
□A5　歴史的かつ体系的な視点から、現代社会における教職の置かれた状況を理解している。	比較教育学/教育学概論Ⅰ/教育人間学概論Ⅰ 比較教育制度論/教育社会学概論Ⅰ/教育行政学概論Ⅰ・Ⅱ/教育学概論Ⅱ	
□A6　教職の意義や役割、職務内容、生徒に対する責務等を理解している。	教職教育論	
□A7　生徒を一つの学級集団としてまとめていく手法を身につけている。生徒の特性や心身の状況、人間関係、集団としての特徴を把握した上で学級経営案を作成することができる。	特別活動の理論と実践 教育相談	*道徳教育論*
□A8　学級担任の役割や実務、他の教職員との協力の在り方等を理解している。	教職教育論 特別活動の理論と実践	
□A9　他の教職員と協力した校務運営の重要性を理解している。学校組織の一員として、独善的にならず、協調性や柔軟性を持って、校務の運営に当たる必要性を理解している。	教職教育論 教育相談	
□A10　保護者や地域との連携・協力の重要性を理解している。保護者や地域の関係者の意見・要望に耳を傾けるとともに、連携・協力しながら、課題に対処することの重要性を理解している。	教職教育論 教育相談	

■ポートフォリオには、次のような成果資料を残しましょう（下線部は必須）。
- 生徒の発達や特別なニーズなどに関するレポート（A1、A4）
- 生徒に関する観察記録（A1、A4）　　※生徒の個人情報を記載しないこと。
- 人権保障に関する考察レポート（A2、A3）
- 教師の役割、学校組織などに関するレポート（A5、A6、A7、A8、A9、A10）
- 先行する実践事例に関するレポート（A6 等）
- <u>学級経営案（生徒理解や学校のあり方に関する考察に裏付けられたもの）</u>（A6、A7、A8 等）

目標に到達したことを示す成果資料

セクションB．生徒理解と人間関係構築力

■趣旨

　教師になると、授業を教えるだけでなく、学級担任などとして生徒を指導する役割を担うこととなります。そこで教師には、個々の生徒の発達やニーズ、生徒たちの間の人間関係、人権、法律、他の教職員や保護者との協力といった様々な要素に配慮した人間関係構築力、生徒指導力が求められます。

　このセクションでは、実際に人間関係構築力や生徒指導力が求められる場面で、的確に行動できる力を身につけていきましょう。

■下記は、期待される水準の目安を示したものです。

レベル	期待される水準	レベル到達の確認年月日	
		自己評価	教員の確認
６．合格レベル（優） （教職課程修了時）	多様な生徒たちの様々なニーズに配慮し、公平かつ受容的な態度で接するとともに、一人ひとりの生徒を伸ばすような関わりができる。様々な関係者の理解や協力を得ながら、自分の職務を効果的に果たすことができる。		
５．合格レベル（良） （教職課程修了時）	様々な生徒に対し、積極的に関わることができる。指導教員からのアドバイスを取り入れつつ、生徒への関わりを改善することができる。		
４．合格レベル（可） （教職課程修了時）	生徒に対し、自分から関わろうとする姿勢を示している。求められている職務を自主的に、期限を守って行うことができる。		
３．教育実習前に求められる準備レベル （およそ３回生終了時）	生徒に対し、親しみをもった態度で接した経験がある。（介護等体験において、適切に行動できる。）		
２．教育実習１年前に期待されるレベル （およそ２回生終了時）	社会人としての基本的なマナー、ルールを守って行動できる。		
１．学び始めのレベル （およそ１回生終了時）	様々な友人と接したり、深く語り合ったりして、人間としての幅を広げている。		

■下記の目標については、主として次に示した対応する科目等によって到達をめざすことになります。

目標到達の確認指標	対応する科目等	関連する科目
□B1　教員の使命や職務について基本的な理解に基づき、自発的・積極的に自己の職務を果たそうとする姿勢を持っている。	教育実習Ⅰ・Ⅱ	教職教育論 教職実践演習
□B2　気軽に生徒と顔を合わせたり、相談に乗ったりするなど、親しみを持った態度で接することができる。	教育実習Ⅰ・Ⅱ	教職実践演習
□B3　生徒の声を真摯に受け止め、生徒の健康状態や性格、生育歴等を理解し、公平かつ受容的な態度で接することができる。	教育実習Ⅰ・Ⅱ	教職実践演習
□B4　他者（他の教職員）の意見やアドバイスに耳を傾けるとともに、理解や協力を得ながら、自らの職務を遂行することができる。	教育実習Ⅰ・Ⅱ 介護等体験	教職教育論 教職実践演習
□B5　挨拶や服装、言葉遣い、他の教職員への対応、保護者に対する接し方など、社会人としての基本が身についている。	教育実習Ⅰ・Ⅱ 介護等体験	教職実践演習

■ポートフォリオには、次のような成果資料を残しましょう（下線部は必須）。
- <u>学校での活動の記録（教育実習ノートの日誌部分から、生徒とどのように接したのか、指導教員からのアドバイスをどのように生かしたのかが分かるようなページを選んで、コピーを収録するのでも可）</u>（B1、B2、B3、B4、B5）
- 教育実習などにおいて指導教員からいただいたコメント（B1、B2、B3、B4、B5）
- 教育実習などにおいて生徒たちからもらったコメント（B1、B2、B3）
　※生徒の個人情報は削除すること。
- 学生ボランティア等で生徒と接した活動の記録（B1、B2、B3、B4）
　※生徒の個人情報を記載しないこと。
- 課外活動などで、リーダーシップを発揮したことを示す成果資料（B4）

目標に到達したことを示す成果資料

セクションC．教科内容に関する知識・技能

■趣旨

　教師には、指導する教科内容に関して、幅広く深い知識と技能を身につけていることが求められます。教科書の内容を把握しているのは当然のこと、その内容が持っている学問的な意味や、その内容を学ぶ意義を理解していなくてはなりません。
　このセクションでは、教科に関する科目の単位修得を通して、<u>教科内容に関して求められている知識・技能</u>を身につけましょう。また、教科教育法での学習を通して、<u>教科内容を魅力的・効果的に教えるため教材を作る力</u>を身につけましょう。

■下記は、期待される水準の目安を示したものです。

レベル	期待される水準	レベル到達の確認年月日	
		自己評価	教員の確認
６．合格レベル（優） （教職課程修了時）	教科内容を幅広く深く理解し、魅力的・効果的な指導を展開できる知識・技能を身につけている。二つ以上の単元について、生徒たちの発想やつまずきを予め想定し、生徒たちを引きつけつつ力をつける授業づくりに役立つような教材研究を行っている。		
５．合格レベル（良） （教職課程修了時）	教科書の基本的な内容を、的確に理解している。二つ以上の単元について、魅力的・効果的な指導に役立つような教材研究を行っている。		
４．合格レベル（可） （教職課程修了時）	教科書の内容を、一通り理解している。少なくとも一つの単元について、指導に役立つような教材研究を行っている。		
３．教育実習前に求められる準備レベル （およそ３回生終了時）	必要な「教科に関する科目」の単位について少なくとも３分の２程度を修得している。教育実習で教える単元について、必要な知識・技能を身につけている。		
２．教育実習１年前に期待されるレベル （およそ２回生終了時）	必要な「教科に関する科目」の単位について、少なくとも３分の１程度を修得している。		
１．学び始めのレベル （およそ１回生終了時）	体育、外国語コミュニケーション、情報機器の操作などの単位を修得している。		

■**下記の目標については、主として次に示した対応する科目によって到達をめざすことになります。**

目標到達の確認指標	対応する科目	関連する科目
□C1　学習指導の基本的事項（教科等の知識や技能）を身につけている。	教科に関する科目 教科教育法	教育方法論 教育課程論Ⅰ・Ⅱ
□C2　自ら主体的に教材研究を行うとともに、それを活かした学習指導案を作成することができる。	教科教育法	教育方法論
□C3　教科書の内容を十分理解し、教科書を介して分かりやすく学習を組み立てるとともに、生徒からの質問に的確に答えることができる。	教科教育法 教育実習Ⅰ・Ⅱ	

■**ポートフォリオには、次のような成果資料を残しましょう（下線部は必須）**
- 教科に関する科目で提出したレポートや答案（C1）
- 教材研究の記録（形式は自由。学習指導案でも可）（C2）
- 教育実習などにおいて、生徒から受けた質問と自分の回答（C3）

目標に到達したことを示す成果資料
セクションD．教科等の授業づくりの力量

■趣旨

　教師には、生徒たちが惹きつけられ、集中して効果的に学ぶことができるような授業づくりの力量が求められます。的確な目標を設定し、有効な教材を用意し、明快に話し、様々な指導法を駆使して、生徒たちの学習を促進する力が必要です。一人ひとりの生徒のニーズに気を配るとともに、生徒同士の交流を学習に活かす工夫も重要です。

　このセクションでは、教科教育法での模擬授業や教育実習での授業づくり等を通して、<u>魅力的で効果的な授業を実践する力</u>を身につけましょう。

■下記は、期待される水準の目安を示したものです。

レベル	期待される水準	レベル到達の確認年月日	
		自己評価	教員の確認
6．合格レベル（優） （教職課程修了時）	生徒の特徴を把握し、それに対応できる様々な指導上の工夫を行って、すべての生徒に効果的な学習を促すような魅力的な授業を実践することができる。		
5．合格レベル（良） （教職課程修了時）	生徒の特徴を把握し、それに対応できる様々な指導法を用いて、多くの生徒の集中を途切れさせないような授業を実践することができる。		
4．合格レベル（可） （教職課程修了時）	基本的な指導技術を使って、筋の通った1時間の授業を実践することができる。		
3．教育実習前に求められる準備レベル （およそ3回生終了時）	教科教育法を少なくとも一つは履修し、学習指導案の基本的な書き方を知っている。模擬授業を少なくとも1回は行い、多人数に対して話すことのイメージを把握している。		
2．教育実習1年前に期待されるレベル （およそ2回生終了時）	様々な人に対して、自分の思いや意見を、わかりやすく伝えることができる。		
1．学び始めのレベル （およそ1回生終了時）	身近な人に対して、自分の思いや意見を伝えることができる。		

■下記の目標については、主として次に示した<u>対応する科目</u>によって到達をめざすことになります。

目標到達の確認指標	対応する科目	関連する科目
□D1　教員としての表現力や授業力、生徒の反応を生かした授業づくり、皆で協力して取り組む姿勢を育む指導法等を身につけている。	教科教育法 教育実習Ⅰ・Ⅱ	教育方法論 教職実践演習
□D2　板書や発問、的確な話し方など基本的な授業技術を身に付けるとともに、生徒の特徴を的確に把握し、生徒の反応を生かしながら、集中力を保った授業を行うことができる。皆で協力して取り組む姿勢を育む指導法等を身につけている。	教科教育法 教育実習Ⅰ・Ⅱ	教育方法論 教職実践演習
□D3　基礎的な知識や技能について反復して教えたり、板書や資料の提示を分かりやすくするなど、基礎学力の定着を図る指導法を工夫することができる。	教科教育法 教育実習Ⅰ・Ⅱ	教育課程論Ⅰ・Ⅱ 教職実践演習
□D4　誠実、公平かつ責任感を持って生徒に接し、生徒から学び、共に成長しようとする意識を持って、指導に当たることができる。	教育実習Ⅰ・Ⅱ	教職教育論 教職実践演習
□D5　生徒の成長や安全、健康管理に常に配慮して、具体的な教育活動を組み立てることができる。	教育実習Ⅰ・Ⅱ	教職実践演習

■**ポートフォリオには、次のような成果資料を残しましょう（下線部は必須）。**
- 自分が行った授業の記録・録画（D1、D2、D3、D4、D5）
  ※録画の際には必ず許可を得ること。
- <u>学習指導案と振り返りのメモ（実践した際の成功点・反省点・改善案などを記したもの）</u>
  （D2 など）
- 板書や工夫した教材の写真、生徒に配布したプリント等（D2、D3）
- 指導の成果がうかがわれるような、生徒のノートのコピー等（D1、D2、D3）
  ※コピー、撮影などの際には必ず許可を得ること。
- 教育実習ノートの日誌部分のコピー（D1、D2、D3、D4、D5）
- 教育実習などにおいて指導教員からいただいたコメント（D1、D2、D3、D4、D5）
- 教育実習などにおいて生徒たちからもらったコメント（D1、D2、D3、D4）
- 先行する教科教育の実践事例について、検討するレポート（D1、D2、D4）

目標に到達したことを示す成果資料
セクションE．課題探究力

■趣旨

　教師には、学び続ける力が必要です。優れた教師たちにも、必ず新任教員の時代がありました。その時々に直面する課題に正面から向き合い、自分なりの目標を設定して、一つひとつのチャレンジを繰り返していくことによってこそ、力量を伸ばすことができるのです。したがって教師には、様々な知見を吸収し、自由な発想から、新たな実践を創造していく力が求められます。一方で、長い教師人生においては、バーンアウトしないためのセルフコントロールの力を身につけ、必要に応じて助けを求めることも重要になることでしょう。

　教職課程全体を通して、<u>創造的な教師となるための課題探究力</u>を身につけていきましょう。

■下記は、期待される水準の目安を示したものです。

レベル	期待される水準	レベル到達の確認年月日	
		自己評価	教員の確認
6．合格レベル（優） （教職課程修了時）	常に新しいことにチャレンジする姿勢をもち、自己研鑽に努めている。自分の資質・能力を活かすような、優れた創造力を発揮している。		
5．合格レベル（良） （教職課程修了時）	教育実習を修了するとともに、自分の到達点と課題を的確に自覚している。様々な学習機会を積極的に活用し、効果的に力量形成を図っている。		
4．合格レベル（可） （教職課程修了時）	教育実習を修了するとともに、自分の到達点と課題を自覚している。課題を克服するための努力を始めている。		
3．教育実習前に求められる準備レベル （およそ3回生終了時）	教育実習生であっても、生徒の前では一人の教師としての責任を担うことを自覚している。「生徒にこれだけは伝えたい」と思えるような体験談、メッセージなどを持っている。		
2．教育実習1年前に期待されるレベル （およそ2回生終了時）	課題探究の基本的な方法（調査の仕方、ゼミ発表の仕方、レポートの書き方など）を身につけている。		
1．学び始めのレベル （およそ1回生終了時）	自己成長にとって必要だと自分で確信できるような体験をしている。		

■下記の目標については、教職課程を履修するプロセス全体を通して、到達を目指すことになります。「対応する科目」・「関連する科目」については、自分でも書き込みましょう。

目標到達の確認指標	対応する科目	関連する科目
□E1　自己の課題を認識し、その解決に向けて、自己研鑽に励むなど、常に学び続けようとする姿勢を持っている。		全科目
□E2　社会状況や時代の変化に伴い生じる新たな課題や生徒の変化を、進んで捉えようとする姿勢を持っている。	教育課程論Ⅰ・Ⅱ	全科目
□E3　創造性のある指導計画（指導案、学級経営案など）を作成し、それに基づく実践をしようとする姿勢を持っている。	教科教育法	教育方法論 教育課程論Ⅰ・Ⅱ
□E4　「生徒にこれだけは伝えたい」と思えるような体験談、メッセージなどを持っている。		

■ポートフォリオには、次のような成果資料を残しましょう（下線部は必須）。なお、他のセクションに対応する成果資料が収録されている場合は、該当するポケット番号を明示するメモを入れておくのでも構いません。
- <u>自分で設定した課題に関するレポート</u>（E1）
- 社会状況や時代の変化に伴い生じる新たな課題や生徒の変化について考察するレポート（E2）
- 創造性のある指導計画と、工夫した点などについて説明する文章（E3）
- 自分ならではの体験談、メッセージ（E4）

巻末資料

京都大学　教職課程ポートフォリオ

活動の記録

所属＿＿＿＿＿＿＿＿＿＿＿＿＿＿＿＿＿＿　4番の記入日＿＿＿＿　年　　月　　日

＿＿＿＿回生　学生番号＿＿＿＿＿＿＿＿＿＿　氏名＿＿＿＿＿＿＿＿＿＿＿＿＿＿＿＿

1．活動の概要 ①内容 ②場所 ③日時	2．対応する確認指標

3．参加するにあたっての自己目標（活動前に記入すること）

4．活動を通して学んだこと、自分自身が達成できたこと

※枚数が足りない場合は、各自でコピーすること。

さくいん

あ行

荒れ 40
暗黙知 10
意見表明権 29
いじめ 33, 48, 59
『教えるということ』 78
親の会 38

か行

介護等体験 42
開放制免許状制度 2
『かえるの学級』 40
かかわり方 46
かかわりきる指導 13
学習形態 80
学習指導案 14, 86, 98, 109
学習指導要領 ii, 107
　　──総則編 99
学習評価 98
学年主任 53
学問する 112
「──」教師 9
学力と実力 102
学力の質 64
『学力への挑戦』 78
『学級革命』 40
学級経営 30
　　──案 34
学級集団づくり 30, 40
学級通信 33
学級づくり 80
学級開き 31, 35
学級文化 31
学級崩壊 33
学校カウンセラー 39
学校教育法 36
学校支援ボランティア 44
学校自治 30
活動の記録 119
家庭訪問 12
カリキュラム設計 74
『川口港から外港へ』 78
管理職 53
技術的熟達者 8, 9
基準準拠型ポートフォリオ 15
基準創出型ポートフォリオ 15
虐待 39

逆向き設計 16
客観テスト式 82
教育活動の構想・実施・省察 108
教育支援センター 38
教育実習 18, 42
教育職員免許状（教員免許状） 2, 3
教育相談 31
教育目的（ねがい） 62
教育目標（ねらい） 62
教員 2
教科教育法 18
教科書 66
　　──で教える 66, 67
「教科する」授業 73
教科内容 60, 70, 71
共感的知性 28, 37
共感的理解 53, 54
教具 70
教材 60, 70-72
　　──解釈 70
　　──開発 70, 71
　　──研究 70-73, 99
　　──と教具 80
教室内カースト（スクールカースト） 58
教師に求められる力量の五つの柱 7, 8
教師のカリキュラム構想 74, 75
教師の実践研究 108
教師の（仕事の）専門性 6, 7
教師のライフコース 11
教師のライフヒストリー 105
教師の力量形成 10
教職課程ポートフォリオ検討会 20, 21, 23
教職実践演習 i, 4, 5, 7
協同学習 93
共同性 40
訓育 30
KJ法 97
形式知 10
形成的評価 86
継続指導 49

研究的な実践者 100
言語活動の充実 98, 99
研修 10
検討会 20
現場の教育学 9, 111
原理や一般化 16
公開研究会 19, 80
構成主義の学習観 68
校則 59
個人情報 81, 119
『子どもが動く社会科』 78
子どもの権利条約 26, 30
子ども理解のカンファレンス 29
個に応じた指導 99
『この子らを世の光に』 41
個別支援計画 37
個別的スキル 16

さ行

最良作品集ポートフォリオ 15
座席表 86, 91
参加型の授業 92
思考力・判断力・表現力 82, 98
事後検討会の進め方 110, 111
自己評価 14
指示 90
事実確認 50
事実的知識 16
自治（的）活動 31, 32, 101, 102
実技テスト 17, 82
実践記録 78, 80, 104, 105
実践知 10
実践的指導力 4, 5
実践的授業力 99
実践の記録と批評 105
指導過程 80
指導計画 86, 98
指導言 90
児童・生徒指導力 42
自分探し 12
自由記述式の問題 82
習熟度 99
集団思考 91
集団性 40
授業研究 108, 109
授業づくり 91, 98

141

さくいん

授業の観察と記録　109
授業の構想・実施・省察　10
授業の構想力　109
授業力　99
障害児教育　36
省察的実践家　8,9
助言　90
所有権（ownership）　15
新規採用教員　46
真正性（authenticity）　85
真正の評価（authentic assessment）　17
診断的評価　86
スタンダード　74
生活指導　26
生活綴方　32,40
『生活綴方・恵那の子』　40
生徒指導　26
　　　──主任　13,53
説明　90
選択回答式　82
専門職（profession）　6
総括的評価　86
早期対応　49
総合的な学習の時間　ii,96-98
卒業式　13
素朴概念　68,69

た行
対応する科目　22
大学での学び　112
大学における教員養成　2,5,9
体験活動　99
確かな学力　98,107
　　「──」観　107
妥当性（validity）　85
探究プロセス　113
単元　70,82
担任教師　53
担任代行　13
チェックリスト　ii,17,27,43,61,81,101,125
知識・技能　98
知識基盤社会　106,107
知の構造　16,17
中央教育審議会　ii
つまずきを生かす授業　69
適応指導教室　38

転移可能な概念　16
登校拒否　38
道徳の時間　12
陶冶　30
特別支援教育　36
特別ニーズ教育　36
『跳び箱は誰でも跳ばせられる』　78

な行
仲間づくり　32,40
人間関係構築力　42
ネグレクト　38
年度ごとの目標設定と振り返り　14,120,128

は行
パーマネント・ポートフォリオ　15
博物館や科学館での展示　76
発問　90
パフォーマンス課題　17,82-85
　　──のシナリオ　85
パフォーマンス評価　82
場面づくり　46
班・核・討議づくり　32
反社会的問題行動　52
板書　90,99
ハンズ・オフ　76
ハンズ・オン　76
非行　52
PISA　107
　　──型学力　98
筆記テスト　17,82
評価　80
　　──規準・基準　15,86
フィールドワーク　19
部活動　57
複雑なプロセス　16
不登校（怠学）　12
フリースクール　38
振り返り　81
『ブリキの勲章』　41
文化活動　31
文集　33
暴力　33
ポートフォリオ　i,ii,14-19
　　──検討会　8,15,20,21
　　──評価法　82,83

保護願い　59
ポスト近代社会　106
ボランティア　19
本質的な問い　16,74
　　包括的な「──」　85
「──」の入れ子構造　84

ま行
マインズ・オン　76
学び続ける教師　5,103
学びほぐし（unlearn）　103
万引き　58
『見える学力・見えない学力』　78
『未来につながる学力』　68,78
魅力ある授業　99
民間教育研究団体　78,103
『村を育てる学力』　68,78
模擬授業　94,95
目標　80
　　──に準拠した評価　15
　　──の具体化　64
　　──の明確化　63
目標到達の確認指標　22,125
模倣　10
モンスターペアレント　59
問題行動　13

や行
『山びこ学校』　40
養育放棄　38
養護教諭　57
予防対策　49

ら行
履修カルテ　i,5
　　──（自己評価用チェックリスト）　118
　　──（自己評価用ルーブリック）　118
　　──（単位修得状況）　118
ルーブリック　ii,17,27,43,61,81,101,126
レディネス（readiness）　85
レリバンス（relevance）　85
論文　112,113

わ行
ワーキング・ポートフォリオ　15
若者サポートステーション　40
若者自立塾　40

著者紹介

西岡加名恵（にしおか・かなえ）
　京都大学大学院教育学研究科准教授
　主　著：『教科と総合に活かすポートフォリオ評価法――新たな評価基準の創出に向けて』（単著，図書文化）『「活用する力」を育てる授業と評価・中学校――パフォーマンス課題とルーブリックの提案』（共編著，学事出版）
　読者へのメッセージ：教職課程ポートフォリオが，皆さんの力量形成の良きパートナーとなることを願っています。

石井英真（いしい・てるまさ）
　京都大学大学院教育学研究科准教授
　主　著：『現代アメリカにおける学力形成論の展開――スタンダードに基づくカリキュラムの設計』（単著，東信堂）『〈新しい能力〉は教育を変えるか――学力・リテラシー・コンピテンシー』（共著，ミネルヴァ書房）
　読者へのメッセージ：本書が，自分たちの教職課程の学びを自分たちで組織していく手引きとなることを祈っています。

川地亜弥子（かわじ・あやこ）
　神戸大学大学院人間発達環境学研究科准教授
　主　著：『教育評価の未来を拓く――目標に準拠した評価の現状・課題・展望』（共著，ミネルヴァ書房）『人物で綴る戦後教育評価の歴史』（共著，三学出版）
　読者へのメッセージ：教育実践研究サークルをつくって，集団で実践記録を検討しましょう！　教師としての力量が高まります。

北原琢也（きたはら・たくや）
　元京都橘大学人間発達学部特別任用教授
　京都大学非常勤講師　立命館大学非常勤講師　佛教大学非常勤講師　関西大学非常勤講師
　主　著：『「特色ある学校づくり」とカリキュラム・マネジメント――京都市立衣笠中学校の教育改革』（単著，三学出版）『新教育課程を実現する　学校経営のポイント50』（共著，学事出版）
　読者へのメッセージ：本書は，学生が学問的知識を教育現場で活かす手引き書であり，また教師が教育実践を見直す手引き書です。

教職実践演習ワークブック
――ポートフォリオで教師力アップ――

2013年6月10日　初版第1刷発行　　　　　　　〈検印省略〉

定価はカバーに
表示しています

著　者	西　岡　加名恵	
	石　井　英　真	
	川　地　亜弥子	
	北　原　琢　也	
発行者	杉　田　啓　三	
印刷者	田　中　雅　博	

発行所　株式会社　ミネルヴァ書房
607-8494　京都市山科区日ノ岡堤谷町1
電話代表　（075）581-5191
振替口座　01020-0-8076

©西岡・石井・川地・北原，2013　　創栄図書印刷・藤沢製本

ISBN978-4-623-06651-3
Printed in Japan

やわらかアカデミズム・〈わかる〉シリーズ　教育分野

よくわかる教育評価 第2版
　　　　　　　　　　　　田中耕治 編　B5判　232頁　本体2600円

よくわかる授業論
　　　　　　　　　　　　田中耕治 編　B5判　232頁　本体2600円

よくわかる教育課程
　　　　　　　　　　　　田中耕治 編　B5判　224頁　本体2600円

よくわかる教育原理
　　　　汐見稔幸・伊藤毅・髙田文子・東宏行・増田修治 編著
　　　　　　　　　　　　　　　　　　B5判　336頁　本体2800円

よくわかる教育学原論
　　　安彦忠彦・児島邦宏・藤井千春・田中博之 編著　B5判　264頁　本体2600円

よくわかる生徒指導・キャリア教育
　　　　　　　　　　小泉令三 編著　B5判　218頁　本体2400円

よくわかる教育相談
　　　　　　　　春日井敏之・伊藤美奈子 編　B5判　218頁　本体2400円

よくわかる障害児教育 第3版
　　　　石部元雄・上田征三・高橋実・柳本雄次 編　B5判　210頁　本体2400円

よくわかる特別支援教育
　　　　　　　　　　　　湯浅恭正 編　B5判　232頁　本体2400円

よくわかる発達障害 第2版
　　——LD・ADHD・高機能自閉症・アスペルガー症候群
　　　　　　小野次朗・上野一彦・藤田継道 編　B5判　184頁　本体2200円

教育評価の未来を拓く——目標に準拠した評価の現状・課題・展望
　　　　　　　　　　　　田中耕治 編著　A5判　260頁　本体2800円

パフォーマンス評価入門——「真正の評価」論からの提案
　　　　　　　　ダイアン・ハート 著　田中耕治 監訳　A5判　204頁　本体3000円

〈新しい能力〉は教育を変えるか
　　——学力・リテラシー・コンピテンシー
　　　　　　　　　　　　松下佳代 編著　A5判　336頁　本体4500円

思考し表現する学生を育てるライティング指導のヒント
　　　関西地区FD連絡協議会・京都大学高等教育研究開発推進センター 編
　　　　　　　　　　　　　　　　　　A5判　272頁　本体2800円

——— ミネルヴァ書房 ———